JN443590

파이썬과
피지컬
컴퓨팅

국립중앙도서관 출판시도서목록(CIP)

이 도서의 국립중앙도서관 출판예정도서목록(CIP)은
서지정보유통지원시스템 홈페이지(http://seoji.nl.go.kr)와
국가자료종합목록 구축시스템(http://kolis-net.nl.go.kr)에서 이용하실 수 있습니다.

CIP제어번호 | CIP2020033749

파이썬과 피지컬 컴퓨팅

목원대학교 스톡스대학 SW교양학부 지음

INFINITYBOOKS
인피니티북스

파이썬 프로그래밍과 피지컬 컴퓨팅 구현을 한 권의 책으로!

프로그램은 많은 물리적인 장치들이 자동으로 동작하게 만드는 도구이다. 이러한 프로그램과 물리적인 장치가 결합할 때 아이디어만 있다면 원하는 것을 얼마든지 만들 수 있다. 이 책에서는 파이썬 프로그래밍과 아두이노를 활용한 피지컬 컴퓨팅 구현 방법을 다룬다.

파이썬은 다른 프로그래밍 언어에 비해 문법이 간단하고 쉽기 때문에 프로그래밍에 관심이 있다면 초보자가 학습하기에 적합한 언어이다. 뿐만 아니라 파이썬은 매우 유용하고 강력하다. 인공지능, 데이터 분석 등에 활용 가능하고, 특히 서버에서부터 라즈베리파이(Raspberry Pi)까지 어떤 플랫폼에서도 사용할 수 있는 장점을 가지고 있다. 이처럼 파이썬은 다양한 분야에 폭넓게 접목하여 문제를 빠르고 쉽게 해결하는 데 매우 유용하다.

아두이노는 센서나 부품을 자유롭게 연결할 수 있고 컴퓨터를 통해 만든 프로그램을 적용하여 환경과 상호작용이 가능한 물건을 만들 수 있는 도구이다. 아두이노는 간단한 마이크로컨트롤러(Microcontroller) 보드를 기반으로 한 오픈소스 컴퓨팅 플랫폼과 소프트웨어 개발 환경을 제공하기 때문에 쉽게 피지컬 컴퓨팅 구현이 가능하다. 예를 들어, 빛을 감지하는 가로등, 자동으로 켜지고 꺼지는 자동차 헤드라이트, 온습도계, 동작 감지기, 음악 및 사운드 장치, 스마트 홈 구현 등의 다양한 제품들이 개발 가능하다.

이 책은 두 개의 파트로 구성되어 있다.

Part 01 파이썬 부분에서는 파이썬 프로그래밍을 위한 기초 문법에서부터 파일 읽고 쓰기와 라이브러리 활용하기까지 다양한 실습 예제와 이해한 내용을 확인하기 위한 연습문제와 응용문제가 마련되어 있다.

- 각 챕터 앞부분에 실습 예제 미리보기를 통해 학습할 내용을 확인
- 실습 예제를 작성하기 위해 기초적인 문법을 학습하고, 이를 토대로 실습 예제를 작성
- 학습한 내용을 확인하기 위한 연습문제와 응용문제 풀이

Part 02 피지컬 컴퓨팅 부분에서는 아두이노를 이용하여 피지컬 컴퓨팅 구현을 위한 기본적인 센서와 부품을 사용하며 실습 예제를 따라하는 과정에서 자연스럽게 아두이노를 익히도록 하였다. 그리고 응용 예제를 통해 추가 부품들을 사용하여 기능을 확장하도록 하였다.

- 센서와 액추에이터를 활용하여 회로를 구성하고, 아두이노 SW를 이용하여 동작 코드를 작성
- 각 챕터별 마지막 부분에 파이썬으로 코딩하기 내용 추가
- 각 챕터별 실습 예제를 따라 하면서 동작 내용을 익히고, 응용예제를 통해 기능을 확장
- 모든 예제들이 온라인 아두이노 시뮬레이터인 ThinkerCAD를 사용하여 실습이 가능

파이썬은 텍스트 기반 프로그래밍 언어 중 문법이 간단해서 배우기 쉽고, 아두이노는 센서와 액추에이터를 이용해 누구나 쉽게 물리적인 입출력 장치의 작동을 제어할 수 있다. 이 책을 통하여 파이썬과 아두이노를 활용한 실생활 속의 다양한 문제를 해결하는 피지컬 컴퓨팅 인터랙션을 구현할 수 있다.

이 책을 통하여 독자 여러분이 파이썬과 피지컬 컴퓨팅을 재미있게 공부하여 프로젝트를 수행할 수 있는 실력까지 갖출 수 있기를 바란다.

저자 일동

PART 01 _ 파이썬

01 / 파이썬 설치와 실행

02 / 변수

03 / 수식과 연산자

04 / 자료형

07 / 함수

08 / 리스트와 딕셔너리

09 파일 입출력

10 / 라이브러리 활용하기

PART 02 _ 피지컬 컴퓨팅–아두이노

11 / 아두이노 개발환경 구성하기

12 / LED 깜박이기

13 / 푸시 버튼 활용하기

14 조도 센서 활용하기

15 / 피에조 부저 활용하기

PART

01

파이썬

01

파이썬 설치와 실행

[학습 목표]

01 파이썬에 대해 알아본다.

02 파이썬의 설치 방법을 알아본다.

03 파이썬을 실행한다.

04 파이썬을 이용하여 간단한 프로그램을 만들어 본다.

이 장에서는 프로그래밍 언어인 파이썬에 대해 간단히 소개하고 그 특징을 알아본다. 또한 파이썬을 설치하고 실행하는 방법과 이를 이용하여 간단한 프로그램을 작성한다.

1.1 파이썬이란?

파이썬은 네덜란드의 프로그래머 귀도 반 로섬(Guido van Rossum)이 1991년에 발표한 프로그래밍 언어로, 그 이름은 귀도가 즐겨 보던 영국의 6인조 코미디 그룹 몬티 파이썬에서 따왔다고 한다. 파이썬은 그 문법이 매우 쉬워서 초보자들의 프로그래밍 학습용으로 좋은 언어이기도 하나 접근성과 응용력이 좋아 실 사용률과 생산성이 높고 현업에서도 자주 쓰이는 강력한 언어이다. 또한 파이썬은 윈도우즈, macOS, 리눅스 등의 운영체제에서 사용 가능하고 오픈소스로 제공되어 사용료 없이 언제 어디서든 다운로드하여 사용할 수 있다. 특히 파이썬의 모듈이나 패키지가 다양한 형태로 방대하게 제공되어 특정 분야의 교육이나 연구에 그 활용도가 높다.

프로그래밍이란 우리가 원하는 계산이나 특정 업무를 컴퓨터가 대신 수행할 수 있도록 컴퓨터가 이해할 수 있는 언어로 표현하는 과정이다. 실질적인 계산을 수행하는 컴퓨터는 우리가 작성한 프로그램 언어를 이해하지 못한다. 따라서 프로그램 언어를 컴퓨터가 읽고 실행할 수 있도록 컴퓨터의 언어로 번역해주는 번역기가 필요하다. 프로그램 언어는 이 번역기의 형태에 따라 컴파일러 언어와 인터프리터 언어로 분류된다.

컴파일러 언어는 컴파일러를 이용하여 우리가 작성한 소스코드를 기계어로 번역해 실행 파일을 만들고, 이 실행 파일을 구동하여 프로그램을 실행한다. 프로그램을 재사용할 때 다시 컴파일 과정을 거치지 않고 실행 파일이 직접 실행되므로 속도가 빠르다는 장점이 있다. 그러나 프로그램 일부를 수정하더라도 다시 컴파일 과정을 거쳐 실행 파일을 만들어야 하므로 프로그램의 수정과 개발이 신속하지 못하다는 단점이 있다. C, C++ 등과 같은 언어가 컴파일러 언어에 속한다.

인터프리터 언어는 소스코드를 한 줄씩 명령어 단위로 번역해 실행한다. 따라서 그 실행 속도가 느리다는 단점이 있으나 소스코드를 수정하더라도 바로 재실행할 수 있어 프로그램의 수정 및 테스트가 용이하다. BASIC, JavaScript 등이 인터프리터 언어에 속하며 우리가 앞으로 배우게 될 파이썬도 인터프리터 언어이다.

1.2 파이썬 설치하기

파이썬을 이용해 프로그램을 작성하기 위해서는 파이썬을 설치해야 한다. 파이썬은 윈도우즈, 리눅스, macOS에서 모두 설치할 수 있으나 여기에서는 윈도우즈에서의 설치 방법을 중점적으로 알아본다. 다른 운영체제에서도 유사한 방법으로 설치할 수 있다.

01. 웹브라우저에서 파이썬의 다운로드 사이트(http://www.python.org/downloads)에 접속한다. 웹사이트가 표시되면 [Download Python 3.8.2] 버튼을 클릭하고, 실행 버튼을 클릭한다.

파이썬은 계속해서 업그레이드되어 그 버전이 자주 바뀐다. 이 책에서는 "Python 3.8.2"버전을 사용하고 있으나 3.x.x 이상의 버전을 사용해도 무리 없이 사용할 수 있다. 그러나 2.x.x 버전은 3.x.x 버전과 호환되지 않으므로 3.x.x 버전을 공부하는데 2.x.x버전을 사용하는 것은 바람직하지 않다.

02. 설치 화면이 나타나면 [Add Python 3.8 to PATH](명령 프롬프트에서 파이썬을 실행할 경우 어느 디렉터리에서나 파이썬을 실행)를 체크하고 [Install Now]를 클릭한다.

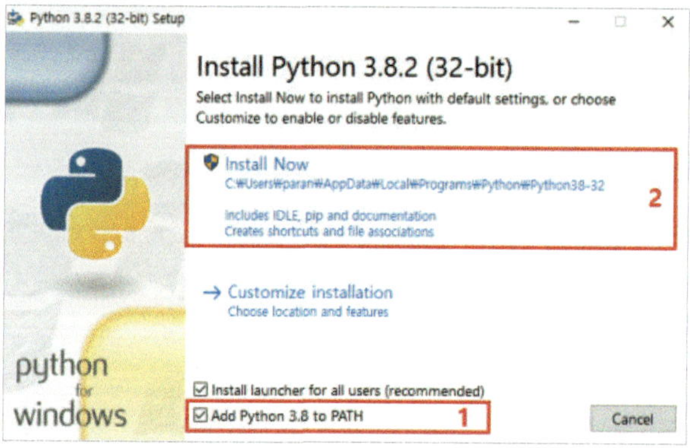

03. 이후의 설치 과정에서 나타나는 모든 옵션은 기본으로 설정하면 된다.

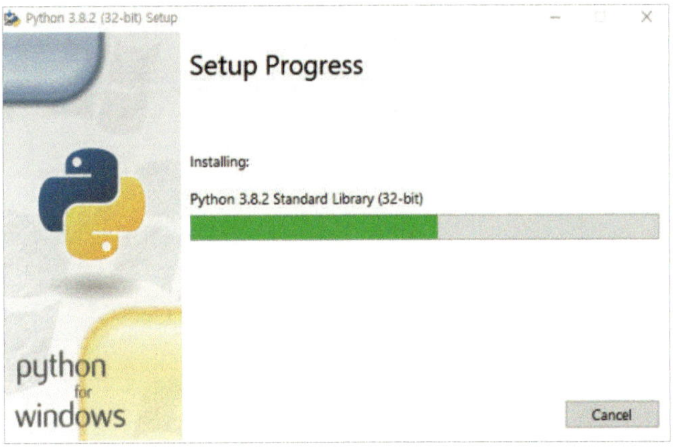

04. 설치 종료 화면에서 [Disable path length limit]를 클릭한다. 윈도우즈는 경로와 파일 이름의 길이가 260자로 제한되어 있다. 이 설정은 경로와 파일 이름이 260자를 넘더라도 문제가 발생하지 않도록 길이 제한을 해제한다. [Close] 버튼을 클릭하여 설치 창을 닫는다.

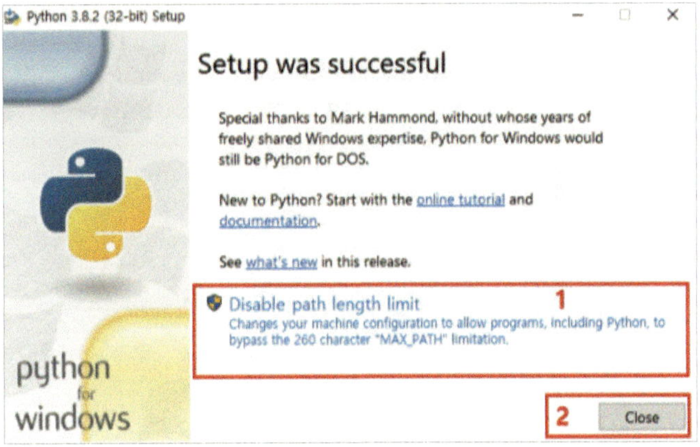

1.3 파이썬 실행하기

앞에서 설치한 파이썬을 실행하는 방법에 대해 알아본다. 파이썬 프로그램을 작성하고 실행하기 위해서는 프로그래머의 취향에 따라 Visual Studio Code, PyCharm, Notepad, Jupyter 등과 같은 다양한 코드 편집기를 사용할 수 있으나 우리가 설치한 파이썬에는 파이썬 프로그램을 개발할 수 있는 통합개발환경인 IDLE가 포함되어 있다. IDLE는 통합 개발 학습 환경(Integrated Development and Learning Environment)의 약어로 파이썬 프로그램을 작성하고, 이를 실행할 수 있는 코드 편집기의 일종이다.

이 책에서는 파이썬 프로그램을 작성하고 실행하는 데 이 IDLE을 이용한다.

(1) 파이썬 셸(shell)에서 명령어 작성하기

01. IDLE를 실행하기 위해 아래의 그림과 같이 윈도우즈 시작 버튼을 클릭하고, IDLE (Python 3.8 32-bit)(2번)을 실행한다.

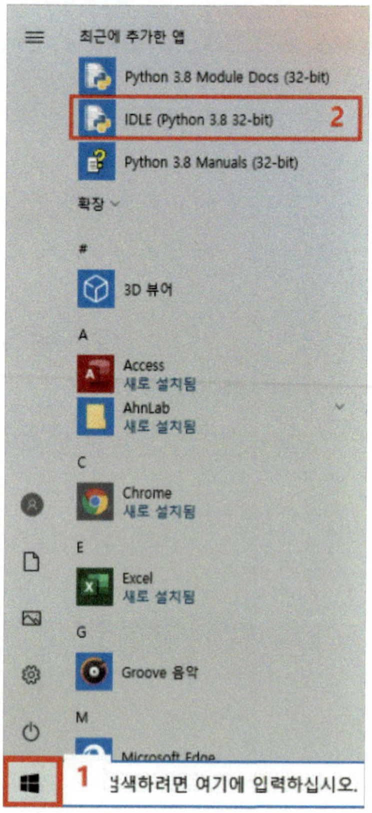

02. IDLE를 실행하면 그림 1-1과 같이 명령어를 입력할 수 있는 애플리케이션이 나타난다. 이 애플리케이션을 파이썬 셸(shell)이라 부른다. 이 셸의 상단에는 해당 파이썬의 버전 및 간단한 관련 정보들이 나타나고, 가장 아래쪽에 프롬프트라 부르는 '>>>' 기호와 함께 커서가 깜박인다.

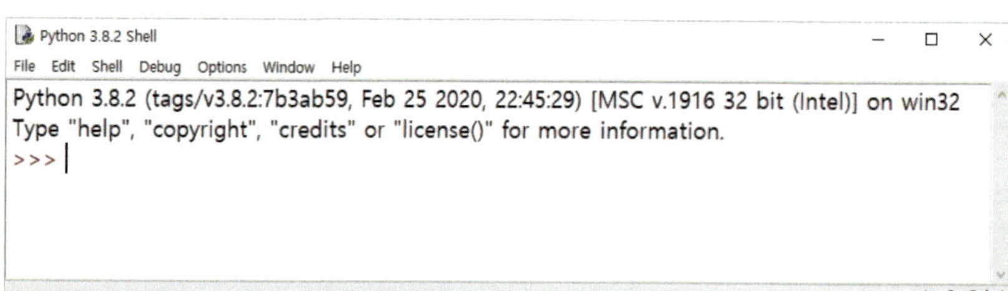

그림 1-1 파이썬 셸(shell)을 실행한 모습

03. "Hello World!"라는 문장을 출력하여 파이썬의 첫 명령어를 실행해 보자. 다음과 같은 문장을 프롬프트에 입력하고 Enter를 누른다.

```
>>> print("Hello World!")
```

04. 위의 코드에서 print()는 괄호 안의 내용을 출력해주는 명령어이다. 위의 명령어를 제대로 입력하여 실행하였다면 다음 그림 1-2와 같은 결과를 얻을 수 있다.

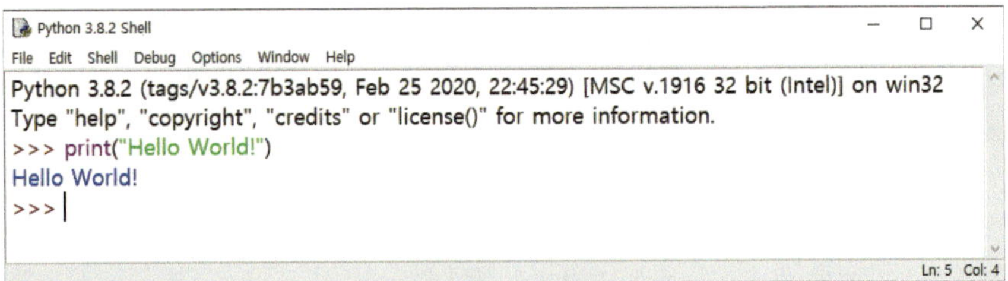

그림 1-2 파이썬 셸(shell)에서 print 명령어를 실행하고 결과가 출력된 모습

파이썬 셸은 직접 프로그램을 작성하여 결과를 얻어 볼 수 있고, 숫자와 연산자를 직접 입력하여 우리가 원하는 값을 구할 수도 있다. 또한, 우리가 구상하는 파이썬 프로그램이 올바르게 작동하는지 테스트하는 데 이용될 수 있다. 프롬프트에 다음과 같은 수치와 연산들을 입력하여 그 결과를 출력해 보자.

```
>>> 2+6
>>> 2-6
>>> 2*6
>>> 2/6
```

위의 연산들은 숫자들의 사칙연산을 수행한 것이다. 다른 프로그램에서와 마찬가지로 파이썬 프로그램에서도 *는 곱셈, /는 나눗셈을 의미한다. 이러한 연산자에 대해서는 뒤에서 좀 더 자세히 다룰 것이다. 위의 연산을 프롬프트에 입력하고 각각 Enter를 누르면 다음 그림 1-3의 결과를 얻을 수 있다.

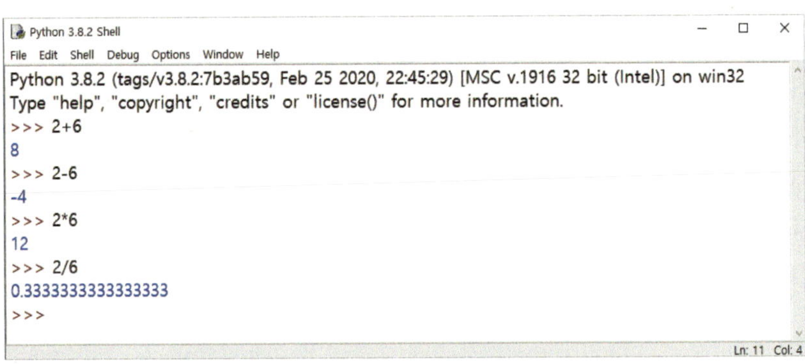

그림 1-3 파이썬 셸(shell)에서 연산자로 수식을 입력하고 결과가 출력된 모습

다음과 같이 print() 함수 내에서 사칙연산을 수행하여 그 결과를 출력해 볼 수도 있다. 그림 1-4와 같은 연산 결과를 얻을 수 있다.

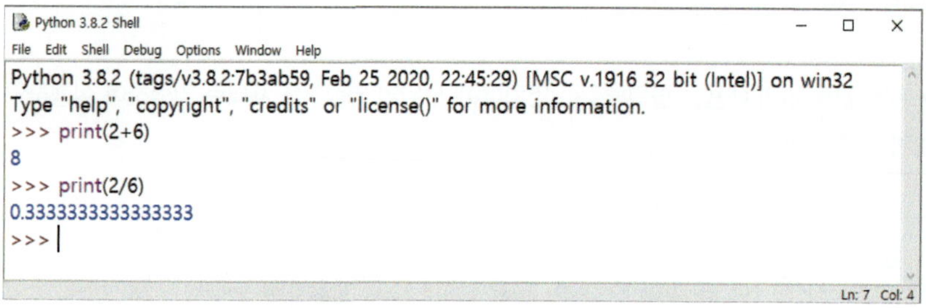

그림 1-4 파이썬 셸(shell)에서 print() 함수 내에 수식을 입력하고 결과가 출력된 모습

print() 함수를 이용하면 문자와 문자의 결합, 문자와 숫자의 결합 등 다양한 형태의 결과물을 출력할 수 있다. 다음과 같은 코드를 셸에 입력하여 그 결과를 확인해 보자.

```
>>> print("파이썬" + " " + "프로그램")
파이썬 프로그램
>>> print("파이썬", "프로그램")
파이썬 프로그램
```

위의 두 결과는 같은 문자열 "파이썬 프로그램"을 출력한다. 파이썬 프로그램에서 문자열을 입력할 때 문자열을 큰따옴표(" ")나 작은따옴표(' ')로 감싸서 입력한다. 문자열을 따옴표로 감싸지 않고 입력하면 에러 메시지를 받게 된다.

다음의 예제와 같이 문자열과 숫자를 조합하여 출력할 수도 있다.

```
>>> print("3곱하기 2는", 3*2)
3곱하기 2는 6
>>> print("6나누기 2는", 6/2, "이다.")
6나누기 2는 3.0 이다.
```

위와 같이 셸을 이용하여 프로그램을 작성하면 간단한 계산 결과나 간단한 프로그램의 작동 여부를 확인해 보기는 좋으나, 반복해서 사용하는 프로그램을 작성하거나 복잡한 프로그램을 작성하여 지속적으로 수정하고 관리하는 것은 불가능하다. 이런 경우에 해당 프로그램을 저장하고 다시 불러와 재사용할 수 있는 방법으로 스크립트 모드를 사용할 수 있다. 스크립트 모드는 우리가 작성하는 프로그램을 저장해서 이를 지속적으로 관리하거나 다른 프로그램에서 재사용할 수 있도록 한다. 스크립트 모드를 실행하여 프로그램 파일을 저장해 보자.

(2) 스크립트 모드에서 명령어 작성하기

01. 파이썬 셸의 [File] 메뉴에서 [New File]을 선택한다.

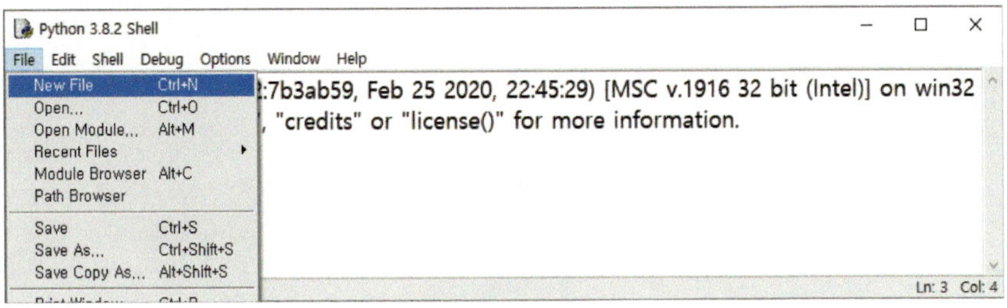

02. 다음 그림과 같이 새로운 창의 편집기가 생성된다. 이 편집기에 우리가 원하는 프로그램을 작성한다.

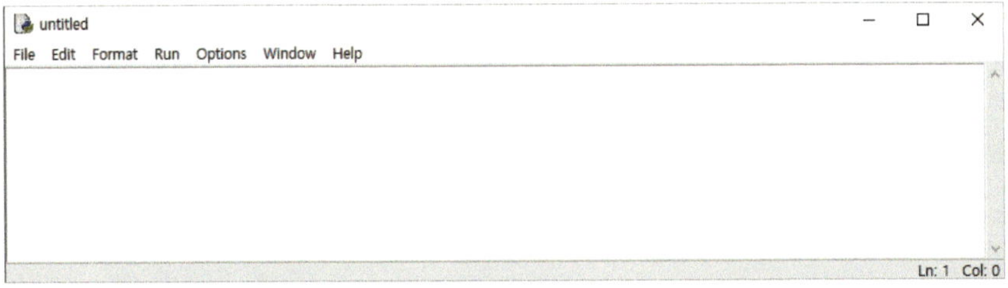


```
print("파이썬 프로그램")
print("3곱하기 2는", 3*2)
print("6나누기 2는", 6/2, "이다.")
print("파이썬 프로그램을 스크립트 모드로 작성한 것 입니다!")
```

03. 작성 중인 프로그램을 저장하고 싶다면 다음의 그림과 같이 [File] 메뉴의 [Save]를 클릭하고 원하는 장소에 원하는 파일명을 부여하여 저장하면 된다. 이때 파일명은 "***.py"로 확장자 py가 붙어 저장된다. 이 확장자를 사용자가 임의로 변경하면 파이썬에서 파일이 정상적으로 실행되지 않으므로 확장자를 변경하거나 삭제하지 않는 것이 좋다.

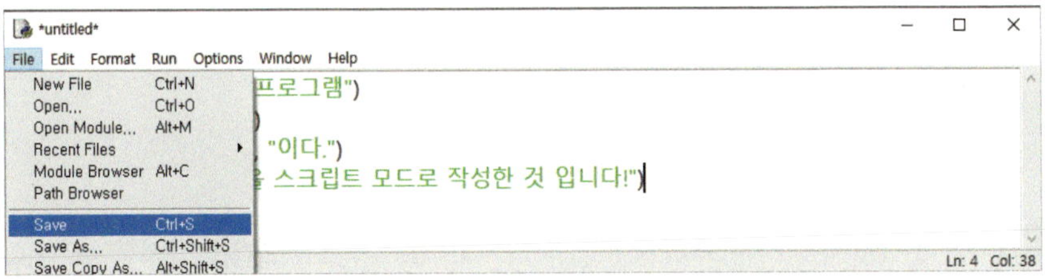

04. 작성하고 있는 프로그램이나 완성된 프로그램의 실행결과를 보고 싶다면 다음의 그림과 같이 [Run] 메뉴의 [Run Module]을 클릭하거나 기능키 [F5]를 눌러 프로그램을 실행할 수 있다.

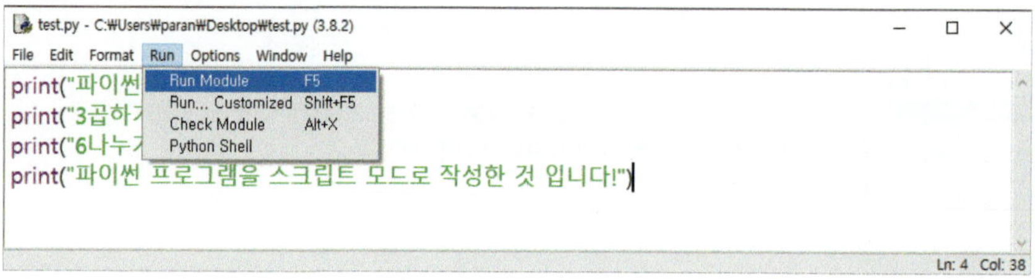

05. 이때 프로그램이 저장되어 있지 않다면 프로그램을 저장하라는 메시지가 나타난다. [ok] 버튼을 클릭하고 저장하기와 같은 방법으로 원하는 장소에 적당한 이름으로 저장하면 프로그램이 실행된다. 프로그램의 실행결과는 다음의 그림 1-5와 같이 파이썬 셀을 통해 나타난다.

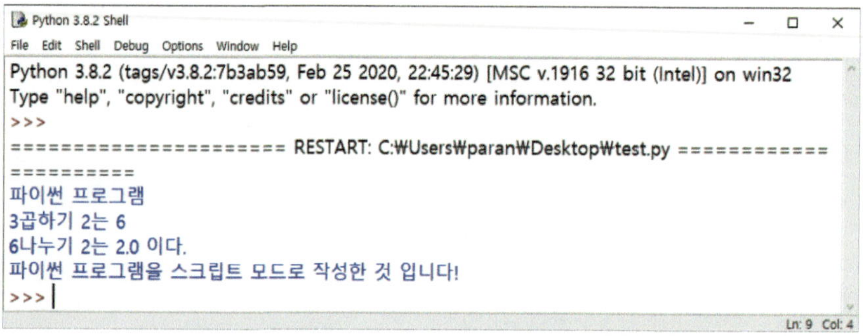

그림 1-5 스크립트 모드에서 명령어를 작성하고 Run(F5)을 실행하여 결과가 출력된 모습

이미 저장된 프로그램을 불러오기 위해서는 다음과 같이 파이썬 셀의 [File] 메뉴에서 [Open]을 클릭하여 원하는 프로그램을 불러올 수 있다.

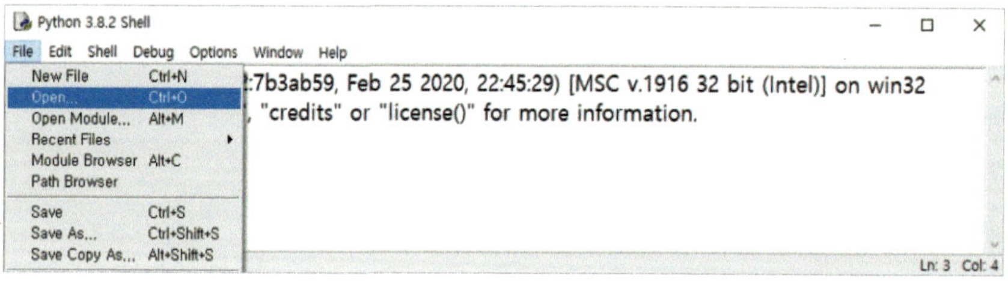

모든 프로그램 언어는 문장을 구성하는 규칙인 문법을 가지고 있으며 프로그램을 작성할 때 이 문법이 엄격하게 지켜져야만 프로그램이 정상적으로 작동하게 된다. 파이썬도 마찬가지이며 잘못된 문장이나 오타가 있을 경우 에러 메시지를 출력한다. 다음은 'SyntaxError: invalid syntax'라는 문법 오류 메시지를 받은 결과이다.

```
>>> 2 +
>>> 2 +* 3
>>> print(Hello World)
```

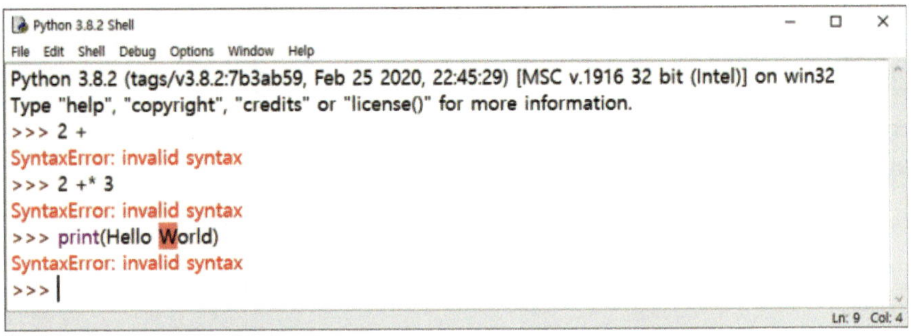

그림 1-6 SyntaxError가 발생한 예

첫 번째 에러는 더하기(+) 뒤에 더할 대상이 없고, 두 번째는 더하기(+)와 곱하기(*)가 중복되어 있다. 그리고 마지막은 문자열을 따옴표로 감싸지 않았기 때문에 발생한 에러이다.

또한 명령어의 철자가 잘못된 경우에도 다음과 같이 그 명령어를 찾을 수 없다는 에러 메시지를 받게 된다.

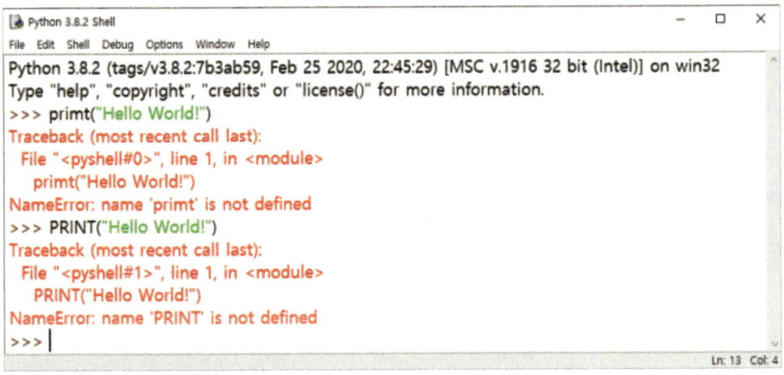

그림 1-7 NameError가 발생한 예

위의 두 번째 에러는 print() 함수의 철자는 정확하나 파이썬이 대소문자를 구분하는 데서 비롯된 에러이다.

IDLE를 종료하기 위해서는 다음과 같이 파이썬 셸의 [File] 메뉴에서 [Exit]를 클릭하거나 단축키 Ctrl+Q(키보드의 Ctrl과 영문자 Q를 동시에 누름)를 누른다.

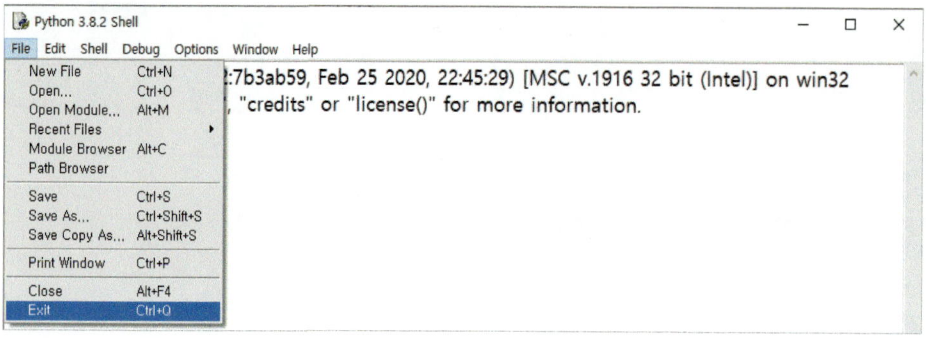

1.4 간단한 프로그램 만들기

이 절에서는 먼저 print() 함수를 이용해 별표(*)로 모래시계 모양을 출력하는 간단한 프로그램을 작성해 보자. 파이썬의 스크립트 모드를 이용해 다음의 코드를 입력하고 'code1-1.py'로 저장한다.

예제 1-1 print() 함수를 이용한 모래시계 모양 출력   소스코드: code1-1.py

```
#*를 이용하여 모래시계 모양의 그림을 그린다.
print("********")
print(" *    * ")      #1개의 공백과 *사이 4개의 공백
print("  *  *  ")      #2개의 공백과 *사이 2개의 공백
print("   **   ")
print("  *  *  ")
print(" *    * ")
print("********")
```

위의 프로그램에서 첫 번째 줄의 기호 #은 프로그램의 주석을 나타낸다. 파이썬은 # 기호 이후에 나타나는 문장은 실행시키지 않는다. 따라서 주석을 이용해 프로그램의 세부적인 내용을 설명할 수 있다. 주석이 많으면 타인이나 시간이 흐른 후에도 그 프로그램의 기능을 쉽게 파악할 수 있다. 예제 1-1 프로그램의 실행결과는 다음과 같다.

실행결과

```
********
 *    *
  *  *
   **
  *  *
 *    *
********
```

파이썬에는 기본적으로 제공되는 소스코드들이 있다. 이 소스코드를 실행해 보자. 다음 그림과 같이 파이썬 셸의 [Help] 메뉴에서 [Turtle Demo]를 선택한다. turtle은 파이썬에서 그림을 그릴 수 있도록 만들어 놓은 모듈이다. 모듈이란 특정 목적의 프로그램을 쉽게 작성할 수 있도록 함수들을 정의하고 소스코드를 모아 놓은 프로그램으로 sys, math, os 등 다양한 모듈이 있다. turtle도 그 중에 하나이다.

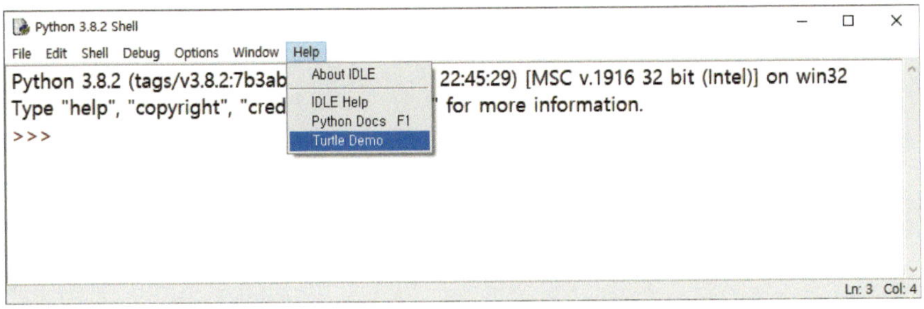

위의 [Turtle Demo] 메뉴를 클릭하여 나타나는 화면에서 [Examples] 메뉴를 클릭하면 여러 가지 소스코드의 제목이 나타난다. 다음의 그림은 clock을 선택한 것이다. 왼쪽 창에는 clock의 소스코드가 나타나고, 하단의 START를 클릭하면 그 소스코드가 실행된다. 오른쪽 화면에 clock이 실행되어 시간과 날짜 등 현재의 시간에 관련된 정보들이 출력되고 있다. bytedesign, chaos, forest 등 여러 가지 예제가 있으니 다른 예제들도 실행해 보기 바란다.

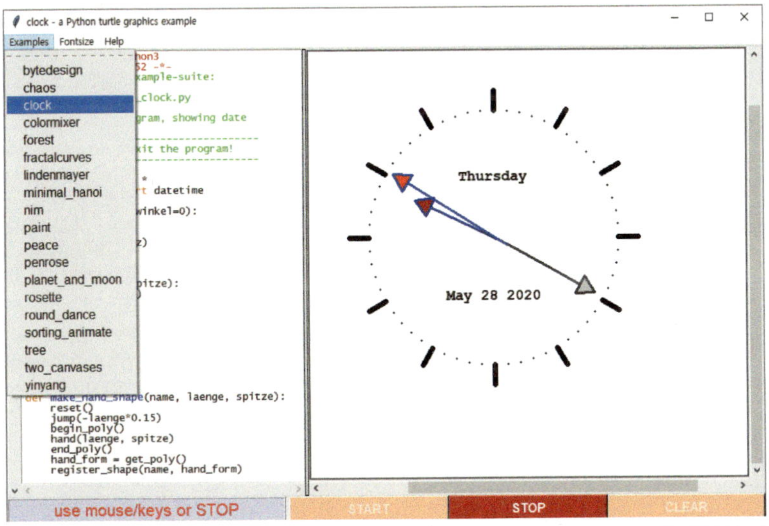

위에서 설명한 turtle 모듈은 여러 가지 그림을 그릴 수 있는 기능을 제공한다. 이를 이용해 간단한 그림을 그려보자.

먼저 셸 모드에서 아래와 같은 명령을 실행해 본다.

```
>>> import turtle
>>> turtle.shape("turtle")
```

turtle 모듈을 사용하기 위해서는 먼저 모듈을 불러와야 한다. 모듈을 불러오는 명령어는 import이다. 그리고 turtle.shape() 명령으로 오른쪽 그림의 창을 실행할 수 있다. turtle.shape("turtle")은 그림을 그리는 도구의 모양을 거북이로 설정한 것이다. 그림을 그리는 도구는 거북이 외에도 화살표, 정사각형, 원 등 여러 가지 모양이 있다. 예를 들어 turtle.shape("arrow")를 입력하면 도구의 모양을 화살표로 선택할 수 있다. 이 명령어에서 shape()는 turtle 모듈에 내장된 함수로, 어떤 모듈에 내장된 함수는 "모듈명.내장함수()"와 같은 형식의 명령어로 실행할 수 있다. 다음의 코드를 실행하여 거북이의 동작을 관찰해 보자.

```
>>> turtle.forward(100)
>>> turtle.left(90)
>>> turtle.forward(50)
>>> turtle.right(90)
>>> turtle.forward(50)
```

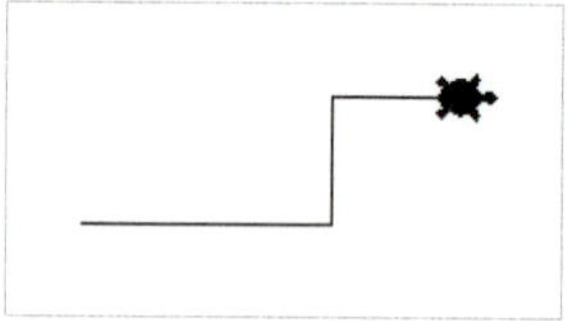

위의 코드를 차례대로 실행하면 오른쪽의 그림과 같은 결과가 나타난다. forward() 함수는 거북이가 앞으로 이동하면서 주어진 길이만큼의 선분을 그리는 명령어이다. left() 함수는 주어진 각도만큼 거북이를 왼쪽으로 회전시키는 함수이고, right() 함수는 오른쪽으로 회전시키는 함수이다.

거북이를 처음의 위치인 중앙으로 이동시키는 명령어는 home()이고, 화면의 그림을 모두 지우는 함수는 clear()이다. 다음의 코드로 현재의 그림을 모두 지우고 새로운 그림을 그릴 수 있다.

```
>>> turtle.home()
>>> turtle.clear()
```

다음 예제 1-2는 turtle을 이용해 정삼각형을 그리는 프로그램이다. 스크립트 모드의 편집기에 소스코드를 입력하고 실행해 보자.

예제 1-2 turtle을 이용하여 정삼각형 그리기 소스코드: code1-2.py

```
import turtle
turtle.shape("turtle")

turtle.forward(200)
turtle.left(120)
turtle.forward(200)
turtle.left(120)
turtle.forward(200)
```

실행결과

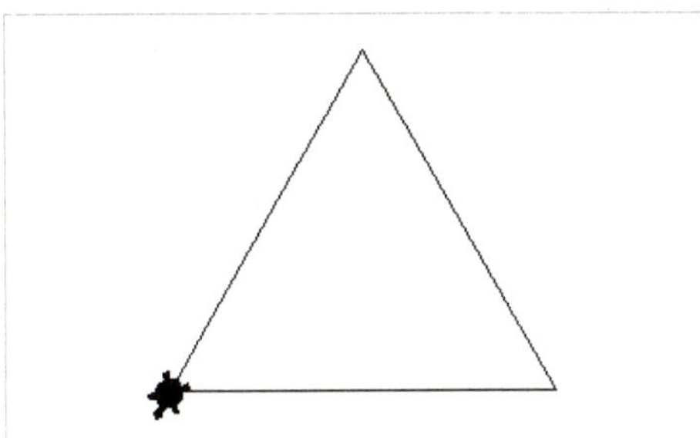

파이썬은 함수들에 대한 도움말을 제공한다. 도움말을 보고자 하는 함수의 이름을 "help(함수명)"과 같은 형식으로 help() 함수에 입력하면 그 함수에 대한 사용법 및 관련 도움말을 보여준다. 그림 1-8은 print() 함수에 대한 도움말을 출력한 것이다.

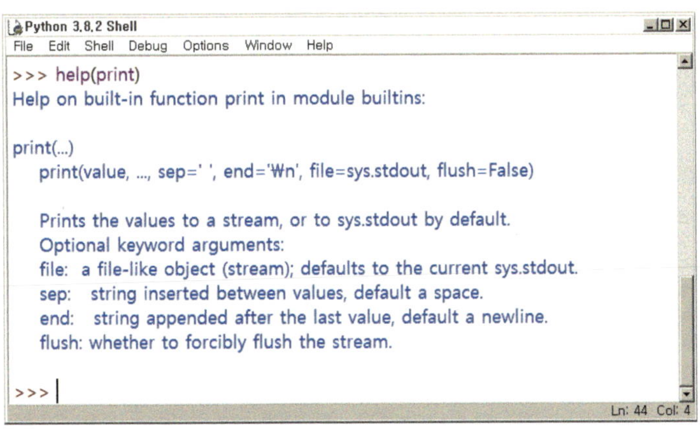

```
Python 3.8.2 Shell
File Edit Shell Debug Options Window Help
>>> help(print)
Help on built-in function print in module builtins:

print(...)
    print(value, ..., sep=' ', end='₩n', file=sys.stdout, flush=False)

    Prints the values to a stream, or to sys.stdout by default.
    Optional keyword arguments:
    file:  a file-like object (stream); defaults to the current sys.stdout.
    sep:   string inserted between values, default a space.
    end:   string appended after the last value, default a newline.
    flush: whether to forcibly flush the stream.

>>> |
Ln: 44 Col: 4
```

그림 1-8 help() 함수로 도움말 출력

01장

연습문제

01. 파이썬을 설치하지 않았다면 파이썬을 자신의 컴퓨터에 설치하시오.

02. IDLE를 실행시켜 상단의 메뉴에 어떤 기능들이 있는지 확인해 보시오.

03. 셸 모드에서 "파이썬 안녕"이라는 문자열을 출력해 보시오.

04. 셸 모드에서 다양한 숫자에 대한 사칙연산을 실행해 보시오.

05. 다음의 코드 중에 에러가 없이 정상적으로 작동할 것 같은 코드를 모두 고르시오. 또한 에러가 있을 것 같은 이유는 무엇인지 설명해 보고, 주어진 코드를 모두 셸 모드에 입력하여 에러가 있는지 없는지 체크해 보시오.

```
(1) 5 / 4
(2) priNt("Hello World")
(3) print('Hellow World')
(4) + 5
(5) 6 // 3
(6) print(Python)
```

06. 파이썬 셸의 [Turtle Demo]의 예들 중에 chaos와 forest를 실행해 보시오.

07. 스크립트 모드에서 "파이썬 안녕"이라는 문자열을 출력하는 코드를 입력하고 test.py라는 파이썬 프로그램 파일로 저장하시오.

08. 위에서 저장한 test.py 파일을 불러와 실행하고 정상적으로 작동하는지 확인하시오.

09. 별표(*)를 이용해 직사각형을 그리는 프로그램을 작성해 보시오.

10. turtle을 이용해 정사각형을 그리는 프로그램을 작성해 파일로 저장하시오.

02

변수

[학습 목표]

01 변수를 지정하는 방법을 알아본다.

02 변수를 사용한 프로그램을 작성한다.

03 사용자로부터 필요한 값을 입력받는 방법에 대해 알아본다.

04 사용자로부터 정수 값을 입력받는 방법에 대해 알아본다.

05 값을 입력받아 변수에 저장하고 이를 이용해 프로그램을 작성한다.

이번 장에서는 변수에 대해 알아보고 사용자로부터 필요한 값을 입력받아 변수에 저장한 뒤 이를 이용해 프로그램을 작성하는 방법을 익힌다.

2.1 이 장에서 만들 프로그램 미리보기

[프로그램 1] 입력받은 두 개의 숫자 연산하기

두 개의 정수 값을 변수에 저장하고 이를 이용하여 두 값의 사칙연산(덧셈, 뺄셈, 곱셈, 나눗셈)의 결과를 출력하는 프로그램이다.

```
첫 번째 수를 입력하세요 : 50
두 번째 수를 입력하세요 : -20
50 더하기 -20 은 30 입니다.
50 빼기 -20 은 70 입니다.
50 곱하기 -20 은 -1000 입니다.
50 나누기 -20 은 -2.5 입니다.
>>>
```

[프로그램 2] 두 수를 입력받아 직각삼각형 그리기

터틀 그래픽에서 두 개의 숫자를 입력받아 변수에 저장하고, 각각을 가로와 세로로 하는 직각삼각형을 그리는 프로그램이다.

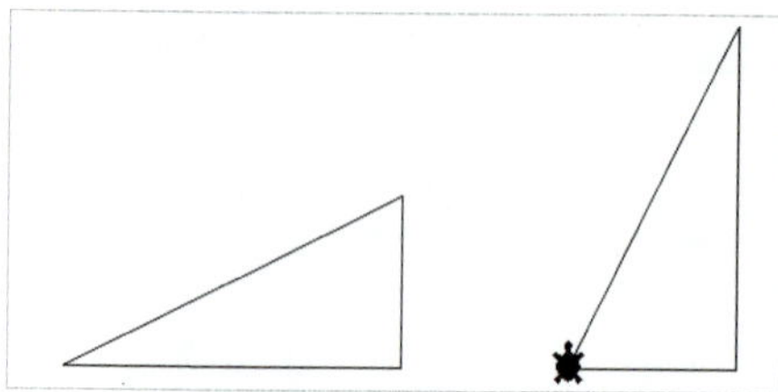

2.2 변수

파이썬에서 우리가 원하는 계산을 수행할 때 숫자나 문자를 직접 입력하고 필요한 연산을 실행하여 원하는 결과를 얻을 수 있었다. 그러나 이렇게 숫자나 문자를 직접 입력하여 결과를 출력하면 입력 내용과 출력 결과를 계속 유지할 수 없고, 같은 계산을 다시 시행하려면 같은 데이터를 재입력하여 결과를 얻어야 한다. 이러한 불편을 줄이고 입력 또는 출력 데이터를 반복해서 사용할 수 있도록 하려면 변수를 사용하여 이들을 저장하여야 한다. 이 절에서는 변수를 이용하여 필요한 입력 데이터나 출력 결과를 저장하는 방법을 알아본다.

변수는 우리가 필요로 하는 데이터를 저장하는 저장 공간이다. 컴퓨터는 사용자가 입력한 모든 데이터를 메모리에 저장한다. 변수는 이 메모리 공간에 이름을 붙여서 프로그램에 데이터가 필요할 때, 이 변수 이름의 저장 공간에 있는 데이터를 꺼내올 수 있도록 한다. 파이썬은 '변수명 = 저장 값'과 같은 형식으로 변수를 만든다.

```
>>> x = 21
```

위와 같이 입력하고 Enter를 누르면 x라는 변수에 21이 저장된다. 여기에서 기호 '='은 같다는 의미의 수학 기호가 아니라 숫자 21을 왼쪽의 변수 x에 저장하라는 의미이다. 위의 변수에 값이 잘 저장되었는지 확인하려면 다음과 같이 명령 프롬프트에 x를 입력하거나, print() 함수를 이용하여 변수 x의 값을 출력해 보면 된다.

```
>>> x
21
>>> print(x)
21
```

변수 이름은 영문자나 숫자를 이용하여 원하는 대로 지을 수 있지만, 저장 값의 의미를 쉽게 파악할 수 있으면서도 간결하게 짓는 것이 변수들을 관리하는 데 편리하며, 다음과 같은 사항은 주의해야 한다.

- 대소문자를 구분한다.
- 문자부터 시작해야 하며 숫자부터 시작할 수 없다.
- 기호 _로 시작할 수 있다.
- 특수 문자(+, -, *, /, $, @, &, % 등)는 사용할 수 없다.
- 파이썬의 명령어(if, for, while, and, or 등)는 사용할 수 없다.

변수에는 다음과 같이 숫자뿐만 아니라 문자열도 저장할 수 있다.

```
>>> x = "Hello World!"
>>> print(x)
Hello World!
```

변수에는 부울형, 정수형, 실수형, 문자열 등 여러 가지 형태의 자료를 입력할 수 있다. C나 Java 등과 같은 프로그램에서는 어떤 형태의 자료가 변수에 저장될 것인지를 미리 지정해주는 변수 선언이 필요하지만, 파이썬에서는 특별히 변수 선언을 하지 않아도 된다. 물론 긴 코드를 작성하는 경우엔 사용될 변수를 미리 선언하여 관리하는 것이 효율적일 수 있다. 데이터의 자료형에 대해서는 뒤에서 자세히 다루게 될 것이다. 여기에서는 먼저 변수에 저장된 데이터의 자료형을 알아내는 방법을 알아본다. 다음과 같이 type() 함수를 이용하면 변수의 자료형을 출력해 준다.

```
>>> x = 15
>>> type(x)
<class 'int'>
>>> y = "Hello!"
>>> type(y)
<class 'str'>
```

위의 결과에서 변수 x는 'int'(integer의 약자)로 정수형임을, 변수 y는 'str'(string의 약자)로 문자열임을 알려주고 있다. 파이썬에서 변수를 사용하여 프로그램을 작성하다 보면 자료형이 맞지 않아 오류가 발생하는 경우가 자주 있다. 이런 경우에는 type() 함수로 자료형을 알아내어 그 문제들을 해결할 수 있다.

여러 개의 변수를 사용하는 경우, 줄을 바꾸어 가며 각각의 변수를 지정할 수도 있지만

"변수1, 변수2, 변수3, … = 자료1, 자료2, 자료3, …"

와 같은 형식으로 여러 개의 변수를 한 번에 지정할 수도 있다. 이와 같은 방식으로 변수를 만드는 경우에는 변수의 개수와 자료의 개수가 일치하도록 주의해야 한다. 변수의 개수와 자료의 개수가 같지 않으면 에러가 발생하게 된다. 아래의 두 가지 코드는 x, y, z라는 세 개의 변수를 지정하는 것으로 두 방식의 결과는 같다.

```
>>> x = 15
>>> y = "Hello!"
>>> z = 23.5
>>> print(x, y, z)
15 Hello! 23.5
```

```
>>> x, y, z = 15, "Hello!", 23.5
>>> print(x, y, z)
15 Hello! 23.5
```

또한 같은 값을 갖는 여러 개의 변수를 지정하는 경우에 다음과 같이 그 값을 할당할 수 있다.

```
>>> x = y = z = 30
>>> print(x, y, z)
30 30 30
```

위에서 우리는 변수를 할당하는 방법에 대해 알아보았다. 이제 이러한 변수를 활용하는 방법에 대해 알아보자. 다음의 코드는 주어진 변수에 할당된 두 개의 값을 더하여 출력하는 셸 프로그램이다.

```
>>> x = 34
>>> y = 51
>>> x + y
85
>>> print(x + y)
85
```

셸 모드에서는 "x + y"를 입력하고 Enter를 누르거나 "print(x + y)"와 같이 print() 함수를 이용하거나 둘 다 같은 결과를 얻는다. 위의 덧셈 결과를 다음과 같이 다른 변수에 저장하여 그 결과를 출력할 수도 있다. x와 y의 덧셈 결과를 sum이라는 변수에 저장하고 "sum" 또는 "print(sum)"을 입력하여 변수 sum을 출력한다.

```
>>> x = 34
>>> y = 51
>>> sum = x + y
>>> sum
85
>>> print(sum)
85
```

다음의 예제를 스크립트 모드에서 입력하고 code2-1.py로 저장한 후에 실행해 보자.

예제 2-1 두 변수 값의 사칙연산 결과 값 출력 소스코드: code2-1.py

```
x, y = 60, 30
sum = x + y
dif = x - y
mul = x * y
div = x / y
print(x, "와 ", y, "의 합은 ", sum, "입니다.")
print(x, "-", y, "=", dif)
print(x, "*", y, "=", mul)
print(x, "나누기 ", y, "은 ", div, "입니다.")
```

실행결과

```
60 와 30 의 합은 90 입니다.
60 - 30 = 30
60 * 30 = 1800
60 나누기 30 은 2.0 입니다.
```

다음의 프로그램은 변수 x에 0을 할당하고 이 값에 10을 더하는 프로그램이다. 변수 x의 값에 10을 더한 결과가 출력되었으나 변수 x의 값이 변한 것은 아니다.

```
>>> x = 0
>>> x + 10
10
>>> x
0
```

변수 x에 10을 더한 값이 같은 변수 x에 유지되도록 다음과 같이 "변수 = 변수 + 변경 값"의 형식으로 코드를 작성하면 된다.

```
>>> x = 0
>>> x = x + 10
>>> x
10
```

또한 다음의 프로그램과 같이 "변수1, 변수2 = 변수2, 변수1"의 형식으로 변수1과 변수2에 할당된 값을 서로 바꿀 수 있다.

```
>>> x, y = 2, 5
>>> print(x, y)
2 5
>>> x, y = y, x
>>> print(x, y)
5 2
```

1.4절에서 Turtle 그래픽에 관련된 예를 보았다. turtle 모듈을 이용하여 그림을 그릴 때 turtle.forward()와 같이 "turtle.함수명()"의 형식으로 함수를 사용하여 프로그램을 작성하였다. 그러나 프로그램이 긴 경우에 turtle이라는 긴 모듈명을 일일이 입력하는 것은 매우 번거로운 일이다. 이를 좀 간단히 하기 위해서 긴 모듈명이나 모듈 내의 함수를 간단한 변수로 저장하여 사용할 수 있다. 다음의 두 가지 방식으로 모듈명을 변수에 저장할 수 있다.

```
>>> import turtle as t
```

```
>>> import turtle
>>> t = turtle
```

예제 2-2 turtle로 반지름을 변경하며 원 그리기   소스코드: code2-2.py

```
01 import turtle as t
02 t.shape("triangle")
03 
04 r = 50
05 
06 t.circle(r)
07 r = r + 10
08 t.circle(r)
09 r = r + 20
10 t.circle(r)
11 r = r + 30
12 t.circle(r)
```

실행결과

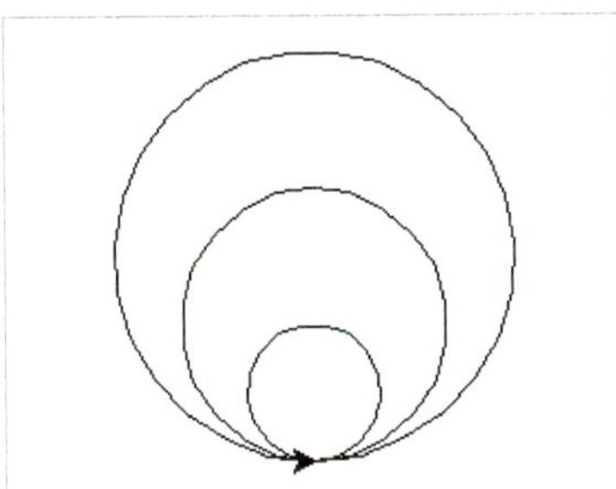

위의 예제에서 t.shape("triangle")은 거북이의 모양을 삼각형으로 바꾸는 명령으로, 거북이의 모양은 "triangle" 외에도 "square", "circle", "arrow", "turtle", "classic"이 있다. 위의 예는 "triangle"을 사용한 것이고, 다른 모양으로 바꾸어 테스트해보기 바란다. 또한 6번째 줄의 t.circle(r)은 반지름이 r인 원를 그리는 명령어이다. turtle 모듈에는 여러 가지 함수들이 내장되어 있다. 그 중에 몇 가지를 더 소개하면 다음과 같다.

```
>>> import turtle
>>> turtle.goto(20, 30)
>>> turtle.penup()
>>> turtle.pendown()
```

"turtle.circle(r)"은 반지름이 r인 원을 그리고, "turtle.goto(x, y)"는 좌표 (x, y)로 거북이를 이동시킨다. "turtle.penup()"은 거북이가 그림을 그리는 상태를 중단하고 펜을 들어 올리라는 명령이고, "turtle.pendown()"은 반대로 펜을 내려 거북이가 그림을 그릴 수 있는 상태로 만드는 명령이다.

2.3 사용자로부터 정수 입력받기

프로그램의 사용자로부터 특정 값을 입력받아 프로그램에 사용하기 위해서는 input() 함수를 사용한다. input() 함수는 사용자가 입력한 값을 가져오는 함수이다.

다음과 같이 셸 모드에서 input()을 입력한 뒤 엔터를 누르면 다음 줄로 넘어가서 커서가 깜박이며 대기 상태가 된다. 여기에 Hello, world!를 입력한 뒤 엔터를 누르면 입력한 문자열 'Hello World!'가 출력된다.

```
>>> input()
Hello World!
'Hello World'
```

input() 함수로 입력받은 값을 "변수 = input()"의 형식으로 변수에 저장할 수 있다.

```
>>> x = input()
Hello World!
>>> x
'Hello World'
```

위의 프로그램에서 x = input()을 입력하고 엔터를 누르면 대기 상태가 되고 문자열 Hello World!를 입력하면 이 문자열이 변수 x에 저장된다. 그리고 x를 입력한 후 엔터를 누르면 변수 x에 저장된 값이 출력된다.

input() 함수의 ()안에는 사용자가 처리해야 할 사항을 입력할 수도 있다. 다음과 같이 input("문자열을 입력하세요 : ")라는 명령어를 입력하고 엔터를 누르면 프로그램은 '문자열을 입력하세요 : '라는 문자열을 출력하고 사용자의 입력 값을 기다리는 상태가 된다.

```
>>> x = input("문자열을 입력하세요 : ")
문자열을 입력하세요 : Hello World!
>>> x
'Hello World'
```

위의 예와 같이 input() 함수의 ()안에 사용자를 위한 안내 문구를 입력하여 프로그램을 작성할 수 있다.

위에서 소개한 input() 함수를 이용하여 두 개의 숫자를 입력받아 그 합을 구하는 프로그램을 만들어 보자. 셸 모드에서 다음과 같이 입력하고 출력 결과를 확인해 보자.

```
>>> x = input("첫 번째 수를 입력하세요 : ")
첫 번째 수를 입력하세요 : 30
>>> y = input("두 번째 수를 입력하세요 : ")
두 번째 수를 입력하세요 : 40
>>> x + y
'3040'
```

위와 같이 두 개의 숫자 30과 40을 입력받아 두 수의 합을 출력한 결과는 우리가 원하는 결과가 아님을 알 수 있다. 그 이유는 input() 함수는 입력받는 값을 항상 문자열로 인식하기 때문이다. 숫자 30과 40을 입력하였지만, input() 함수는 이를 문자열로 받아들여 문자열의 합을 구한 것이다.

두 숫자의 합을 구하기 위해서는 int() 함수를 이용하여 입력받은 문자열을 정수로 변경해 주어야 한다. 다음 예제 2-3의 소스코드를 작성하여 code2-3.py로 저장하고 실행해 보자.

예제 2-3 두 수를 입력받아 더하기 소스코드: code2-3.py

```
x = int(input("첫 번째 수를 입력하세요 : "))
y = int(input("첫 번째 수를 입력하세요 : "))

print(x + y)
```

실행결과

```
첫 번째 수를 입력하세요 : 30
두 번째 수를 입력하세요 : 40
70
```

숫자를 문자열로 입력받아 int() 함수를 이용하여 정수로 변환할 수도 있다. 아래의 예에서 x의 출력은 문자열 '10'이고 int() 함수로 x를 변환한 결과 y는 숫자 10이다.

```
>>> x = input("숫자를 입력하세요 : ")
숫자를 입력하세요 : 10
>>> x
'10'
```

```
>>> y = int(x)
>>> y
10
```

input() 함수는 한 번에 하나의 값을 입력받는다. 그러나 input의 split() 함수를 이용하면 한 번에 여러 개의 값을 입력받을 수 있다. split() 함수를 이용하는 문장의 형식은 다음과 같다.

```
변수1, 변수2 = input().split("기준문자열")
```

"기준문자열"이란 입력받은 값을 기준 문자열을 기준으로 분리함을 나타낸다. 기준 문자열 없이 split()과 같이 괄호()만 입력하면 공백문자를 기준으로 입력받는 두 문자를 분리하고, split(",")과 같이 입력하면 쉼표(,)를 기준으로 두 문자를 분리하여 각각 변수1과 변수2에 저장한다. 셸 모드에서 다음의 명령을 입력하여 결과를 확인해 보자.

```
>>> x, y = input("두 개의 문자를 입력하세요 : ").split()
두 개의 문자를 입력하세요 : a b
>>> x
'a'
>>> y
'b'
>>> x, y = input("두 개의 문자를 입력하세요 : ").split(",")
두 개의 문자를 입력하세요 : a,b
>>> x
'a'
>>> y
'b'
```

위의 split() 함수를 이용하면 하나의 input() 함수로 여러 개의 값을 입력받을 수 있다. 예제 2-4는 쉼표로 구분하여 입력하는 세 개의 문자열을 입력받아 출력하는 프로그램이다.

예제 2-4 세 개의 문자열 입력받아 출력하기 소스코드: code2-4.py

```
x, y, z = input("세 개의 문자열을 입력하세요 : ").split(",")

print(x, y, z)
```

실행결과

```
세 개의 문자열을 입력하세요 : 여러분,안녕,하세요?
여러분 안녕 하세요?
```

2.4 실습예제

프로그램 1 _ 입력받은 두 개의 숫자 연산하기

입력받은 두 수를 변수에 저장하고 print() 함수를 이용하여 사칙연산에 대한 결과를 '50 더하기 -20은 30 입니다.' 와 같은 문장으로 출력하는 프로그램을 작성하시오.

예제 2-5 입력받은 두 수의 사칙연산 결과 출력하기 소스코드: code2-5.py

```
x = int(input("첫 번째 수를 입력하세요 : "))
y = int(input("두 번째 수를 입력하세요 : "))

print(x, "더하기", y, "은", x + y, "입니다.")
print(x, "빼기", y, "은", x - y, "입니다.")
print(x, "곱하기", y, "은", x * y, "입니다.")
print(x, "나누기", y, "은", x / y, "입니다.")
```

실행결과

```
첫 번째 수를 입력하세요 : 50
두 번째 수를 입력하세요 : -20
50 더하기 -20 은 30 입니다.
50 빼기 -20 은 70 입니다.
50 곱하기 -20 은 -1000 입니다.
50 나누기 -20 은 -2.5 입니다.
```

프로그램 2 _ 두 수를 입력받아 직각삼각형 그리기

터틀 그래픽에서 두 개의 숫자를 입력받아 변수에 저장하고, 각각을 가로와 세로로 하는 직각삼각형을 그린 뒤 변수를 바꾸어 바뀐 값을 가로와 세로로 하는 직각삼각형을 그리는 프로그램이다.

힌트

추가적인 터틀 명령어는 다음과 같다.

명령어	동작
t.home()	거북이가 출발점인 (0,0)로 돌아온다.
t.goto(x,y)	거북이가 좌표 (x,y)으로 이동한다.
t.penup()	거북이가 그림을 그리지 않도록 펜을 들어 올린다.
t.pendown()	거북이가 그림을 그릴 수 있도록 펜을 내린다.

두 개의 변수 값을 바꾸는 명령어는 다음과 같다.

'변수1, 변수2 = 변수2, 변수1'

예제 2-6 두 수를 입력받아 직각삼각형 그리기 　　소스코드: code2-6.py

```
import turtle as t

num1, num2 = input("두 수를 입력하세요 : ").split()
x = int(num1); y = int(num2)

t.shape("turtle")
t.forward(x)
t.left(90)
t.forward(y)
t.home()
t.penup()          #펜을 들어 올려 이동 중 그림을 그리지 않게 한다.
t.goto(300,0)
x, y = y, x        #변수 x, y의 값을 서로 바꾼다.
t.pendown()        #펜을 내려 그림 그릴 준비를 한다.
t.forward(x)
t.left(90)
t.forward(y)
t.goto(300,0)
```

실행결과

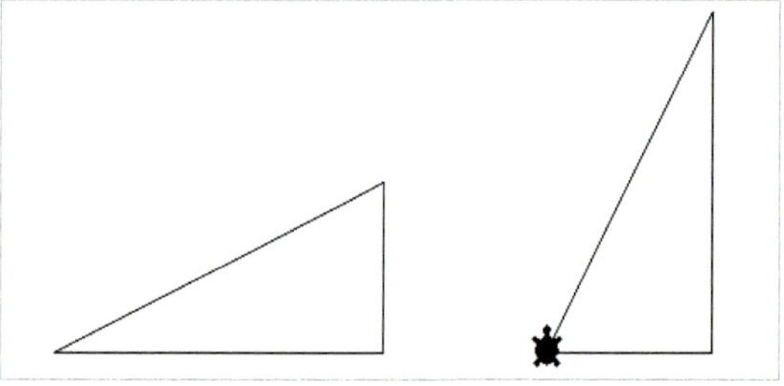

01. 사는 곳을 물어보고 입력받은 지역을 결합하여 "아~ 'ㅇㅇ'에 사시는 군요!"라고 출력하는 프로그램을 작성하시오.

02. 두 수를 입력받아 두 수의 사칙연산(덧셈, 뺄셈, 곱셈, 나눗셈)을 출력하는 프로그램을 작성하시오.

03. 인치(in) 단위인 숫자를 입력받아 센티미터(cm)로 변환하는 프로그램을 작성하시오. 단, 1인치는 2.54 센티미터이다.

04. 섭씨온도(°C)를 입력받아 화씨온도(°F)로 변환하는 프로그램을 작성하시오. 단, 화씨 = (섭씨 * 1.8) + 32이다.

05. turtle 그래픽에서 세 개의 숫자를 입력받아 입력받은 숫자를 반지름으로 하는 세 개의 원을 그리시오.

06. turtle 그래픽에서 하나의 숫자를 입력받아 변수 rad로 저장하고 이 숫자를 30씩 증가시켜 각각의 값을 반지름으로 하는 세 개의 원을 그리시오. 아래의 그림은 30을 입력받고 그 변수를 30씩 증가시키며 각각 30, 60, 90을 반지름으로 하는 세 개의 원을 그린 것이다.

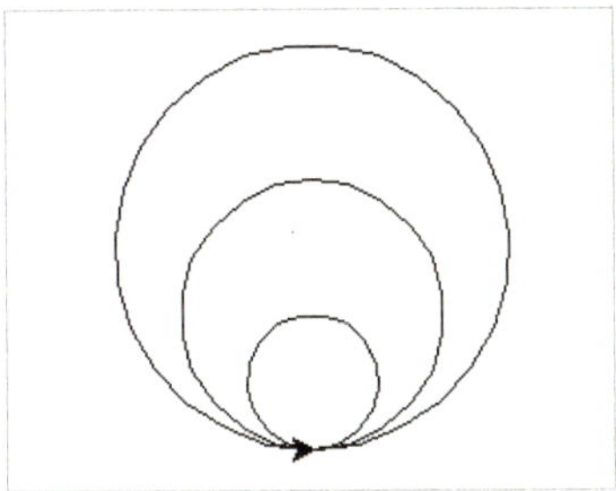

01. type() 함수를 이용하여 각 변수에 저장된 값의 자료형을 확인해 보자.

파이썬에서 type() 함수는 변수의 형태를 알려주는 함수이다. type(변수)를 입력하면 입력한 변수의 형태를 알려준다. 파이썬의 셸 모드에서 다음과 같이 입력하고 할당한 변수에 대해 type(x), type(y) 등을 입력하여 각 변수의 형태를 확인해 보시오.

```
>>> x = 10
>>> y = 2.5
>>> z = x + y
>>> s = input("정수를 입력하세요 : )
>>> w = float(input("정수를 입력하세요 : "))
```

03

수식과 연산자

[학습 목표]

01 산술연산자를 사용하여 숫자를 계산할 수 있다.

02 비교연산자를 사용하여 두 개의 값을 비교할 수 있다.

03 논리연산자를 사용하여 논리값을 판단할 수 있다.

04 연산자들 사이의 우선순위를 구분할 수 있다.

이 장에서는 숫자나 논리값을 계산하는 연산자뿐 아니라 크기를 비교하는 연산자 등 파이썬에서 제공하는 다양한 연산자에 대해 알아본다. 연산자는 크게 산술연산자, 논리연산자, 비교연산자로 나누며 산술연산자는 수치를 계산하는 연산자로 사칙연산 외에 나머지, 몫, 거듭제곱 연산자 등이 있고, 논리연산자에는 and, or, not 등이 있다. 두 개의 항을 연산하는 연산자들을 주로 이항 연산자라 부르고, -3 또는 not True 등과 같이 하나의 값에 작용시켜 새로운 값을 만드는 연산자를 단항 연산자라 한다. 이 장에서는 이러한 연산자들에 대해 자세히 알아보고 이들의 활용 예를 알아본다.

3.1 이 장에서 만들 프로그램 미리보기

[프로그램 1] 국어, 영어, 수학 점수의 평균 구하기

사용자로부터 국어, 영어, 수학 점수를 입력받아 이들의 평균을 구하는 프로그램을 작성한다.

```
국어 점수를 입력하세요 : 70
영어 점수를 입력하세요 : 80
수학 점수를 입력하세요 : 65
평균은  71
>>>
```

[프로그램 2] 주어진 평균과 특정 과목의 점수 가려내기

사용자로부터 국어, 영어, 수학 점수를 입력받아 이들의 평균이 70점 이상이고 영어나 수학 둘 중에 하나의 점수가 70점 이상, 90점 미만이면 True를 그렇지 않으면 False를 출력하는 프로그램을 작성한다.

```
국어 점수를 입력하세요 : 60
영어 점수를 입력하세요 : 85
수학 점수를 입력하세요 : 65
True
>>>
```

```
국어 점수를 입력하세요 : 90
영어 점수를 입력하세요 : 65
수학 점수를 입력하세요 : 65
False
>>>
```

3.2 수식과 연산자

(1) 산술연산자

파이썬에서는 정수의 사칙연산뿐 아니라 실수나 복소수, 논리식 등을 계산할 수 있는 다양한 연산자를 제공한다. 파이썬에서 숫자의 자료형은 다음의 그림과 같이 정수, 실수, 복소수로 구분하며, 이 숫자의 자료형에 따라 연산의 결과가 달라지므로 자료형을 정확히 구분할 필요가 있다.

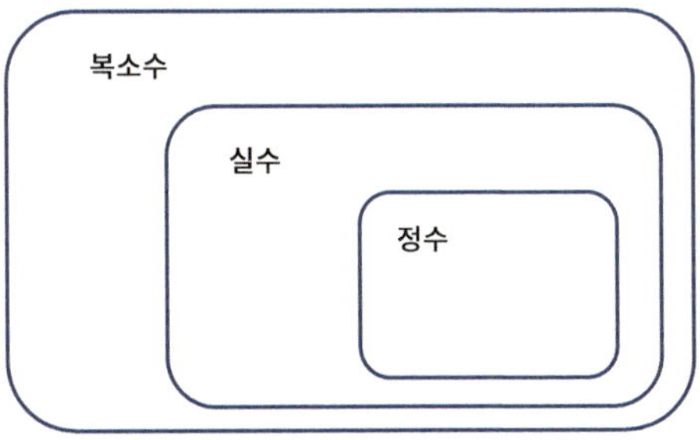

그림 3-1 숫자 자료형

숫자의 기본적인 연산자는 아래의 표와 같다. 더하기, 빼기, 곱하기, 나누기와 같은 연산은 앞에서 다루어 보았듯이 우리들이 보통 사용하는 숫자에 대한 사칙연산을 수행한다.

표 3-1 산술연산자 종류

연산자	의미	예	결과
+	더하기	7 + 2	9
-	빼기	7 - 2	5
*	곱하기	7 * 2	14
/	나누기	7 / 2	3.5
**	거듭제곱	7 ** 2	49
//	나누기에서 몫	7 // 2	3
%	나누기에서 나머지	7 % 2	1

먼저 파이썬의 셸 모드에서 위의 연산들을 실행해 보자.

```
>>> 3 + 4
7
>>> 3 - 4
```

```
-1
>>> 3.5 + 4.3
7.8
>>> 2.3 - 1.2
1.0999999999999999
```

위의 연산에서 3.5, 1.09999와 같이 소수점이 붙은 수를 실수라고 한다. 위의 실행결과에서 정수의 덧셈과 뺄셈 그리고 실수의 덧셈은 우리들이 예측하는 정상적인 결과의 값을 얻을 수 있었다. 그러나 2.3−1.2와 같은 실수의 뺄셈에서는 1.1이 아닌 의외의 결과를 얻었다. 이는 컴퓨터가 실수를 표현할 때 발생하는 오차 때문이다. 오차 문제는 다소 어려운 주제이며, 실수를 다룰 때 오차에 대한 적절한 처리가 필요하다.

```
>>> 12 * 5
60
>>> 65432 * 65432 * 65432
280137072301568
```

12*5와 같은 간단한 계산에서부터 65432 * 65432 * 65432와 같이 그 결과가 아주 큰 숫자의 곱도 간단하게 수행할 수 있다. C나 JAVA와 같은 프로그램 언어에서 이렇게 계산 값이 큰 연산을 수행하면 오버플로우 현상으로 잘못된 계산을 출력하는 경우가 있으나, 파이썬에서는 이러한 오류를 신경 쓰지 않아도 된다. 이는 수치 계산에 대한 파이썬의 큰 이점이다.

```
>>> 6/3
2.0
>>> 5/3
1.6666666666666667
```

위의 나누기 연산에서 6/3의 결과는 2.0이다. 파이썬은 나누기의 결과를 항상 실수로 계산한다. 위에서 정수형 6과 3의 나누기 결과 또한 정수형 2가 아닌 실수형 2.0으로 계산하였다.

```
>>> 2*2*2*2*2*2
64
>>> 2**6
64
```

2를 6번 곱한 결과는 64로 이를 거듭제곱이라 한다. 파이썬에서 거듭제곱을 수행하는 연산자는 **이다. 위에서 두 연산 결과는 같다.

```
>>> 5//3
1
>>> 59//6
9
>>> 5%3
2
>>> 59%6
5
>>> 59.2//6
9.0
>>> 59.2%6
5.200000000000003
```

위에서 //는 나눗셈에서 몫을 계산하는 연산자이다. 즉, 나눗셈을 한 후에 소수점 이하를 버리고 출력하는 연산자이다. 또한 %는 나눗셈의 나머지를 계산하는 연산자이다. 위의 연산 결과 5를 3으로 나누면 몫은 1이고 나머지는 2임을 알 수 있다. 또한 실수에 //나 % 연산자를 사용하면 그 결과 또한 실수로 출력된다. 위의 마지막 두 연산에서 59.2를 6으로 나눈 몫과 나머지가 모두 소수점을 갖는 실수형임을 알 수 있다. 위의 간단한 예에서는 정수와 실수의 차이점이 별 것 아닌 것처럼 느껴지지만 실제로 코드를 작성할 때 정수나 실수에 따라 그 결과가 완전히 달라질 수도 있으므로 주의하여야 한다.

다음의 예제와 같이 원의 반지름을 입력받아 원의 넓이를 구하는 프로그램을 작성해 보자. 예제 2-3에서 input() 함수를 이용하여 숫자를 입력받기 위해서는 먼저 input() 함수로 숫자를 문자열로 입력받고, int() 함수를 이용하여 이를 정수로 변환해 주었다.

예제 3-1 원의 넓이 구하기 소스코드: code3-1.py

```
r = int(input("원의 반지름을 입력하세요 : "))

area = 3.14*(r**2)
print(area)
```

실행결과

```
원의 반지름을 입력하세요 : 5
78.5
```

위의 예에서 정수 값을 입력받기 위해 int() 함수를 이용하였다. 실수 값을 입력받기 위해서는 다음과 같이 float() 함수를 이용하면 된다. float는 부동소수점(floating point)을 나타내며 입력 값을 실수로 변환한다.

예제 3-2 원의 넓이 구하기 소스코드: code3-2.py

```
r = float(input("원의 반지름을 입력하세요 : "))

area = 3.14*(r**2)
print(area)
```

실행결과

```
원의 반지름을 입력하세요 : 6.5
132.665
```

대입연산자 =과 다른 연산자(+, – 등)를 결합한 복합연산자를 사용하여 코드를 간결하게 작성할 수도 있다. 복합연산자는 +=과 같이 기호의 조합으로 사용되며

```
x += 10
```

은 x = x + 10과 같은 의미를 갖는다. 즉, 변수 x에 10을 더한 결과를 다시 x에 할당한 결과를 얻는다. 복합연산자는 다른 수치 연산자와 결합하여 사용할 수 있다.

표 3-2 복합연산자 종류와 의미

복합연산자	의미
x += a	x = x + a
x -= a	x = x - a
x *= a	x = x * a
x /= a	x = x / a
x //= a	x = x // a
x %= a	x = x % a
x **= a	x = x ** a

위에서 소개한 복합연산자를 실행해 보자.

```
>>> x = 10
>>> x += 5
>>> x
15
>>> x = 10
```

```
>>> x -= 5
>>> x
5
>>> x = 10
>>> x %= 3
>>> x
1
>>> x = 10
>>> x **= 3
>>> x
1000
```

위의 실행결과는 변수 x에 10을 할당한 후 이 값에 5를 더하고 5를 뺀 값을 x에 다시 저장하였고, 10을 3으로 나눈 나머지 1을 변수 x에 다시 저장하였다. 마지막으로 10을 세제곱한 값을 변수 x에 다시 저장하였다.

다음 예제 3-3은 입력한 값을 7로 나눌 때 몫과 나머지를 알려주는 프로그램으로, 이를 응용하여 입력한 날짜 수에 들어 있는 주 수와 나머지 날짜를 계산할 수 있다.

예제 3-3 7로 나눈 몫과 나머지 — 소스코드: code3-3.py

```
x = int(input("숫자를 입력하세요 : "))
quo = x; rem = x
quo //= 7
rem %= 7
print(x, "를 7로 나눌 때 몫 :", quo)
print(x, "를 7로 나눌 때 나머지 :", rem)
```

실행결과

```
숫자를 입력하세요 : 365
365 를 7로 나눌 때 몫 : 52
365 를 7로 나눌 때 나머지 : 1
```

파이썬에서는 복소수를 사용할 수 있으며 허수로 영문자 j를 사용한다. 일반 수치 연산에서는 복소수의 사용이 드물지만 공학의 계산에서 복소수를 사용하는 경우가 있다.

```
>>> (2 + 3j) + (3 + 4j)
5 + 7j
>>> complex(2, 3) + (3 + 4j)
5 + 7j
```

앞의 예에서와 같이 복소수를 2 + 3j와 같이 표현할 수 있지만, 두 번째 예와 같이 complex()를 이용하여 복소수를 생성할 수도 있다. 위의 두 예는 두 복소수의 덧셈으로 그 결과가 같다. 복소수에서도 정수나 실수에서 사용하는 사칙연산을 실행할 수 있다.

(2) 비교연산자와 논리연산자

비교연산자는 두 값의 크기를 판별해주는 연산자로 표현식과 의미는 다음과 같다.

표 3-3 비교연산자 종류

비교연산자	표현식	의미
==	x == y	x와 y가 같다.
!=	x != y	x와 y는 같지 않다.
<	x < y	x가 y보다 작다.
<=	x <= y	x가 y보다 작거나 같다.
>	x > y	x가 y보다 크다.
>=	x >= y	x가 y보다 크거나 같다.

비교연산자의 연산 결과는 True(참) 또는 False(거짓)이다. 즉, 비교 결과가 참이면 True이고, 거짓이면 False이다.

```
>>> 20 == 20
True
>>> 20 == 15
False
>>> 20 != 15
True
>>> 20 != 20
False
>>> 15 < 20
True
>>> 20 < 15
False
>>> 20 >= 15
True
```

비교연산자 ==와 !=는 문자열의 비교에도 사용할 수 있다. 다음의 예와 같이 문자열의 비교에서는 대소문자를 구분한다.

```
>>> "Python" == "Python"
True
>>> "Python" == "python"
False
>>> "Python" != "python"
True
```

논리연산자란 참(True) 또는 거짓(False)으로 표현되는 논리값을 계산하는 연산자로 and, or, not이 있고 표현식과 의미는 다음과 같다.

표 3-4 논리연산자 종류

논리연산자	표현식	의미
and	논리값1 and 논리값2	논리값1과 논리값2가 모두 참일 때만 참
or	논리값1 or 논리값2	논리값1과 논리값2 중 적어도 하나가 참이면 참
not	not 논리값	논리값이 참이면 거짓, 거짓이면 참

셸 모드에서 다음의 식을 입력하여 논리연산자의 의미를 파악해 보자.

```
>>> True and True
True
>>> True and False
False
>>> False and True
False
>>> False and False
False
>>> True or True
True
>>> True or False
True
>>> False or True
True
>>> False or False
False
>>> not True
False
>>> not False
True
```

다음과 같이 비교연산자와 논리연산자를 함께 사용하여 참 또는 거짓의 결과를 얻을 수 있다.

```
>>> 20 > 15 and 2 == 5
False
>>> 20 > 15 or 2 == 5
True
>>> not 20 > 15
False
```

위의 예에서 20 > 15는 True이고 2 == 5는 False이다. 따라서 and 연산자의 결과는 False, or 연산자의 결과는 True 그리고 not 연산자의 결과는 False를 얻었다. 비교연산자와 논리연산자를 함께 사용하는 경우에 비교연산자를 먼저 판단하고 그 결과를 가지고 논리연산자를 판단하게 된다.

다음 예제 3-4는 하나의 정수를 입력받아 그 값이 0이상이고 10미만이면 True, 그렇지 않으면 False를 출력하는 프로그램이다.

예제 3-4 0이상 10미만인 수 판단 　　　　소스코드: code3-4.py

```
x = int(input("정수를 입력하세요 : "))
print(0 <= x and x < 10)
```

실행결과

```
정수를 입력하세요 : 7
True
```

이 예제에서 정수 11을 입력하면 그 결과는 False이다.

실행결과

```
정수를 입력하세요 : 11
False
```

3.3 연산자의 우선순위

앞에서 다룬 연산자들은 우선순위를 갖는다. 즉,

```
5 + 2 * 3
```

과 같이 더하기와 곱하기를 함께 사용할 때 그 결과의 값은 얼마일까? 이 연산의 결과는 11이다. 이는 더하기보다 곱하기의 우선순위가 높기 때문에 *를 먼저 계산하고 그 결과 값에 5를 더하기 때문이다. 앞 절에서 다룬 연산자들에 대한 우선순위를 표 3-5에 정리하였다. 우선순위가 높은 연산자부터 낮은 순서로 정리하였다.

표 3-5 연산자의 우선순위

우선순위	연산자	종류
1	**	산술연산자
2	*, /, //, %	
3	+, -	
4	<, <=, >, >=	비교연산자
5	==, !=	
6	=, +=, -=, *=, /=, //=, %=, **=	대입연산자
7	not	논리연산자
8	and	
9	or	

같은 우선순위의 연산자는 앞에 있는 연산부터 수행한다. 다음의 연산 결과를 추측해 보고 파이썬의 셸 모드에 입력하여 계산해 보자.

```
>>> 3 + 6 / 2 * 4
15.0
>>> 16 / 2 ** 3
2.0
>>> 3 + 5 // 2 / 2 - 1
3.0
>>> True or False == False
True
```

위에서 나열한 연산자의 우선순위를 기억하는 것은 어려우므로 괄호를 이용하여 우선순위를 결정하는 것이 편리하다.

```
>>> 3 + ((6 / 2) * 4)
15.0
>>> ((3 + 6) / 2) * 4
18.0
>>> (True or False) == False
False
```

3.4 실습예제

프로그램 1 _ 국어, 영어, 수학 점수의 평균 구하기

사용자로부터 국어, 영어, 수학 점수를 입력받아 이들의 평균을 구하는 프로그램을 작성하시오. 단, 평균의 소수점 이하는 버리고 계산하시오.

힌트

평균의 소수점 이하를 버리고 정수로 구하는 방법으로 몫 연산자(//)를 이용할 수 있다.

예제 3-5 국, 영, 수 점수를 입력받아 평균 구하기 소스코드: code3-5.py

```
kor = int(input("국어 점수를 입력하세요 : "))
eng = int(input("영어 점수를 입력하세요 : "))
mat = int(input("수학 점수를 입력하세요 : "))

avg = (kor+eng+mat)//3
print(avg)
```

실행결과

```
국어 점수를 입력하세요 : 70
영어 점수를 입력하세요 : 80
수학 점수를 입력하세요 : 65
평균은  71
```

프로그램 2 _ 주어진 평균과 특정 과목의 점수 가려내기

사용자로부터 국어, 영어, 수학 점수를 입력받아 이들의 평균이 70점 이상이고 영어나 수학 둘 중에 하나의 점수가 70점 이상, 90점 미만이면 True를 그렇지 않으면 False를 출력하는 프로그램을 작성하시오.

예제 3-6 점수들의 평균과 특정 과목 점수 판단하기 — 소스코드: code3-6.py

```
kor = int(input("국어 점수를 입력하세요 : "))
eng = int(input("영어 점수를 입력하세요 : "))
mat = int(input("수학 점수를 입력하세요 : "))

avg = (kor+eng+mat)//3
print(avg >= 70 and (70 <= eng < 90 or 70 <= mat < 90))
```

실행결과1

```
국어 점수를 입력하세요 : 60
영어 점수를 입력하세요 : 85
수학 점수를 입력하세요 : 65
True
```

결과1의 설명 : 국어 60점, 영어 85점, 수학 65점으로 평균이 70점(70점 이상)이고 영어 점수가 85점(70점 이상, 90점 미만)이므로 True가 출력되었다.

실행결과2

```
국어 점수를 입력하세요 : 90
영어 점수를 입력하세요 : 65
수학 점수를 입력하세요 : 65
False
```

결과2의 설명 : 국어 90점, 영어 65점, 수학 65점으로 평균이 73점(70점 이상)이지만 영어와 수학 점수가 모두 65점으로 70점 이상, 90점 미만이 되지 못하여 False가 출력되었다.

03장

연습문제

01. 다음의 연산 결과가 출력되는 프로그램을 작성하시오.

(1) 11 ÷ 3
(2) 11을 3으로 나눌 때 몫
(3) 11을 3으로 나눌 때 나머지
(4) 3의 11거듭제곱 (즉, 3^{11})

02. 변수 x의 값이 10이라 하자. 다음의 복합연산자를 실행한 후에 x는 얼마인가?

```
(1) x += 2
(2) x *= 2
(3) x /= 2
(4) x //= 2
```

03. 두 개의 숫자를 선택하고 각각을 비교연산자(==, <, <=, >, >=)로 결합하여 비교연산자의 의미를 파악하시오.

04. 각각의 논리연산자(and, or, not)로 논리값을 계산하여 논리연산자의 의미를 파악하시오.

05. 다음의 논리값을 추측하고, 셸 모드에 실행하여 확인해 보시오.

```
(1) 30 > 20 and 25 >= 25
(2) 17 <= 15 or 7 != 7
(3) 12 == 12 and 19 > 30
(4) not(12 > 16 or 24 < 25)
```

06. 다음의 연산 결과를 추측하고, 셸 모드에 실행하여 확인해 보시오.

```
(1) 3 < 6 % 2
(2) 3 + 5 // 2 * 2
(3) True or True and False
(4) True or True == False
```

07. 사용자로부터 두 개의 정수 x와 y를 입력받아 x를 y로 나눌 때 몫과 나머지를 구하는 프로그램을 작성하시오.

08. 어떤 물품 A, B, C의 판매 총액을 계산하려 한다. 사용자로부터 세 개의 물품 판매 수량을 입력받아 총 판매액을 계산하는 프로그램을 작성하시오. 단, 각 물품의 가격은 A를 1000원, B를 1500원, C를 2570원으로 설정하시오.

09. 하나의 정수를 입력받아 그 정수가 30 이하이거나 60 이상이면 True, 그렇지 않으면 False를 출력하는 프로그램을 작성하시오.

10. 국어, 영어, 수학 점수를 입력받아 모든 점수가 60점 이상이면 True, 그렇지 않으면 False를 출력하는 프로그램을 작성하시오.

01. 세 개의 실수형 숫자를 입력받아 평균을 구하고, 평균이 50이상이고 100미만이면 True, 그렇지 않으면 False를 출력하는 프로그램을 작성하시오.

주의

숫자를 입력받을 때 실수형으로 입력받으시오.

02. 세 개의 실수형 숫자를 입력받아 그들의 분산을 구하는 프로그램을 작성하시오.

힌트

주어진 값들에 대한 분산을 구하는 식은 다음과 같다.

분산 = [(값1 - 평균)^2 + (값2 - 평균)^2 + (값3 - 평균)^2]/3

04

자료형

[학습 목표]

01 파이썬의 자료형에 대해 알 수 있다.

02 파이썬의 자료형 변환을 할 수 있다.

03 문자열의 연산에 대해 이해할 수 있다.

04 특수 문자열에 대해 이해할 수 있다.

지금까지 변수와 연산자에 대해 학습하였다. 이번 장에서는 변수가 저장할 수 있는 자료에는 어떤 종류가 있는지를 살펴본다. 파이썬에서 사용하고자 하는 자료형으로 형변환하는 방법을 알아보고 활용한다.

4.1 이 장에서 만들 프로그램 미리보기

[프로그램 1] 컴퓨터와 대화하기

컴퓨터의 물음에 대답하면 컴퓨터는 대답에 대한 적절한 답을 한다. 서로 대화하는 듯한 프로그램이다.

```
이름이 무엇입니까?김수현
김수현씨 몇살입니까?20
내년에는 21 살이 되겠군요.
e-mail는 무엇입니까?shKim@mokwon.ac.kr
당신의 ID는 shKim이군요
>>>
```

[프로그램 2] 다양한 입력값 연산하기

입력받은 값을 자료형에 맞게 형변환하여 연산한다.

```
문자1 입력 : 월요일
문자2 입력 : 화요일
정수1 입력 : 10
정수2 입력 : 20
실수1 입력 : 3.5
실수2 입력 : 5.9
복소수1 입력 : 8j
복소수2 입력 : 5+1j
문자 합 : 월요일화요일
정수 합 : 30
실수 합 : 9.4
복소수 합 : (5+9j)
>>>
```

4.2 자료의 종류

(1) 파이썬 자료의 종류

파이썬의 자료형은 숫자, 부울, 군집 자료형의 세 가지 형태로 구분할 수 있다. 숫자 자료형은 정수(int), 실수(float), 복소수(complex)이고, 부울 자료형은 True/False로 나타낼 수 있는 자료형이다. 군집 자료형에는 문자열(str), 리스트, 튜플, 집합 등이 있다. 이번 장에서는 숫자 자료형, 부울 자료형, 문자열을 다룬다. 리스트는 8장에서 다루기 때문에 이번 장에서는 언급하지 않는다.

표 4-1 파이썬의 기본 자료형의 종류

자료형	예
정수	-2, -1, 0, 1, 2
실수	3.14, 0.12, 78.5
복소수	3 + 4j
부울	True, False
문자열	'Hello Python~', "123"

파이썬에서는 다른 언어(C, JAVA 등)와 달리 변수를 선언할 때 자료형을 함께 써서 선언하지 않는다. 그 이유는 변수에 어떤 종류의 자료형도 저장할 수 있기 때문이다.

```
a = 10                              //정수형을 담는 변수 a
print("a = ", a)
a = 3.14                            //실수형을 담는 변수 a
print("a = ", a)
a = "my first python~!"             //문자열을 담는 변수 a
print("a = ", a)
a = 3+4j                            //복소수를 담는 변수 a
print("a = ", a)
```

위의 코드를 보면 동일한 변수 a에 정수, 실수, 문자열을 차례대로 저장하고 있다. 이와 같이 파이썬에서는 데이터가 4가지 자료형 중 하나에만 저장되는 것이 아니라 쓰임에 따라 자유롭게 저장하고 변경할 수 있다. 자료형을 알고 싶으면 type() 함수를 사용하면 된다.

변수에 자료를 저장할 때 자료형 선언을 따로 하지 않는다고 해서 파이썬에서는 자료형을 구분하여 사용하지 않는 것은 아니다. 변수에 담긴 자료를 사용할 때는 반드시 자료형의 성격을 참고해야 한다. 컴퓨터 프로그램 세계에서는 a=10과 a='10'은 전혀 다른 의미를 갖기 때문이다.

변수 a에 정수 123을 넣는 순간 a는 정수형 변수가 된다. type(변수) 함수는 변수의 데이터 형식을 반환한다. 아래 예제 4-1을 살펴보면 변수에 저장하는 값의 형태가 달라짐에 따라 자료형도 달라지는 것을 확인할 수 있다.

예제 4-1 자료형 알아보기

```
>>> a = 123
>>> type(a)
>>> a = 3.14
```

```
>>> type(a)
>>> a = 3+4j
>>> type(a)
>>> a = True
>>> type(a)
```

실행결과

```
<class 'int'>
<class 'float'>
<class 'complex'>
<class 'bool'>
```

(2) 정수형, 실수형, 복소수형, 8진수, 16진수

정수(Integer)는 양의 정수와 음의 정수이며, 정수형은 프로그램에서 int로 표기한다. 정수형 데이터는 파이썬 3.x 버전부터 크기에 제한이 없다. 그 이유는 그림 4-1에서와 같이 파이썬에서는 변수에 정수값을 대입하는 것이 아닌 참조하는 형태로 사용하기 때문이다. 하지만 편의상 표현은 변수에 값을 대입한다고 표현한다.

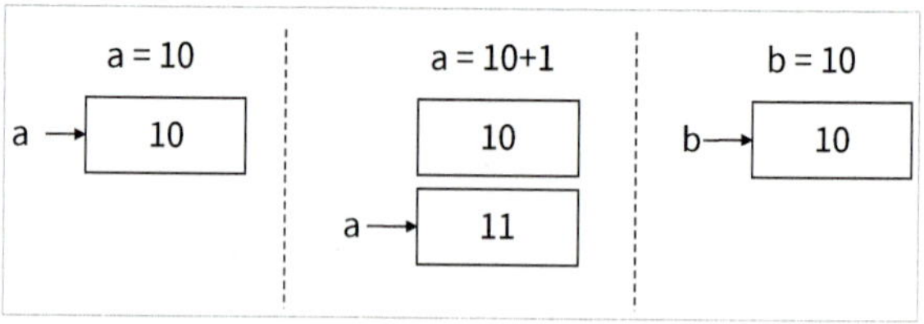

그림 4-1 정수형 변수의 값 참조 형태

예제 4-2 정수형 값 참조

```
>>> a = 10
>>> b = 10
>>> print(a is b)
>>> print(a == b)
>>> a += 1
>>> print(a is b)
>>> print(a)
>>> print(b)
```

실행결과

```
True
True
False
11
10
```

100의 100제곱을 한 결과를 a에 넣어도 잘 들어간다. 즉 int의 크기에는 제한이 없다. 아주 큰 수를 부담 없이 사용해도 된다. 파이썬은 수치가 큰 계산에도 큰 오차 없이 사용 가능하기 때문에 공학에서 많이 쓰인다.

예제 4-3 정수형 계산

```
>>> a = 100 ** 100
>>> print(a)
```

실행결과

```
1000000~~0000
```

실수형(float)은 3.14, −2.7처럼 소수점이 있는 데이터이다. 또한 3.14e5처럼 표현할 수도 있다. 3.14e5는 $3.14*10^5$을 의미한다. 예제 4-4를 실행해 보자.

예제 4-4 실수형 표현

```
>>> a = 3.14
>>> b = 3.14e5
>>> print(a, b)
```

실행결과

```
3.14 314000.0
```

예제 4-5와 같이 정수 및 실수 데이터형은 당연히 연산 +, −, *, /, //, %를 수행할 수 있다.

예제 4-5 정수형과 실수형 연산

```
>>> a = 10
>>> b = 3.14
>>> print(a/3)
>>> print(a//3)
>>> print(a%3)
>>> print(a+b)
```

실행결과

```
3.3333333333333335
3
1
13.14
```

복소수(complex)는 실수와 허수 부분으로 나뉘며, 예제 4-6과 같이 복소수형도 다른 자료형과 마찬가지로 연산이 가능하다.

예제 4-6 복소수 연산

```
>>> a = 3+5j
>>> b = 4+3j
>>> print(a+b)
```

실행결과

```
(7+8j)
```

정수형은 16진수, 8진수, 2진수 형식으로 표현할 수 있다. 16진수는 0x 또는 0X로, 8진수는 0o 또는 0O(숫자 '영'과 알파벳 '오')로, 2진수는 0b 또는 0B로 표현된다. 예제 4-7은 16진, 8진, 2진으로 표현된 값을 10진으로 출력한 예이다.

예제 4-7 정수형의 진법별 표현 방법

```
>>> a = 0xFF
>>> b = 0o77
>>> c = 0b1111
>>> print(a, b, c)
```

실행결과

```
255 63 15
```

(3) 부울(Boolean)형

부울(Boolean)형은 참(True)이나 거짓(False)만 저장할 수 있으며 논리형이라고도 한다. 부울형은 비교 결과를 참이나 거짓으로 표시하고 저장하는 데 사용된다. 아래 예제 4-8에서 (100 == 100)은 100과 100이 같으므로 True가 되며, (100 != 100)은 100은 100과 같지 않다가 거짓이므로 False가 된다.

예제 4-8 부울형 출력

```
>>> a = (100 == 100)
>>> b = (100 != 100)
>>> print(a, b)
```

실행결과

```
True False
```

4.3 문자열

자료형 중에서 문자와 문자열은 프로그램의 세계에서 명확히 구분한다. 문자는 하나의 문자(Character)로 Unicode의 하나의 값을 갖는다. 예를 들어 알파벳 'a', 'b', 'c'...는 문자(character)에 해당한다. 문자열(String)은 Unicode로 이루어진 문자들의 순서 있는 집합이다. 일반적으로 텍스트라고 불리는 것이 프로그램에서는 문자열로 쓰인다. 예를 들어 "hello~! python"과 같이 문자들의 집합을 의미한다.

(1) 문자열 형식

문자열은 'abcde', "쉽고 재미있는 파이썬", "12345" 등 문자 집합을 의미한다. 문자열은 양쪽을 큰따옴표(" ")나 작은따옴표(' ')로 감싸야 한다. 다음 예제 4-9에서 문자열을 그대로 출력하면 작은따옴표(')에 묶여서 출력되며, print() 함수로 출력하면 작은따옴표 없이 출력된다. 문자열은 String의 약자인 str로 표현된다.

예제 4-9 문자열 형식 출력

```
>>> a = "파이썬 만세"
>>> a
>>> print(a)
>>> type(a)
```

실행결과

```
'파이썬 만세'
파이썬 만세
<class 'str'>
```

파이썬에서 큰따옴표와 작은따옴표를 모두 사용하는 이유는 따옴표 안에 따옴표를 넣어야 할 때, "쉽고 재미있는 "나만의" 파이썬"을 쓰고자 한다면 혼돈스러운 상황이 발생한다. "쉽고 재미있는"과 "파이썬"만을 문자열로 간주하고 중간의 '나만의'라는 문자열은 에러로 인식한다. 따라서 의도하는 결과를 출력하지 못한다. 즉, "쉽고 재미있는 '나만의' 파이썬"으로 사용한다면 의도하는 대로 출력 결과를 얻을 수 있다. 다음 예제 4-10에서 큰따옴표와 작은따옴표 사용을 살펴보자.

예제 4-10 문자열 표현하기

```
>>> print("작은따옴표=> ' ")
>>> print('큰따옴표=> " ')
>>> print("쉽고 재미있는 '나만의' 파이썬")
```

실행결과

```
작은따옴표=> '
큰따옴표=> "
쉽고 재미있는 '나만의' 파이썬
```

파이썬의 문자열 사용은 다른 언어들에 비해서 사용하기 편리하다. 예제 4-11과 같이 파이썬 셸에서 따옴표를 이용해서 2개 이상의 문자열을 연속해서 쓰면 문자열이 쉽게 연결된다.

예제 4-11 따옴표("",'')를 이용한 문자열 연결

```
>>> 'py' 'thon'
>>> text = ('파이' '썬')
>>> print(text)
```

실행결과

```
python
파이썬
```

파이썬 문자열은 연산자를 이용하여 문자를 연결할 수도 있다. 예제 4-12를 살펴보면 변수와 변수, 또는 변수와 문자열을 + 연산자로 연결하였다.

예제 4-12 연산자(+)를 이용한 문자열 연결

```
>>> "목원대학교" + "SW 교양학부"
>>> firstName = "수현"
>>> lastName = "김"
>>> name = lastName + firstName
>>> print(name)
```

실행결과

```
목원대학교SW 교양학부
김수현
```

프로그램에서는 10과 '10'은 엄연히 다른 의미를 갖는다. 예제 4-13을 살펴보면 (10+20)은 10을 숫자로 인식하여 수치 계산을 하고, ("10"+"20")은 "10"을 문자열로 인식하여 문자열 연결을 한다. 따라서 숫자로 사용하는 경우와 문자열로 사용하는 경우를 구분하여 프로그래밍 해야 한다.

예제 4-13 파이썬에서 10과 '10'의 차이

```
>>> print(10+20)
>>> print("10"+"20")
```

실행결과

```
30
1020
```

파이썬은 문자열을 반복하는 문자열 연산자가 있다. 예제 4-14와 같이 '*'을 이용해서 문자열 반복을 할 수 있다.

예제 4-14 연산자('*')를 이용한 문자열 반복

```
>>> x = 'hi~!'
>>> print(x*10)
```

실행결과

```
hi~!hi~!hi~!hi~!hi~!hi~!hi~!hi~!hi~!hi~!
```

파이썬은 문자열 안에 특정 단어가 있는지 알아볼 수 있는 연산자가 있다. 예제 4-15와 같이 'in' 연산자를 사용해서 특정 문자가 있는지 알 수 있다. 결과는 True/False로 출력된다.

예제 4-15 문자열 안에서 특정 단어가 있는지 판단

```
>>> x = "목원대학교 SW 교양학부"
>>> print("목원" in x)
```

실행결과

```
True
```

표 4-2에서 보여준 함수는 파이썬의 문자열에 관련한 내장 함수 중의 일부이다. 이외에도 더 많은 문자열 내장 함수가 있다. 필요에 따라 찾아서 사용해 보자. 파이썬에서는 이미 만들어진 문자열 함수가 많고 문자열 연산자의 활용이 쉽기 때문에 처음 프로그램을 접하는 학습자들도 쉽게 사용할 수 있다. 다음 예제 4-16은 파이썬의 문자열 함수를 사용한 예이다.

표 4-2 문자열 함수

문자열 함수	설명
upper()	문자열을 모두 대문자로 바꾸기
lower()	문자열을 모두 소문자로 바꾸기
count()	문자열에 있는 해당 문자 개수를 반환
find()	문자열에서 찾고자 하는 해당 문자 위치를 반환
index()	문자열에서 찾고자 하는 해당 문자 위치를 반환
strip()	문자열 양옆의 공백 제거
replace()	문자열 바꾸기
split()	문자열 나누기
isalnum()	문자열이 알파벳과 숫자로만 구성되었는지 확인
isalpha()	문자열이 알파벳으로만 구성되었는지 확인
isdigit()	문자열에 숫자로 인식될 수 있는 것이 있는지 확인

예제 4-16 문자열 함수 소스코드: code4-1.py

```
myStr = "  Welcome to my 1st Python world~! "

print(myStr.upper())                #대문자로 바꾸기
print(myStr.lower())                #소문자로 바꾸기
print(myStr.count('m'))             #문자 'm'의 개수 세기
print(myStr.find('e'))              #문자 'e'의 첫 번째 위치
print(myStr.strip())                #문자열 양쪽 옆 공백 제거
print(myStr.replace('1st','2nd'))   #문자 바꾸기
print("my" in myStr)                #myStr문자열에 'my'문자열이 있는지 확인

print("20A!".isalnum())             #문자열에 숫자와 알파벳만 포함되어 있는지 확인
print("20".isdigit())               #문자열이 숫자로 인식될 수 있는지 확인

numStr = "1 : one"                  #문자열
(a, b) = numStr.split(" : ")        #numStr변수의 문자열을 ':'를 기준으로 분리
                                    #':'의 앞부분 문자열은 변수a에 입력
                                    #':'의 뒷부분 문자열은 변수b에 입력
print(a)                            #출력
print(b)
```

실행결과

```
  WELCOME TO MY 1ST PYTHON WORLD~!
  welcome to my 1st python world~!
2
3
Welcome to my 1st Python world~!
  Welcome to my 2nd Python world~!
True
False
True
1
one
```

(2) 형변환

파이썬에서는 input() 함수로 입력받는 모든 데이터의 자료형은 문자열이다. 예제 4-17과 같이 자료를 입력받아서 사용하고자 할 때, 정수를 입력받지만 input() 함수로 입력받기 때문에 입력 자료는 문자열이 된다. 따라서 입력받는 수의 형변환(casting) 없이 사용한다면 문자열 연산을 하게 된다.

예제 4-17 input() 함수로 입력받을 때 입력받은 데이터의 자료형

```
>>> num1 = input("정수1 입력: ")
>>> num2 = input("정수2 입력: ")
>>> print(num1+num2)
```

실행결과

```
정수1 입력: 100
정수2 입력: 200
100200
```

예제 4-18은 input() 함수가 반환하는 데이터는 문자열 형태라서 계산에 바로 사용할 수 없기 때문에 정수로 변환해주는 int()와 실수로 변환해주는 float()를 이용해서 자료형태를 바꿔준다.

예제 4-18 input() 함수로 입력받아 원하는 자료형으로 형변환

```
>>> x = input("정수1 입력: ")
>>> num1 = int(x)
>>> x = input("정수2 입력: ")
>>> num2 = int(x)
>>> print(num1+num2)
```

```
정수1 입력: 100
정수2 입력: 200
300
```

4.4 특수 문자열

이스케이프 문자란 일반 문자가 아니고 시스템을 제어하기 위한 특수한 문자이다. 파이썬에서 사용되는 이스케이프 문자에는 다음과 같은 것들이 있다.

표 4-3 파이썬의 이스케이프 문자

이스케이프 문자	출력되는 문자
\\	역슬래시(\)
\'	작은따옴표(')
\"	큰따옴표(")
\n	줄바꿈 문자
\t	탭 문자
\0	널(Null)
\r	캐리지 리턴

예제 4-19와 같이 역슬래시(\) 뒤에 큰따옴표나 작은따옴표를 사용하면 따옴표는 문자로 인식한다.

예제 4-19 역슬래시(\)와 따옴표

```
x = "큰따옴표는 \" 모양."
y = '작은따옴표는 \' 모양.'
print(x, y)
```

실행결과

```
큰따옴표는 " 모양. 작은따옴표는 ' 모양.
```

예제 4-20과 같이 파이썬에서 문자열과 문자열 사이에 줄을 삽입하여 여러 줄로 표현하려면 중간에 \n을 사용하면 된다.

예제 4-20 역슬래시n(\n)과 줄 바꿈

```
a = '파이썬\n만세'
print(a)
```

실행결과

```
파이썬
만세
```

4.5 실습예제

프로그램 1 _ 컴퓨터와 대화하기

아래의 실행결과와 같이 묻고 대답하는 과정이다. 조건에 따라 프로그램을 진행하시오.

조건

- 이름 : name 변수
- 나이 : age 변수
- 이메일 : email 변수
- 나이를 물을 때 이름 변수와 함께 묻는다.
- 나이는 정수로 변환하여 1을 더한다.
- email은 '@'를 기준으로 나누어 앞부분을 yourID 변수에 넣는다.
- 실행결과와 같이 출력을 나타낸다.

예제 4-21 컴퓨터와 대화하기 소스코드: code4-2.py

```
name = input("이름이 무엇입니까?")
age = input(name+"씨 몇 살입니까?")
intAge = int(age) + 1;
print("내년에는 %d 살이 되겠군요." % intAge)
email = input("e-mail는 무엇입니까?")
(yourID, site) = email.split("@")
print("당신의 ID는 %s이군요." % yourID)
```

실행결과

```
이름이 무엇입니까?김수현
김수현씨 몇 살입니까?20
내년에는 21 살이 되겠군요.
e-mail는 무엇입니까?shKim@mokwon.ac.kr
당신의 ID는 shKim이군요.
```

프로그램 2 _ 다양한 입력값 연산하기

각각 두 개씩 문자, 정수, 실수, 복소수를 입력받아 더하기 연산을 수행한다. 연산을 수행할 때 자료의 형태를 고려하여 정수, 실수, 복소수 형태로 각각 형변환 한 후 사용한다.

조건

- 정수는 정수형, 실수는 실수형, 복소수는 복소수형으로 형변환 하여 '+' 연산을 한다.

예제 4-22 다양한 입력값 연산하기 소스코드: code4-3.py

```
chStr1 = input("문자1 입력 : ")
chStr2 = input("문자2 입력 : ")
chStr = chStr1 + chStr2

intNum1 = input("정수1 입력 : ")
intNum2 = input("정수2 입력 : ")
intNum = int(intNum1) + int(intNum2)

floatNum1 = input("실수1 입력 : ")
floatNum2 = input("실수2 입력 : ")
floatNum = float(floatNum1) + float(floatNum2)

cNum1 = input("복소수1 입력 : ")
cNum2 = input("복소수2 입력 : ")
cNum = complex(cNum1) + complex(cNum2)

print("문자 합 : " , chStr)
print("정수 합 : " , intNum)
print("실수 합 : " , floatNum)
print("복소수 합 : " , cNum)
```

실행결과

```
문자1 입력 : 월요일
문자2 입력 : 화요일
정수1 입력 : 10
정수2 입력 : 20
실수1 입력 : 3.5
실수2 입력 : 5.9
복소수1 입력 : 8j
복소수2 입력 : 5+1j
문자 합 : 월요일화요일
정수 합 : 30
실수 합 : 9.4
복소수 합 : (5+9j)
```

04장

연습문제

01. 정수1에 15, 정수2에 20을 입력했다고 가정했을 때, 다음 프로그램의 출력 결과는 무엇인가?

```
num1 = input("정수1 입력: ")
num2 = input("정수2 입력: ")
print(num1 + num2)
```

① type error

② 35

③ 1520

④ num1+num2

02. 다음 코드의 실행결과를 쓰시오.

```
apple = "사과"
print(apple * 3)
```

03. 다음 코드의 실행 결과를 쓰시오.

```
str1 = "python"
str2 = ("[" + "my" + str1 + "]")
str3 = str2.strip("[]")
print(str3)
```

04. 다음 코드를 실행한 결과를 쓰고, 그 결과가 나오는 이유를 쓰시오.

```
num1 = input("정수 입력 ")
num2 = input("정수 입력 ")
num3 = num1 * num2
print(num3)
```

05. 다음 코드의 실행결과를 쓰시오.

```
str1 = "오늘은 파이썬 공부 하는 날~!"
str2 = str1.replace("파이썬", "python")
print(str2)
```

01. 틀린 단어 수정과 특정 문자 빈도수 구하기

입력조건에서 제시된 문자열 변수에 입력된 문장을 그대로 입력하고 아래 조건에 따라 출력하시오.

조건

- 변수 [strTitle = '서서']를 입력한다.
- 변수 [str = " .... "]와 같이 하나의 변수에 시의 본문을 모두 입력한다.
- 시의 본문 입력 시 줄 바꿈은 출력 결과와 같게 한다.
- 문자열 함수 중 하나를 선택하여 틀린 글자를 ('서' -> '시')으로 수정한다.
- '----------'은 반복 연산을 이용해서 표현한다.
- 특정 단어 개수를 세어 빈도수를 조사한다.

실행결과

```
서서
죽는 날까지 하늘을 우러러
한점 부끄럼이 없기를,
잎새에 이는 바람에도
나는 괴로워했다.
별을 노래하는 마음으로
모든 죽어가는 것을 사랑해야지
그리고 나한테 주어진 길
걸어가야겠다.

--------------------

서시
--------------------

죽는 날까지 하늘을 우러러
한점 부끄럼이 없기를,
잎새에 이는 바람에도
니는 괴로워했다.
별을 노래하는 마음으로
모든 죽어가는 것을 사랑해야지
그리고 나한테 주어진 길
걸어가야겠다.

--------------------

문자    빈도수

--------------------

을    :  3
는    :  5
러    :  2
>>>
```

05

조건문

[학습 목표]

01 기본 if~else 구문을 이해하고 활용할 수 있다.

02 다중 if~else if~else 구문을 이해하고 활용할 수 있다.

03 다중 if~else if~else 구문을 if~elif를 이용하여 간단히 프로그래밍 할 수 있다.

프로그램 세계에서도 일상에서와 마찬가지로 선택을 해야 하는 경우가 생긴다. 이번 장에서는 다양한 컴퓨터 프로그램의 선택 구조를 학습한다.

5.1 이 장에서 만들 프로그램 미리보기

[프로그램 1] 음료 자판기 만들기

음료 자판기를 만드는 프로그램이다. 제시된 음료 중 한 가지를 선택하고 돈을 넣는다. 선택된 음료 가격을 뺀 나머지를 거스름돈으로 반환한다. 단, 선택한 음료의 가격보다 적은 돈이 입력된다면 "금액 부족"을 출력한다.

```
메뉴[1.사이다(500원), 2.주스(1000원), 3.이온음료(1500원)] 선택 : 2
자판기에 넣은 돈: 500
금액 부족
>>>

메뉴[1.사이다(500원), 2.주스(1000원), 3.이온음료(1500원)] 선택 : 2
자판기에 넣은 돈: 5000
주스입니다. 거스름돈은 4000입니다.
>>>
```

[프로그램 2] 간단한 가위바위보 게임

간단한 가위바위보 게임 프로그램이다. 사용자는 [가위:0], [바위:1], [보:2] 중에 하나를 입력한다. 컴퓨터는 랜덤 함수를 이용하여 [0, 1, 2] 중에 하나를 선택한다. 사용자가 입력한 값과 컴퓨터가 뽑은 값을 비교하여 승자를 가린다.

```
[0:가위], [1:바위], [2:보] 중에서 하나를 선택 : 0
컴:바위, 참가자:가위  => 컴승리!
>>>

[0:가위], [1:바위], [2:보] 중에서 하나를 선택 : 1
컴:가위, 참가자:바위 ==> 참가자 승리!
>>>
```

5.2 기본 제어구조

(1) 순차구조, 선택구조, 반복구조

제어구조란 프로그램에서 조건식의 참과 거짓에 따라 '실행하는가?' 또는 '실행하지 않는가?'를 선택적으로 결정하는 것을 말한다. 예를 들어 다음 그림 5-1의 순서도를 보면 라면을 끓여 먹을 때도 선택은 존재한다. 라면을 끓이면서 익었는지 확인하고 만약 익었다면 먹고, 그렇지 않다면 좀 더 끓이는 작업을 한다. 이번 장에서는 순차구조와 선택구조를 살펴본다. 반복구조는 6장에서 살펴본다.

만약(조건식){
    실행문; //조건식이 참일 때 실행
}
	if(라면이 익었는가){
	    라면을 먹는다;
	}

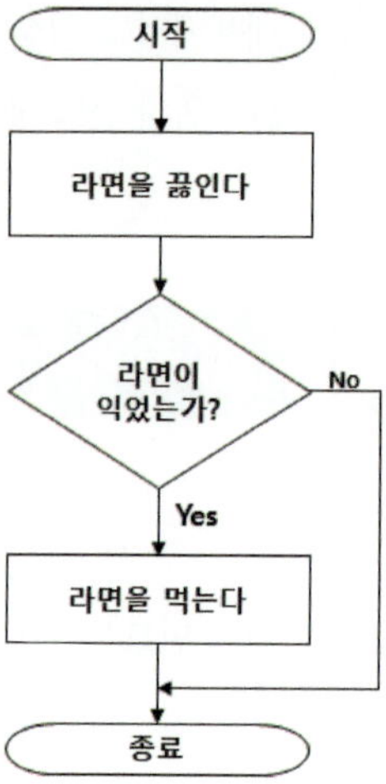

그림 5-1 '라면 끓이기'의 제어구조

조건식이 참이라면 실행문을 실행한다. 만약 조건식이 거짓이라면 실행문을 실행하지 않고 그냥 끝난다. 이때, 조건식은 반드시 참과 거짓의 boolean만을 갖는 논리만 허용한다. 조건식에 사용되는 연산자는 표 5-1의 관계연산자와 표 5-2의 논리연산자가 있다.

표 5-1 관계연산자

연산자	의미	예제	설명
>	크다(초과)	x>10	x는 10보다 크다(x는 10초과)
<	작다(미만)	x<10	x는 10보다 작다(x는 10미만)
>=	크거나 같다(이상)	x>=10	x는 10보다 크거나 같다(x는 10이상)
<=	작거나 같다(이하)	x<=10	x는 10보다 작거나 같다(x는 10이하)
==	같다	x==10	x는 10과 같다
!=	같지 않다	x!=10	x는 10과 같지 않다(x는 10이 아니다)

표 5-2 논리연산자

연산자	의미	예제	설명
and	그리고	if(x>13 and x<19)	만약 x가 13보다 크고 19보다 작다면 참(즉, 두 조건 모두 참일 때만 참, 그 외는 모두 거짓)
or	또는	if(x<14 or x>18)	만약 x가 14보다 작거나 또는 18보다 큰 경우 참(즉, 두 조건 중 하나만 참이면 참. 두 조건 모두가 거짓일 때만 거짓)
not	아니다	if(not(x<19))	만약x가 19보다 작지 않다면 참(즉, (x<19)의 부정이므로 (x<19)이 참이면 거짓. (x<19)이 거짓이면 참)

프로그래밍에서는 범위에 대한 조건식으로 수학의 부등식을 사용하지 않는다. 범위를 조건식으로 만들 때는 아래와 같이 관계연산자와 논리연산자를 함께 이용해야 한다.

```
10<x<20          //에러
10<x && x<20     //정상적으로 동작
```

14세 이상 19세 미만을 청소년으로 구분하고자 한다. 아래 예시는 청소년 범위만 구분하여 출력하는 코드이다. 이때 관계연산자와 논리연산자를 함께 써서 논리식을 만든다.

```
//14세 이상 19세 미만의 청소년만 포함하기
age = int(input("나이는?"))
if(age>=14 and age<19):

//14세 이상 19세 미만의 청소년만 제외하기
if(age<14 or age>=19):
```

5.3 기본 if 문

(1) 기본 if 문

순차구조로 프로그램을 작성하고자 한다면 기본 if 구문을 이용하면 된다. 이번 절에서는 기본적인 if 구문을 살펴본다. '만약 ~ 이라면'의 구조를 프로그램으로 만들고자 한다면 if():을 사용하면 된다. 아래 예제 5-1은 기본 if 구문을 이용해서 짝수를 구분하는 프로그램이다. 숫자 22를 입력하면 22는 나머지 연산 결과 나머지가 0으로 조건식이 '참'으로 판별되기 때문에 '짝수이군요'를 출력하고, 숫자 7을 입력하면 조건식이 '거짓'으로 판별되기 때문에 아무것도 출력하지 않고 프로그램을 종료한다.

예제 5-1 if 구문을 이용한 짝수 구별 — 소스코드: code5-1.py

```
number = int(input("숫자 입력: "))

if(number%2 == 0):
    print("짝수이군요")
```

실행결과

```
숫자 입력: 22
짝수이군요

숫자 입력: 7
```

예제 5-2는 입력받은 나이가 15세 미만이면 15세 이상 등급의 영화는 입장이 불가하다고 출력하는 프로그램이다. 예제 5-2도 조건식이 참일 경우 실행하는 실행문 하나만 있다. 조건식이 거짓일 경우에는 프로그램이 그대로 종료된다.

예제 5-2 if 구문을 이용한 영화표 구매 소스코드: code5-2.py

```
age = int(input("나이를 입력 하세요: "))

if(age < 15):
    print("15세 이상 등급의 영화를 볼 수 없습니다.")
```

실행결과

```
나이를 입력 하세요: 13
15세 이상 등급의 영화를 볼 수 없습니다.

나이를 입력 하세요: 20
```

파이썬은 들여쓰기에 매우 엄격한 언어이다. 아래 예제 5-3을 살펴보자.

조건식	실행문의 실행 여부
입력값: 13일 때 (참)	조건식이 참이 된다. 실행문을 실행한다. 즉, 조건식이 참이기 때문에 실행문 4번, 5번 두 줄이 출력이 된다. 그리고 조건문이 끝나고 7번 문장이 출력되고 프로그램이 종료가 된다.
입력값: 16일 때 (거짓)	조건식이 거짓이 된다. 실행문을 실행하지 않는다. 즉, 조건식이 참일 때 실행하는 실행문 4번, 5번은 실행이 되지 않고 조건문이 끝난다. 조건문이 끝나고 7번 문장이 출력되고 프로그램이 끝난다.

예제 5-3 if 구문을 이용한 문자 검색 소스코드: code5-3.py

```
age = int(input("나이를 입력 하세요: "))

if(age < 15):
    print("15세 이상 등급의 영화를 볼 수 없습니다.")
    print("만 15세 이상이 되면 다시 도전해 보세요.")

print("프로그램 끝~!")
```

실행결과

```
나이를 입력 하세요: 13
15세 이상 등급의 영화를 볼 수 없습니다.
만 15세 이상이 되면 다시 도전해 보세요.
프로그램 끝~!

나이를 입력 하세요: 16
프로그램 끝~!
```

예제 5-4는 문자열 변수 words에 담긴 문자열 중 "노력"이라는 단어가 있다면 노력의 개수를 세어서 출력하는 프로그램이다.

예제 5-4 if 구문을 이용한 문자 검색 소스코드: code5-4.py

```
words = "노력을 이기는 재능은 없고 노력을 외면하는 결과도 없다."

if( "노력" in words):
    print("노력 : " , words.count("노력"))
```

실행결과

```
나이를
```

(2) if~else 문

지금까지 예제에서는 조건문이 참이었을 경우의 실행문만 있고 참이 아닐 경우의 실행문은 없다. 이번에는 조건문이 참일 경우와 참이 아닌 경우의 모든 실행문을 만들어보자. 그림 5-2는 외출 준비할 때 날씨에 따른 선택 구문이다. 외출할 때 비가 온다면 우산을 들고 외출하고, 그렇지 않다면 우산을 챙기지 않은 채 외출하는 선택구조를 순서도로 보여준 예이다. 즉, 그림 5-2는 조건식이 참이 아닌 경우 처리할 수 있는 실행문이 있다.

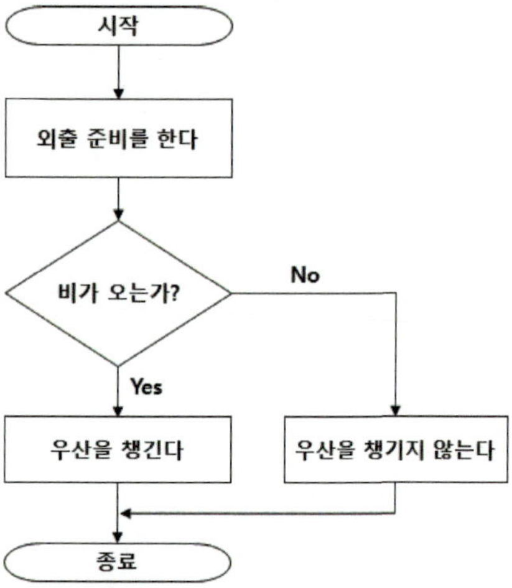

그림 5-2 '외출 준비'의 조건 선택구조

```
만약(조건식){
    실행문1;  //조건식이 참일 때
}그렇지 않다면{
    실행문2;  //조건식이 거짓일 때
}
```

```
if(비가 오는가){
    우산을 챙긴다;
}else{
    우산을 챙기지 않는다.
}
```

예제 5-5에서는 홀수와 짝수를 구별하는 프로그램을 작성해본다. 예제 5-1은 조건식이 참인 경우 짝수 출력만 있고, 조건식이 거짓으로 판별되어 홀수인 경우의 실행문이 없었다. 이번에는 조건식이 참인 경우와 거짓인 경우 모두 처리할 수 있도록 예제를 수정해 본다.

예제 5-5 if~else 구문을 이용한 짝수 • 홀수 판별 소스코드: code5-5.py

```
number = int(input("숫자 입력: "))

if(number%2 == 0):
    print("짝수이군요")
else:
    print("홀수이군요")
```

실행결과

```
숫자 입력: 55
홀수이군요
숫자 입력: 62
짝수이군요
```

예제 5-6은 시간을 24시간 형식으로 입력받아서 12시 이후부터는 PM으로 표기하고 12시 이전까지는 AM으로 표기하는 프로그램이다.

예제 5-6 if~else 구문을 이용한 AM • PM 판별 소스코드: code5-6.py

```
myTime = int(input("현재 시간(24시간 표기법) :  "))

if(myTime >=  12):
    print("PM으로 표기합니다.")
else:
    print("AM으로 표기합니다. ")
```

실행결과

```
현재 시간(24시간 표기법) :  11
AM으로 표기합니다.
현재 시간(24시간 표기법) :  19
PM으로 표기합니다.
```

예제 5-7을 살펴보면, if 조건식에 괄호를 사용하지 않고 썼다. 파이썬은 if 조건식에 괄호 사용을 하지 않아도 된다.

```
if myScore >= 70:
    print("축하합니다. 합격입니다.")
```

위와 같이 사용할 수 있다. 단, 키워드 if와 조건식은 반드시 한 칸 띄워서 써야 한다. 그 규칙만 지켜진다면 괄호가 있는 것과 없는 것 모두 조건식으로 사용할 수 있다.

예제 5-7 if~else 구문을 이용한 성적 소스코드: code5-7.py

```
myScore = int(input("점수 :  "))

if myScore >= 70:
    print("축하합니다. 합격입니다.")
else:
    print("안타깝네요. 다음번에 다시 한 번 더 도전해 보세요.")
```

실행결과

```
점수 :  90
축하합니다. 합격입니다
점수 :  60
안타깝네요. 다음번에 다시 한 번 더 도전해 보세요.
```

예제 5-8은 윤년을 판별하는 프로그램이다. 우선 윤년의 조건을 살펴보면 다음과 같다.

【윤년의 조건】

- 연도가 4로 나누어 떨어져야 한다.
- 그리고, 100으로 나누어 떨어지는 연도는 제외한다.
- 년도가 400으로 나누어 떨어지면 윤년이다.

윤년의 조건을 수식으로 표현하면 다음과 같다.

- 연도가 4로 나누어 떨어져야 한다.
  `(myYear % 4 == 0)`
- 그리고, 100으로 나누어 떨어지는 연도는 제외한다.
  `(myYear % 100 != 0)`
- 년도가 400으로 나누어 떨어지면 윤년이다.
  `(myYear % 400 == 0)`

위 조건을 조건식으로 완성해보면 아래와 같다.

```
((myYear % 4 == 0) and (myYear % 100 != 0)  or (myYear % 400 == 0))
```

위의 윤년을 구하는 조건식에 따라 예제 5-8과 같이 프로그램을 만들 수 있다.

예제 5-8 if~else 윤년 판별 소스코드: code5-8.py

```
myYear = int(input("연도 :  "))

if ((myYear % 4 == 0) and (myYear % 100 != 0) or (myYear % 400 == 0)):
    print("윤년이네요~!")
else:
    print("윤년이 아니네요~!")
```

실행결과

```
연도 :  2020
윤년이네요~!

연도 :  2025
윤년이 아니네요~!
```

5.4 다중 if 문

(1) if~else if~else 문

조건 선택에서 조건 분기는 한 번만 할 수 있는 것이 아니라 여러 번 분기가 있을 수 있다. 이번 절에서는 조건 분기가 여러 번 일어나는 경우를 살펴본다.

예제 5-9는 영화 티켓 구입 연령 제한을 조건식으로 하는 프로그래밍이다. 12세 미만은 전체관람가 등급만을 볼 수 있고, 12세 이상부터 15세미만은 12세관람가만 볼 수 있다. 그리고 15이상부터 19세미만은 15세 관람가만 볼 수 있다. 마지막으로 조건식을 19세 이상으로 구분하여 프로그래밍 한 예제이다.

예제를 잘 살펴보면 들여쓰기가 되어 있다. 파이썬은 들여쓰기에 무척 엄격한 언어이기 때문에 들여쓰기 규칙을 잘 지켜야 한다.

예제 5-9 영화 티켓 구입 가능 연령 판별 소스코드: code5-9.py

```
age = int(input("나이 :  "))

if(age < 12):
    print("전체 관람가만 볼 수 있습니다.")
else:
    if(age >= 12 and age <15):
        print("12세 이상 관람가까지 볼 수 있습니다.")
    else:
        if(age >= 15 and age <19):
            print("15세 이상 관람가까지 볼 수 있습니다.")
        else:
            if(age >= 19):
                print("모든 영화를 볼 수 있습니다.")
```

실행결과

```
나이 : 10
전체 관람가만 볼 수 있습니다.
나이 : 16
15세 이상 관람가까지 볼 수 있습니다.
```

예제 5-10은 입력된 점수에 따른 학점을 계산하는 코드이다. 아래 프로그램은 입력된 점수에 따라 학점이 A, B, C로 분기한다.

예제 5-10 학점 계산하기 소스코드: code5-10.py

```
myScore = int(input("점수 :  "))

if(myScore >= 90):
    print("학점은 A입니다.")
else:
    if(myScore >= 80):
        print("학점은 B입니다. ")
    else:
        if(myScore >= 70):
            print("학점은 C입니다.")
        else:
            print("좀 더 노력해야겠군요. ")
```

실행결과

```
점수 :  95
학점은 A입니다.
점수 :  88
학점은 B입니다.
점수 :  73
학점은 C입니다
점수 :  65
좀 더 노력해야겠군요.
```

예제 5-11은 뷔페 예약을 위한 프로그램이다. 예약 가능한 시간을 점심과 저녁 두 개로 나누고 각각 시간에 성인, 청소년 그리고 아동으로 분기하여 금액을 출력한다. 아래 예제 5-11은 다중 if~else 구문과 중첩 if~else 구문 모두 쓰였다.

예제 5-11 시간별 뷔페 요금 계산 소스코드: code5-11.py

```
inTime = input("예약 시간을 점심 또는 저녁으로 입력 : ")
myAge = int(input("성인(1), 청소년(2), 아동(3) :  "))

if inTime == "점심":
    if(myAge == 1):
        print("성인 점심 금액은 3만원입니다. ")
    else:
        if(myAge == 2):
            print("청소년 점심 금액은 2만원입니다. ")
        else:
```

```
            if(myAge == 3):
                print("아동 점심 금액은 1만원입니다. ")
            else:
                print("성인(1),청소년(2),아동(3) 이외의 값이 입력되었습니다.")

else:
    if(myAge == 1):
        print("성인 저녁 금액은 3만5천원입니다. ")
    else:
        if(myAge == 2):
            print("청소년 저녁 금액은 2만5천원입니다. ")
        else:
            if(myAge == 3):
                print("아동 저녁 금액은 1만5천원입니다. ")
            else:
                print("성인(1),청소년(2),아동(3) 이외의 값이 입력되었습니다.")
```

실행결과

```
예약 시간을 점심 혹은 저녁으로 입력 : 점심
성인(1), 청소년(2), 아동(3) : 1
성인 점심 금액은 3만원입니다.

예약 시간을 점심 혹은 저녁으로 입력 : 저녁
성인(1), 청소년(2), 아동(3) : 2
청소년 저녁 금액은 2만5천원입니다.
```

(2) if~elif~else 문

지금까지 if~else if~else로 다중구문과 중첩구문을 살펴보았다. 파이썬은 프로그램을 간편하게 쓰기 위한 코드가 곳곳에 있다. 이번 if~elif~else 구문도 조건 분기를 간편하게 하기 위해서 "else if"를 "elif"와 같이 합쳐서 사용한다. 아래 예제 5-12는 if~elif~else 구문의 프로그램이다. 아래 예제를 보면 코드가 간결해진 것을 확인할 수 있다.

예제 5-12 사사분면 판별하기 소스코드: code5-12.py

```
x = int(input("x좌표값 :  "))
y = int(input("y좌표값 :  "))

if x>0 and y>0 :
    print("1사분면이네요.")
```

```
elif x<0 and y>0:
    print("2사분면이네요.")
elif x<0 and y<0:
    print("3사분면이네요.")
elif x>0 and y<0:
    print("4사분면이네요.")
```

실행결과

```
x좌표값 :  5
y좌표값 :  5
1사분면이네요.
x좌표값 :  -5
y좌표값 :  5
2사분면이네요.
x좌표값 :  -5
y좌표값 :  -5
3사분면이네요.
x좌표값 :  5
y좌표값 :  -5
4사분면이네요.
```

예제 5-13은 밖의 기온에 따라 외출 옷을 선택하는 프로그램이다. if~else if~else로 프로그램을 만드는 것 보다 elif로 하는 것이 프로그램을 간결하게 한다.

예제 5-13 날씨에 따른 외출 옷 고르기 소스코드: code5-13.py

```
temp = float(input("오늘의 기온은: "))

if temp <= 5:
    print("겉옷을 입고 외출")
elif temp > 5 and temp <= 15 :
    print("긴팔을 입고 외출")
elif temp > 15 and temp <= 25:
    print("반팔을 입고 외출")
elif temp > 25:
    print("반팔과 모자를 준비합니다.")
```

실행결과

```
오늘의 기온은: 4
겉옷을 입고 외출
```

```
오늘의 기온은: 10
긴팔을 입고 외출
오늘의 기온은: 20
반팔을 입고 외출
오늘의 기온은: 30
반팔과 모자를 준비합니다.
```

5.5 실습예제

프로그램 1 _ 음료 자판기 만들기

음료 자판기를 만드는 프로그램이다. 제시된 음료를 선택하고 돈을 넣는다. 선택된 음료 가격을 뺀 나머지를 거스름돈으로 반환을 한다. 단, 선택한 음료의 가격보다 적은 돈이 입력이 된다면 "금액 부족"을 출력한다.

예제 5-14 음료 자판기 소스코드: code5-14.py

```
select = int(input("메뉴[1.사이다(500원), 2.주스(1000원), 3.이온음료(1500원)] 선택: "))
money = int(input("자판기에 넣은 돈: "))

if select == 1:
    if money < 500:
        print("금액 부족")
    else:
        exchange = money - 500
        print("사이다입니다. 거스름돈은 %d입니다. " % exchange)
elif select == 2:
    if money < 1000:
        print("금액 부족")
    else:
        exchange = money - 1000
        print("주스입니다. 거스름돈은 %d입니다. " % exchange)
elif select == 3:
    if money < 1500:
        print("금액 부족")
    else:
        exchange = money - 1500
        print("이온음료입니다. 거스름돈은 %d입니다. " % exchange)
```

실행결과

```
메뉴[1.사이다(500원), 2. 주스(1000원), 3.이온음료(1500원)] 선택: 2
자판기에 넣은 돈: 500
금액 부족

메뉴[1.사이다(500원), 2. 주스(1000원), 3.이온음료(1500원)] 선택: 2
자판기에 넣은 돈: 5000
주스입니다. 거스름돈은 4000입니다.
```

프로그램 2 _ 간단한 가위바위보 게임

간단한 가위바위보 게임을 하는 프로그램이다. 사용자는 [가위:0], [바위:1], [보:2] 중에 하나를 입력한다. 컴퓨터는 랜덤 함수를 이용하여 [0, 1, 2] 중에 하나를 선택한다. 사용자가 입력한 값과 컴퓨터가 뽑은 값을 비교하여 승자를 가린다.

예제 5-15 가위바위보 게임 소스코드: code5-15.py

```
import random   //랜덤 수 사용을 위한 클래스 import

com = random.randint(0, 2)  //(0, 1, 2) 중 하나를 반환하는 랜덤 함수

player = int(input("[0:가위], [1:바위], [2:보] 중에서 하나를 선택 : "))

if com == 0:
    if player == 0:
        print("컴:가위, 참가자 : 가위 => 비겼습니다.")
    elif player == 1:
        print("컴:가위, 참가자:바위 ==> 참가자 승리!")
    elif player == 2:
        print("컴:가위, 참가자:보 ==> 컴 승리!")
elif com == 1:
    if player == 0:
        print("컴:바위, 참가자:가위  => 컴 승리!")
    elif player == 1:
        print("컴:바위, 참가자:바위 ==> 비겼습니다.")
    elif player == 2:
        print("컴:바위, 참가자:보 ==> 참가자 승리!")
elif com == 2:
    if player == 0:
        print("컴:보, 참가자:가위  => 참가자 승리!")
```

```python
    elif player == 1:
        print("컴:보, 참가자:바위 => 컴 승리!")
    elif player == 2:
        print("컴:보, 참가자:보 => 비겼습니다.")
```

실행결과

```
[0:가위], [1:바위], [2:보] 중에서 하나를 선택 : 1
컴:가위, 참가자:바위 => 참가자 승리!

[0:가위], [1:바위], [2:보] 중에서 하나를 선택 : 0
컴:바위, 참가자:가위 => 컴 승리!
```

01. 틀린 문법을 찾아서 틀린 이유를 설명하고 수정하시오.

❶
```
num1=int(input("정수"))
if num1 % 2 == 0
    print("짝수")
    else
    print("홀수")
```

❷
```
num1=int(input("점수"))
if num1 >= 90
  print("합격")
else num1 <= 89
  print("불합격")
```

02. if~else if~else식을 if~elif 구문으로 수정하시오.

```
num1=int(input("점수"))
if num1 >= 90:
  print("A")
else:
  if num1 >= 80:
    print("B")
  else:
     if num1 >= 70:
       print("C")
     else:
        if num1 >= 60:
          print("D")
        else:
          print("F")
```

03. 다음 중첩 조건문에 논리연산자를 적용해 하나의 if 조건문으로 만드시오.

```
if x > 10:
  if x < 20:
    print("조건에 맞음")
```

04. 아래 조건식의 출력 결과를 예상하여 쓰시오.

```
if 0:
    print("0은 True")
else:
    print("false")
```

```
if "":
    print("Null is true")
else :
    print("false")
```

```
if " ":
    print("space is true")
else :
    print("false")
```

```
if 1:
    print("1 is true")
else :
    print("false")
```

05. 아래 중첩 구조의 결과 값을 예측하여 쓰시오.

```
x=2; y=10;
if x>4:
    if y>2:
        print(x*y)
else:
    print(x+y)
```

```
x=1; y=4;
if x>4:
    if y>2:
        print(x*y)
else:
    print(x+y)
```

```
x=10; y=2;
if x>4:
    if y>2:
        print(x*y)
else:
    print(x+y)
```

01. 입력받은 수가 3과 4의 배수인지 판별하시오.

입력받은 정수가 3과 4로 나누어 떨어지는지 판별하시오. 즉, 3과 4의 배수인지 확인하시오.

조건

- 입력받은 정수를 나머지 연산을 통해 배수인지 아닌지를 판별한다.
- 중첩 if~else 구문을 통해 조건 분기 완성

실행결과

```
정수 하나를 입력 : 12
3과 4의 배수입니다.
>>>

정수 하나를 입력 : 9
3의 배수이지만 4의 배수는 아닙니다.
>>>

정수 하나를 입력 : 16
3의 배수는 아니지만 4의 배수입니다.
>>> |
```

06

반복문

[학습 목표]

01 반복문의 개념을 이해할 수 있다.

02 파이썬 반복문의 종류와 구조를 이해하고 활용할 수 있다.

03 반복을 제어하는 continue문과 break문을 이해하고 활용할 수 있다.

04 반복문을 사용하여 터틀 그래픽을 구현할 수 있다.

프로그램을 작성하다 보면 동일한 연산이나 코드 블록을 반복적으로 실행해야 하는 경우가 흔하게 발생한다. 반복문은 동일한 문장을 반복적으로 실행할 때 매우 유용하다. 이번 장에서는 파이썬의 반복문 for 문과 while 문의 구조를 학습하고 반복을 제어하는 continue 문과 break 문에 대하여 살펴본다. 또한 반복문을 사용하여 터틀 그래픽으로 그림 그리기를 실습한다.

6.1 이 장에서 만들 프로그램 미리보기

[프로그램 1] 터틀 그래픽으로 컬러 스파이럴 그리기

터틀 그래픽으로 컬러 스파이럴을 구현하는 프로그램이다. 컬러는 임의로 6가지를 사용하도록 하고 속도는 가장 빠르게, 커서 모양은 turtle로 설정하여 그려보시오.

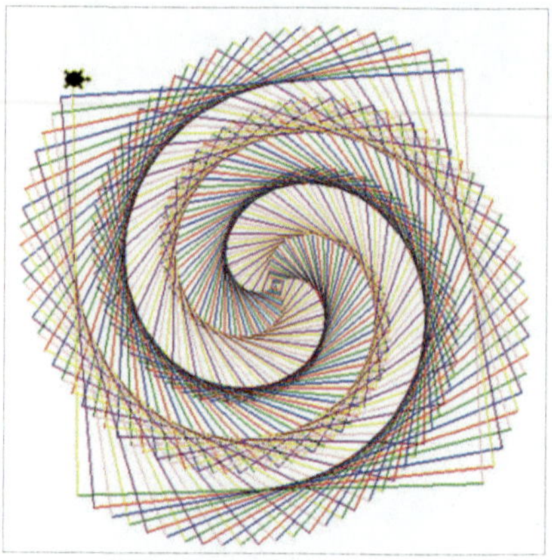

[프로그램 2] 숫자 맞히기 게임

컴퓨터가 임의로 생성한 숫자를 맞히는 게임이다. 컴퓨터가 1~100 사이의 숫자를 생성하고, 사용자가 입력한 숫자가 더 큰 수인지, 아니면 더 작은 수인지 판단하여 숫자를 맞히도록 하는 게임을 작성하시오.

```
컴퓨터가 생성한 수를 맞혀보세요(1-100)
숫자를 입력하시오: 78
보다 낮은 숫자를 선택해보세요!
숫자를 입력하시오: 67
보다 낮은 숫자를 선택해보세요!
숫자를 입력하시오: 56
보다 낮은 숫자를 선택해보세요!
숫자를 입력하시오: 45
보다 낮은 숫자를 선택해보세요!
숫자를 입력하시오: 23
보다 낮은 숫자를 선택해보세요!
숫자를 입력하시오: 10
보다 높은 숫자를 선택해보세요!
숫자를 입력하시오: 15
보다 높은 숫자를 선택해보세요!
숫자를 입력하시오: 17
보다 높은 숫자를 선택해보세요!
숫자를 입력하시오: 18
축하합니다. 시도횟수= 9
>>>
```

6.2 반복문의 개념

반복문은 정해진 동작을 반복적으로 수행하기 위해 만든 구조이다. 일상생활에서 업무를 처리하다 보면 반복해서 일을 진행하는 경우가 흔하게 발생한다. 이와 마찬가지로 프로그램에는 동일한 연산이나 코드 블록을 반복적으로 실행하는 경우가 매우 빈번히 발생한다. 예를 들면, 다음과 같이 학생 100명의 성적을 산출하려고 할 때 4과목 총점과 평균을 반복적으로 계산하는 과정이 필요하다.

번호	이름	국어	영어	수학	컴퓨터	총점	평균
1	○○○	78	85	60	90		
2	○○○	80	78	99	82		
3	○○○	75	83	70	88		
...	...			...			
100	○○○	70	56	66	77		

컴퓨터를 활용한 일처리에서 가장 큰 장점 중의 하나는 반복된 작업을 쉽게 할 수 있다는 것이다. 다음은 "Hello Python~"을 화면에 5번 출력하는 코드이다.

```
print("Hello Python~")
print("Hello Python~")
print("Hello Python~")
print("Hello Python~")
print("Hello Python~")
```

하지만 100번, 1000번 또는 무한히 반복하고 싶을 때는 print 문을 일일이 입력하지 않고 다음과 같이 반복문을 사용할 수 있다. 이 얼마나 간결한 코드인가? 파이썬의 반복문에는 정해진 횟수만큼 반복하는 for 문과 특정한 조건이 만족되면 계속 반복하는 while 문이 있다. 다음은 for 문과 while 문을 사용하여 "Hello Python~"을 화면에 100번 출력하는 코드이다.

```
for i in range(100) :
  print("Hello Python~")
```

```
i = 1
while i<=100:
   i = i + 1
   print("Hello Python~")
```

6.3 반복문의 종류

(1) for 문

for 문은 기본적인 반복문으로, 반복 범위를 지정하여 반복을 수행한다. for 문의 구성과 실행 과정은 그림 6-1과 같다.

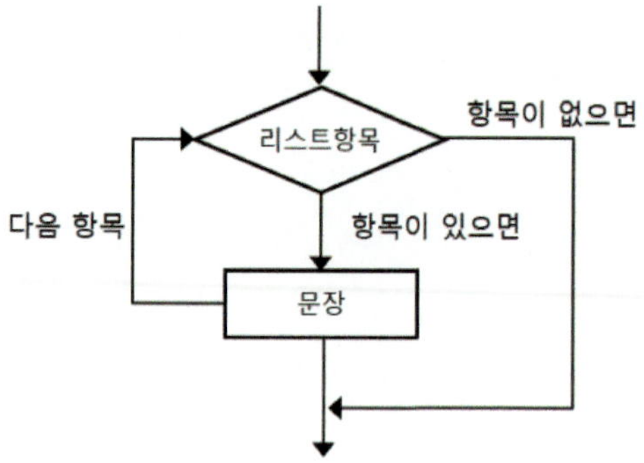

그림 6-1 for 문의 제어 흐름

리스트를 이용한 for 문

리스트를 이용한 for 문의 기본적인 형태는 다음과 같다. 여기서 리스트는 여러 가지 값들을 담을 수 있는 자료형을 말한다. for 문의 끝에는 반드시 :(콜론)을 붙여야 하며, 반복할 문장은 들여쓰기 하여야 한다.

```
for 변수 in 리스트 :
    문장
```

for 문에서 리스트를 이용하여 반복할 경우, 리스트 원소들의 순서대로 반복하면서 문장(또는 블록)을 반복한다. 다음은 리스트를 이용하여 1~5까지 출력하는 코드이다. print() 함수에서 end=" "와 같이 지정할 경우 출력 결과가 줄이 바뀌지 않고 한 줄에 출력된다.

예제 6-1 리스트를 이용한 반복 출력 소스코드: code6-1.py

```
for i in [1, 2, 3, 4, 5]:
    print(str(i) + " ", end="")
    #print(i, end="")
```

실행결과

```
1 2 3 4 5
```

2행에서 str()은 숫자를 문자열로 변환하는 함수다. 만약 3행의 주석 처리된 코드와 같이 숫자 i와 공백 문자열을 결합하지 않는다면 str()는 생략할 수 있다.

range() 함수를 이용한 for 문

range() 함수는 정수들을 생성하는 함수이며, range() 함수를 이용한 기본적인 for 문의 형태는 다음과 같다.

```
for 변수 in range(시작 번호, 마지막 번호, 증가값) :
    문장
```

range는 마지막 번호의 마지막 숫자 바로 앞까지 리스트를 만든다. 즉, range(1, 5)라고 하면 [1,2,3,4]의 리스트를 만들고, range(5)는 range(0,5,1)을 호출한 것과 같으므로 [0,1,2,3,4]의 리스트를 만든다. 앞의 시작 번호와 증가값은 생략할 수 있으며, 생략했을 경우 초기값으로 시작 번호는 0을, 증가 값은 1을 입력한다.

예제 6-2 range() 함수를 이용한 반복 출력 　　　　소스코드: code6-2.py

```
sum = 0
for i in range(5):
    sum=sum+i
    print("i : ", i, ", sum : ", sum)
print("최종 합 : ", sum)
```

실행결과

```
i :  0 , sum :  0
i :  1 , sum :  1
i :  2 , sum :  3
i :  3 , sum :  6
i :  4 , sum :  10
최종 합 :  10
```

(2) while 문

조건 제어 반복은 반복의 횟수는 모르지만, 반복의 조건은 알고 있는 경우에 사용한다. 파이썬에서는 while 문을 통해 조건에 따른 반복을 할 수 있다. 다음 그림은 while 문의 제어 흐름을 나타낸 것이다. 반복문에서는 조건을 평가하여 true이면 반복 블록의 문장들을 계속 반복하고, 조건이 false이면 반복이 끝난다.

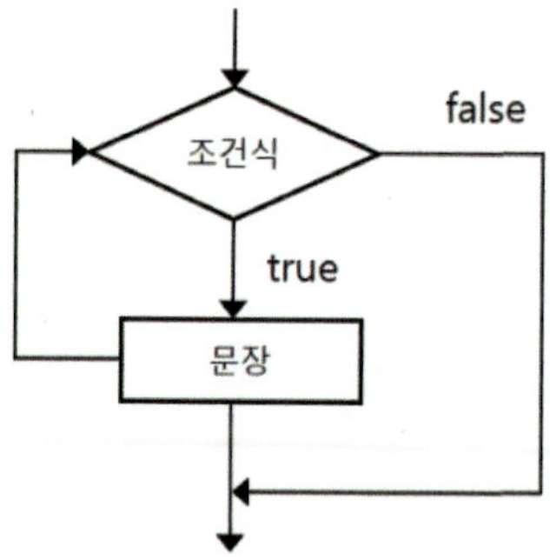

그림 6-2 while 문의 제어 흐름

일반적으로 while 문에 진입하면서 조건을 비교하기 위하여 초기 조건값을 미리 설정하며, while 루프 내에서 다음 반복을 위한 조건 값을 변경하여 조건을 비교하고 반복의 계속 여부를 판단하게 된다.

```
조건 초기화 구문
while (종료 조건):
    조건식이 참일 때 실행할 문장
    조건 변경문
```

다음 프로그램은 while 문을 이용하여 1부터 5까지 반복하면서 값을 출력하는 코드이다.

예제 6-3 1부터 5까지 가로로 출력 　　소스코드: code6-3.py

```
i = 1
while i <= 5:
    print(i, end=" ")
    i = i + 1
print("")
print(i)
```

실행결과

```
1 2 3 4 5
6
```

6행은 1부터 5까지 출력하는 반복문이 모두 끝나고 i값의 상태를 출력한 것이다.

다음 예제 6-4는 1부터 10까지의 합을 구하는 프로그램이다.

예제 6-4 1부터 10까지 합 구하기 　　　　　소스코드: code6-4.py

```
i=0
sum=0
while(i < 10):
    i = i + 1
    sum = sum + i
    print(str(i) + "," + str(sum))
```

실행결과

```
1,1
2,3
3,6
4,10
5,15
6,21
7,28
8,36
9,45
10,55
```

(3) 중첩 반복문

중첩 반복문은 for 문이나 while 문과 같은 반복문을 겹쳐서 사용하는 것을 말한다. 반복문 안에 반복문이 들어가는 형태로 다차원 배열을 다룰 때 많이 사용한다. 다음은 for 문을 사용한 중첩 반복문의 기본적인 형태이다.

```
for 변수 in range(시작 번호, 마지막 번호, 증가값) :          #바깥쪽 반복문
    for 변수 in range(시작 번호, 마지막 번호, 증가값) :      #안쪽 반복문
        안쪽 반복문 코드
    바깥쪽 반복문 코드
```

예제 6-5는 중첩 for 문을 이용하여 구구단을 출력하는 프로그램이다. 안쪽 반복문에서 실행하는 코드와 바깥쪽 반복문에서 실행하는 코드를 잘 살펴보도록 하자.

예제 6-5 중첩 반복문을 이용한 구구단 출력 소스코드: code6-5.py

```
print("구구단 출력")
print()
for i in range(2,10):
    print("=== " + str(i) + "단 ===")
    for j in range(1,10):
        print(str(i) + " X " + str(j) + " = " + str(i*j))
    print()
```

실행결과

```
구구단 출력

=== 2단 ===
2 X 1 = 2
2 X 2 = 4
2 X 3 = 6
2 X 4 = 8
2 X 5 = 10
2 X 6 = 12
2 X 7 = 14
2 X 8 = 16
2 X 9 = 18
.....
=== 9단 ===
9 X 1 = 9
9 X 2 = 18
9 X 3 = 27
9 X 4 = 36
9 X 5 = 45
9 X 6 = 54
9 X 7 = 63
9 X 8 = 72
9 X 9 = 81
```

예제 6-6은 중첩 반복문을 사용하여 리스트에 저장된 4명의 국어, 영어, 수학, 컴퓨터 성적의 총점과 평균을 구하는 프로그램이다.

예제 6-6 중첩 반복문을 이용한 과목 평균 구하기 소스코드: code6-6.py

```
kor = [78, 80, 75, 70, 87]
eng = [85, 78, 83, 56, 67]
math = [60, 99, 70, 66, 70]
com = [90, 82, 88, 77, 90]

subject_score = [kor, eng, math, com]              #전체 성적
student_name = ["홍길동","김아름","이미경","김기자","오상순"]
student_total = [0, 0, 0, 0, 0]                    #학생별 총점 초기화
student_aver = [0, 0, 0, 0, 0]                     #학생별 평균 초기화

i = 0

for subject in subject_score:              #subject_score 5번 반복
    for score in subject:                  #과목별 학생 점수 4번 반복
        student_total[i] += score          #학생 점수 리스트에 과목 점수 합 저장
        i += 1
    i = 0                                  #다음 과목 점수를 읽기 위해 0으로 초기화
else:
    s1, s2, s3, s4, s5 = student_total
    student_aver = [s1/4, s2/4, s3/4, s4/4, s5/4]
    print(student_name)
    print(student_aver)
```

실행결과

```
['홍길동', '김아름', '이미경', '김기자', '오상순']
[78.25, 84.75, 79.0, 67.25, 78.5]
```

6.4 반복문의 제어

반복문 내에 continue 문이나 break 문을 이용하면 반복의 흐름을 바꾸거나 반복문에서 빠져나가게 할 수 있다. break 문은 현재 반복문 블록을 빠져나가게 하며, continue 문은 현재 반복문 블록에서 다음 반복으로 넘어가게 한다.

(1) continue 문

continue 문은 반복문 블록을 빠져나가지 않으면서 다음 반복으로 넘어가고자 할 때 사용된다. continue 문의 기본 형식은 다음과 같다.

```
continue
```

for 문에서 continue 문을 만나면 이후 코드를 실행하지 않고 즉시 다음 반복으로 분기하고, while 문에서 continue 문을 만나면 종료 조건을 검사하는 과정으로 분기한다. 다음 프로그램은 0부터 9까지 반복하면서 변수를 출력하는데 continue 문을 이용하여 짝수인 경우는 i를 출력하지 않으므로 홀수만 출력되었다.

예제 6-7 continue 문을 이용한 반복 제어 소스코드: code6-7.py

```
for i in range(10):
    if i%2==0:
        continue
    print(i)
```

실행결과

```
1
3
5
7
9
```

(2) break 문

break 문은 현재 반복문 블록 하나를 벗어날 때 사용한다. continue와 마찬가지로 break 문의 기본 형식은 다음과 같이 단독으로 사용하는 경우가 일반적이다.

```
break
```

반복문 안에서 break 문을 만나면 현재의 반복문을 빠져나가서 반복문 다음으로 이동하게 된다. break 문은 실행중인 하나의 반복문만 벗어나기 때문에, 중첩 반복문의 경우 break 문이 실행되고 있는 안쪽 반복문만 벗어나며 바깥쪽 반복문은 계속 실행이 유지되므로 새로 안쪽 반복문이 시작하게 된다.

다음 프로그램은 0부터 9까지 반복하면서 변수의 값과 합을 출력하는데, 그 합이 30을 넘으면 break 문을 이용하여 반복이 종료된다.

예제 6-8 break 문을 이용한 반복 제어 소스코드: code6-8.py

```
sum=0
for i in range(10):
    sum = sum + i
    if sum>30:
        break
    print(str(i) + ", " + str(sum))
```

실행결과

```
0, 0
1, 1
2, 3
3, 6
4, 10
5, 15
6, 21
7, 28
```

다음 프로그램은 중첩 반복문에서 continue 문을 이용하여 반복문을 제어하는 것을 보여준다. 예제 6-9의 결과를 보면 continue 문으로 인해 3단을 제외하고 출력되는 것을 볼 수 있다. 만약, 4~5번 문장을 주석 처리하고 8~9번 문장을 실행하였다면 안쪽 반복문에서 continue 문이 실행되어 해당 j만 제외하고 모든 단이 출력될 것이다.

예제 6-9 continue 문을 이용한 중첩 반복문 제어 소스코드: code6-9.py

```
01 print("구구단 출력")
02 print()
03 for i in range(2,10):
04     if(i == 3):
05         continue
06     print("=== " + str(i) + "단 ===")
07     for j in range(1,10):
08         #if(j == 3):
09             #continue
10         print(str(i) + " X " + str(j) + " = " + str(i*j))
11     print()
```

실행결과

```
구구단 출력

== 2단 ==
2 X 1 = 2
2 X 2 = 4
2 X 3 = 6
2 X 4 = 8
2 X 5 = 10
2 X 6 = 12
2 X 7 = 14
2 X 8 = 16
2 X 9 = 18

== 4단 ==
4 X 1 = 4
4 X 2 = 8
4 X 3 = 12
4 X 4 = 16
4 X 5 = 20
4 X 6 = 24
4 X 7 = 28
4 X 8 = 32
4 X 9 = 36
.....
== 9단 ==
9 X 1 = 9
9 X 2 = 18
9 X 3 = 27
9 X 4 = 36
9 X 5 = 45
9 X 6 = 54
9 X 7 = 63
9 X 8 = 72
9 X 9 = 81
```

예제 6-10은 중첩 반복문에서 break 문을 이용하여 반복문을 제어하는 것을 보여준다. 안쪽 반복문에서 break 문이 실행되어 현재 반복문 블록을 빠져나가므로 모든 단에서 4까지만 출력되는 것을 볼 수 있다. 만약, 바깥쪽 반복문에서 break 문을 사용했을 경우에는 출력결과가 어떤지 비교하여 익혀두자.

예제 6-10 break 문을 이용한 중첩 반복문 제어 소스코드: code6-10.py

```python
print("구구단 출력")
print()
for i in range(2,10):
    print("== " + str(i) + "단 ==")
    for j in range(1,10):
        if(j>4):
            break
        print(str(i) + " X " + str(j) + " = " + str(i*j))
    print()
```

실행결과

```
구구단 출력

== 2단 ==
2 X 1 = 2
2 X 2 = 4
2 X 3 = 6
2 X 4 = 8

== 3단 ==
3 X 1 = 3
3 X 2 = 6
3 X 3 = 9
3 X 4 = 12

== 4단 ==
4 X 1 = 4
4 X 2 = 8
4 X 3 = 12
4 X 4 = 16

== 5단 ==
5 X 1 = 5
5 X 2 = 10
5 X 3 = 15
5 X 4 = 20

== 6단 ==
6 X 1 = 6
6 X 2 = 12
```

```
6 X 3 = 18
6 X 4 = 24

== 7단 ==
7 X 1 = 7
7 X 2 = 14
7 X 3 = 21
7 X 4 = 28

== 8단 ==
8 X 1 = 8
8 X 2 = 16
8 X 3 = 24
8 X 4 = 32

== 9단 ==
9 X 1 = 9
9 X 2 = 18
9 X 3 = 27
9 X 4 = 36
```

(3) else 문

else 문은 어떤 조건이 완전히 끝났을 때 한 번 더 실행해 주는 역할을 한다. 예를 들어, for 문에서 1부터 9까지 출력하라는 명령이 있을 경우, 이것을 모두 만족한 후에 else 문을 수행한다.

예제 6-11 else 문을 이용한 반복 제어 소스코드: code6-11.py

```
for i in range(10):
    print(i)
else:
    print("반복문 정상 종료")
```

실행결과

```
0
1
2
3
4
5
6
7
```

```
8
9
반복문 정상 종료
```

6.5 터틀 그래픽으로 그림 그리기

터틀 그래픽(turtle graphic)은 원, 선, 다각형, 글자 등 다양한 모양을 그릴 수 있는 파이썬의 그래픽 모듈이다. 터틀 그래픽 작업을 수행하려면 먼저 turtle 모듈을 불러와야 한다. turtle 모듈을 불러온 후에 Pen 함수(생성자)를 호출하면 화살표 모양의 거북이가 화면에 나타난다. 터틀 그래픽에 대한 자세한 내용은 10장 파이썬 라이브러리에서 다루기로 한다.

반복문은 터틀 그래픽으로 그림 그리기를 할 때도 아주 많이 사용된다. 다음의 터틀 그래픽으로 오각형을 그리는 프로그램에서 반복문을 사용한 코드와 사용하지 않은 코드를 비교해보자.

【 주의 】

터틀 그래픽으로 파일을 작성한 후에 파일 이름을 turtle.py로 저장하면 안 된다. turtle.py로 작성한 후에 이를 실행하면 import turtle 문장이 라이브러리 대신 이 파일 자체를 불러오기 때문에 제대로 동작하지 않는다.

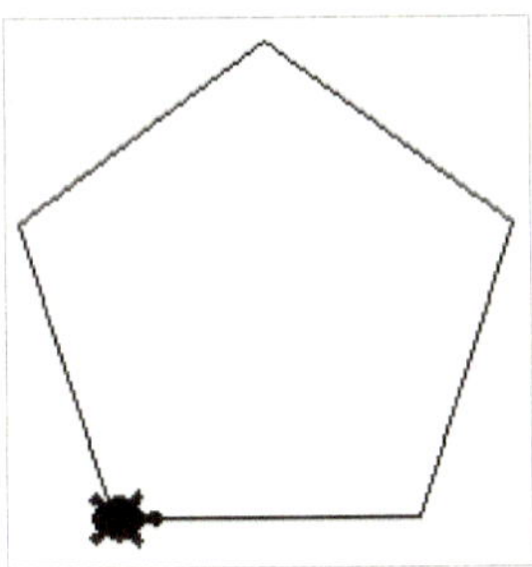

반복문을 사용하지 않은 코드	반복문을 사용한 코드

import turtle
t = turtle.Turtle()
t.shape("turtle")
 	
t.forward(100)
t.left(360/5)
t.forward(100)
t.left(360/5)
t.forward(100)
t.left(360/5)
	import turtle
	t = turtle.Turtle()
	t.shape("turtle")
	
	for i in range(5):
	    t.forward(100)
	    t.left(360/5)

```
t.forward(100)
t.left(360/5)
t.forward(100)
t.left(360/5)
```

forward(100)은 100픽셀만큼 직진의 의미를 갖는다. left(360/5)는 왼쪽으로 72도 회전을 의미한다.

사각형 회전하기

터틀 그래픽을 이용하여 10개의 사각형을 20도씩 기울여서 그리는 프로그램을 작성해보자. 터틀이 10개의 사각형을 빠르게 그리도록 speed() 함수를 사용해보자.

예제 6-12 사각형 회전하며 그리기 　　　　소스코드: code6-12.py

```
import turtle

t = turtle.Pen()                #터틀 모듈 생성자 호출

def rect(t, width):             #사각형 그리기를 함수로 정의
    for i in range(4):
        t.forward(width)
        t.left(90)

t.speed('fastest')              #터틀 속도 설정 : 가장 빠르게

width = 100                     #사각형 한 변의 길이
for n in range(10):             #20도씩 회전, 사각형 그리기 10번 반복
    t.left(20)
    rect(t, width)
```

실행결과

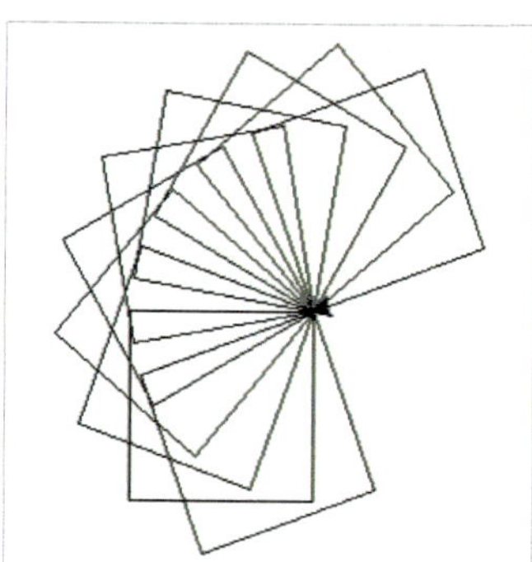

원 그리기

다음은 원을 조금씩 회전하며 반복해서 그리는 프로그램을 작성해보자. 원의 크기, 회전 각도, 그리기 속도 등을 변경해 가면서 터틀 그래픽 함수를 익히도록 한다.

예제 6-13 원 회전하며 그리기 소스코드: code6-13.py

```
import turtle

t = turtle.Pen()        #터틀 모듈 생성자 호출

n = 60
t.shape('turtle')       #터틀의 모양
t.speed('fastest')      #터틀 속도 설정 : 가장 빠르게
for i in range(n):      #60번 반복
    t.circle(90)        #반지름이 90인 원을 그림
    t.right(360 / n)    #오른쪽으로 6도 회전
```

실행결과

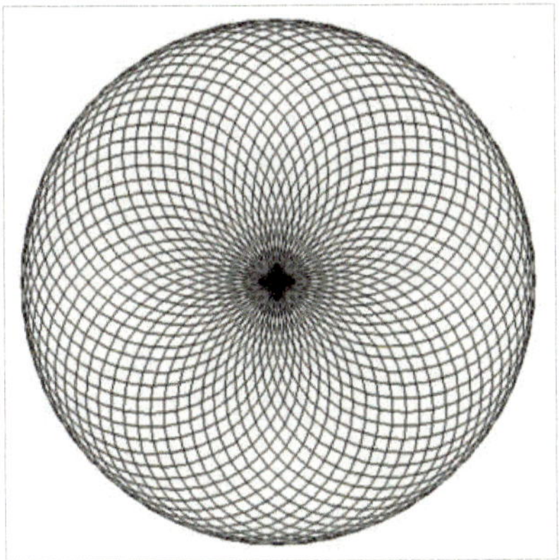

shape('turtle')은 터틀 그래픽 모양을 설정한다. turtle, circle, square, triangle, arrow 등이 있으며 shape() 함수를 설정하지 않으면 디폴트는 화살표 모양이다.

6.6 실습예제

프로그램 1 _ 터틀 그래픽으로 컬러 스파이럴 그리기

터틀 그래픽으로 컬러 스파이럴을 구현하는 프로그램이다. 컬러는 임의로 6가지를 사용하도록 하고 속도는 가장 빠르게, 커서 모양은 turtle로 설정하여 그려보시오.

조건

- 스파이럴 컬러는 임의로 설정한다(예 : 'red', 'purple', 'blue', 'pink', 'green', 'yellow')
- turtle 그리기 속도는 fastest로 지정한다.
- 오른쪽으로 회전하면서 각도를 변경한다.

예제 6-14 컬러 스파이럴 그리기 — 소스코드: code6-14.py

```
import turtle as t

colors = ['red', 'purple', 'blue', 'pink', 'green', 'yellow']

t.shape('turtle')
t.speed('fastest')    #터틀 속도 설정 : 가장 빠르게
for i in range(360):  #360번 반복
    t.pencolor(colors[i%6])
    t.forward(i)      #1만큼 앞으로 이동, 반복할 때마다 선이 길어짐
    t.right(91)       #오른쪽으로 91도 회전
```

실행결과

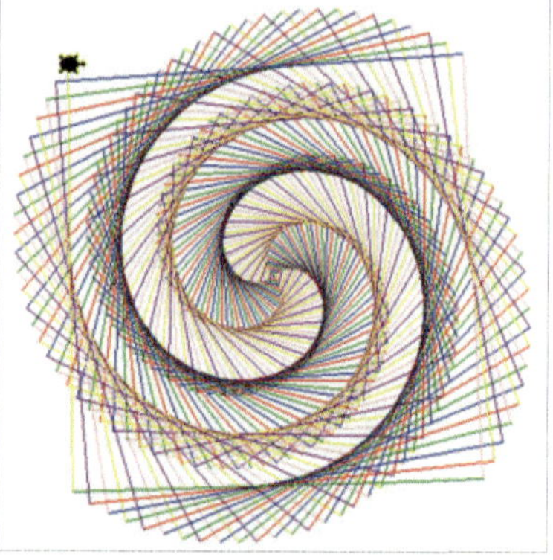

프로그램 2 _ 숫자 맞히기 게임

컴퓨터가 임의로 생성한 숫자를 맞히는 게임이다. 컴퓨터가 1~100 사이의 숫자를 생성하고, 사용자가 입력한 숫자가 더 큰 수인지, 아니면 더 작은 수인지 판단하여 숫자를 맞히도록 하는 게임을 작성하시오.

조건

- random 모듈을 이용하여 1에서 100 사이의 임의의 숫자를 생성하도록 한다.
- 아래 실행결과와 같이 사용자가 추측하는 숫자를 입력하면 컴퓨터가 생성한 임의의 숫자보다 큰지, 작은지를 비교하여 결과를 알려준다.
- 숫자를 맞힐 때까지 범위를 좁혀간다. 숫자를 맞히면 "축하합니다. 시도횟수=○○"를 출력한다.

예제 6-15 숫자 맞히기 게임 소스코드: code6-15.py

```
import random
import os

os.system('cls')

tries = 0
guess = 0;
answer = random.randint(1, 100)

print("컴퓨터가 생성한 수를 맞혀보세요(1-100)")

while guess != answer:
    guess = int(input("숫자를 입력하시오: "))
    tries = tries + 1
    if guess < answer:
        print("보다 높은 숫자를 선택해보세요!")
    elif guess > answer:
        print("보다 낮은 숫자를 선택해보세요!")

if guess == answer:
    print("축하합니다. 시도횟수=", tries)
else:
    print("정답은 ", answer)
```

실행결과

```
컴퓨터가 생성한 수를 맞혀보세요(1-100)
숫자를 입력하시오: 78
보다 낮은 숫자를 선택해보세요!
숫자를 입력하시오: 67
보다 낮은 숫자를 선택해보세요!
숫자를 입력하시오: 56
보다 낮은 숫자를 선택해보세요!
숫자를 입력하시오: 45
보다 낮은 숫자를 선택해보세요!
숫자를 입력하시오: 23
보다 낮은 숫자를 선택해보세요!
숫자를 입력하시오: 10
보다 높은 숫자를 선택해보세요!
숫자를 입력하시오: 15
보다 높은 숫자를 선택해보세요!
숫자를 입력하시오: 17
보다 높은 숫자를 선택해보세요!
숫자를 입력하시오: 18
축하합니다. 시도횟수= 9
```

01. 다음 프로그램의 출력 결과는 무엇인가?

```
i = 1
sum = 0
for i in range(10):
    sum = sum + i
print(sum)
```

① 45

② 55

③ 65

④ 0

02. 다음 프로그램의 실행결과를 쓰시오.

```
num = ['12', '34', '56']
for i in num:
    i = int(i)
print(num)
```

03. for 문을 사용하여 1~100 사이의 정수 중 짝수의 합을 출력하는 프로그램을 완성하시오.

```
sum=0
for i in (           ):
    if(           ):
        (           )
    sum=sum+i
print(sum)
```

04. while 문을 사용하여 1~10 사이의 정수의 합을 출력하는 프로그램을 완성하시오.

```
i=1
sum=0
while (           ):
    sum=sum+i
    (           )
print("1~10까지 합 : ", sum)
```

05. 다음은 1~100 사이의 정수를 출력하는데 한 줄에 5의 배수를 제외하고 4개씩 출력하는 프로그램을 작성하시오. 각 숫자는 3자리씩 차지하도록 출력하시오.

```
  1  2  3  4
  6  7  8  9
 11 12 13 14
 16 17 18 19
 21 22 23 24
 26 27 28 29
 31 32 33 34
 36 37 38 39
 41 42 43 44
 46 47 48 49
 51 52 53 54
 56 57 58 59
 61 62 63 64
 66 67 68 69
 71 72 73 74
 76 77 78 79
 81 82 83 84
 86 87 88 89
 91 92 93 94
 96 97 98 99
```

06. 반복문을 사용하여 터틀 그래픽으로 다음과 같은 도형을 그려보시오. 커서 모양은 circle로 설정하고 컬러는 'red', 'purple', 'blue', 'pink', 'green', 'yellow' 6가지로 그려보시오.

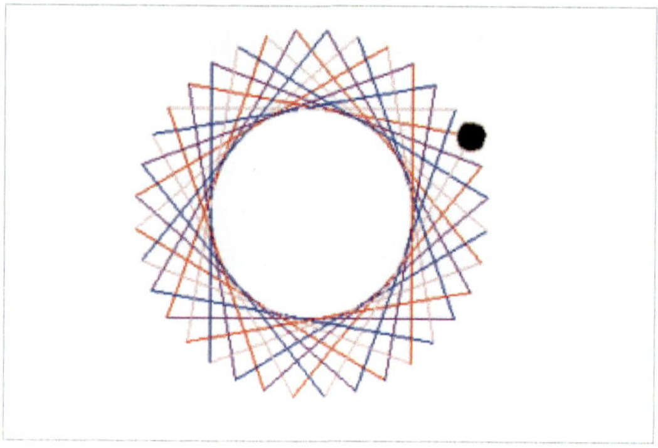

01. 터틀 그래픽으로 삼각형~육각형까지 한 변씩 늘어나는 다각형을 그려보자.

조건

- 중첩 반복문을 사용하여 그린다.
- 다각형 한 변의 길이는 100픽셀으로 한다.
- 각 다각형은 겹치지 않도록 오른쪽으로 이동하면서 그린다.

실행결과

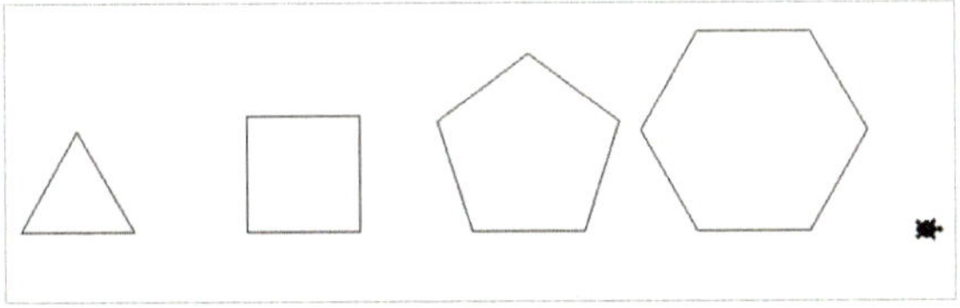

02. 반복문과 반복제어문을 이용하여 구구단 외우기 프로그램을 작성하시오.

조건

- 구구단을 구성하는 수는 랜덤 모듈을 사용하여 생성
- 사용자가 입력한 수와 랜덤 함수로 생성한 수가 맞으면 '맞았습니다!' 그렇지 않으면 '틀렸습니다!'를 출력
- 999를 입력하면 프로그램 종료

실행결과

```
구구단 외우기

9 X 2 = 18
맞았습니다!

8 X 7 = 56
맞았습니다!

8 X 3 = 24
맞았습니다!

4 X 1 = 4
맞았습니다!

3 X 9 = 27
맞았습니다!

8 X 2 = 999
구구단 외우기를 마치겠습니다!
>>>
```

07

함수

[학습 목표]

01 함수의 개념과 필요성을 알아본다.

02 함수를 정의하고 호출하는 방법을 학습한다.

03 매개변수, 디폴트 인수, 키워드 인수의 개념과 사용법을 학습한다.

04 지역변수와 전역변수의 차이점을 알아본다.

함수는 반복적으로 사용하는 코드를 모아놓은 것이다. 이미 여러분은 파이썬에서 제공하는 많은 함수들을 사용해 보았는데 이번 장에서는 여러분이 직접 함수를 만들고 호출하는 방법에 대해 알아보도록 한다.

7.1 이 장에서 만들 프로그램 미리보기

[프로그램 1] 사각형으로 꽃 그리기

터틀 그래픽에서 사각형 그리는 함수를 정의하고 꽃 모양을 그려본다.

[프로그램 2] 비만도 검사하기

사용자로부터 키와 몸무게를 입력받아 비만도를 검사하는 BMI함수를 정의하여 체질량을 체크해본다.

```
키를 입력하세요(cm): 163
몸무게를 입력하세요(kg): 48
BMI: 18.07
저체중
```

7.2 함수

함수는 반복적으로 사용하는 코드를 묶어 놓은 것이다. 앞에서 여러분들은 함수를 사용해 보았다. 바로 print()는 함수이다. print() 함수는 괄호 안에 들어 있는 내용을 화면에 출력해준다. 우리는 print() 함수 내부에서 어떤 과정이 일어나는지 알지 못해도 함수는 무언가 입력을 받아서 믹서처럼 특정한 작업을 수행한 후 결과를 출력한다.

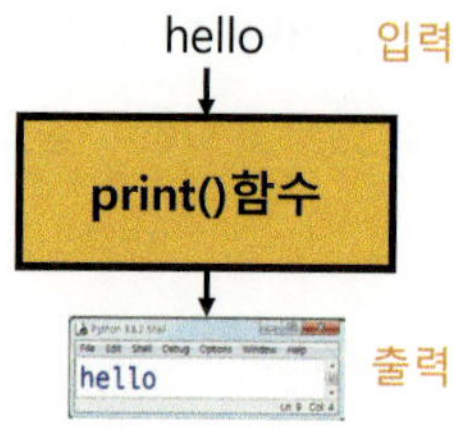

이렇게 print() 함수와 같이 파이썬에서 제공하는 함수도 있지만, 사용자가 필요하다면 직접 함수를 만들어 사용할 수도 있다. 함수를 직접 만드는 방법은 7.3절에서 알아본다. 함수는 레고 장난감 블록과 비슷하다. 레고는 특정한 용도에 맞는 다양한 형태의 블록으로 이루어져 있으며 이러한 블록들을 조립하게 되면 하나의 작품이 완성된다.

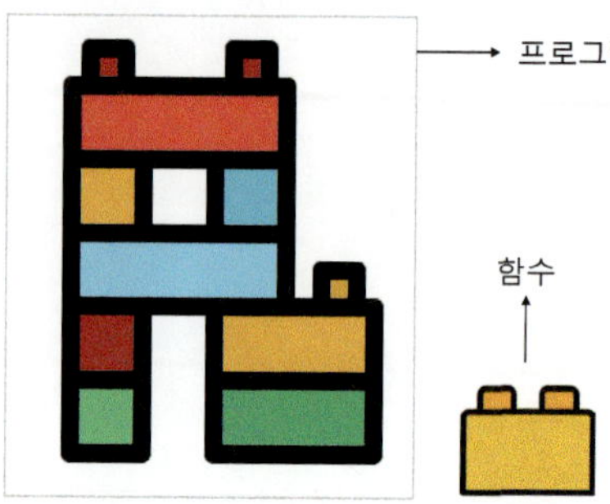

프로그램도 이러한 함수들이 모여서 이루어진다. 함수들은 레고의 블록처럼 다른 함수들과 연결되어서 하나의 프로그램을 구성할 수 있다. 이와 같이 함수를 사용하면 코드가 중복되는 것을 막을 수 있고, 한 번 작성된 함수는 여러 번 재사용할 수 있다. 또한 함수를 사용하면 가독성이 좋고, 유지 관리하기가 쉬워진다.

7.3 함수 작성하고 호출하기

파이썬에서 함수를 정의하는 방법은 간단하다. 함수 이름 앞에 def 키워드를 선언한다. 함수 이름은 특별한 제약은 없으나 함수가 하는 일을 잘 나타내는 이름으로 정해준다. 함수 이름 다음에는 소괄호()를 붙이고 콜론(:)으로 끝낸다. 함수 안에서 실행할 문장은 반드시 들여쓰기를 한 후 코드를 작성한다.

함수 정의	함수 호출
def 함수 이름(): 실행할 문장	함수 이름()

이와 같이 정의된 함수는 자동으로 실행되지 않는다. 사용자가 필요할 때마다 함수를 호출해줘야 실행된다. 호출은 함수 이름과 소괄호()를 이용한다. 이때 주의할 점은 호출할 때는 콜론을 붙이지 않고, 대소문자를 구분하므로 호출할 함수 이름과 동일하게 작성해야 한다는 것이다.

예제 7-1 함수 작성하고 호출하기 소스코드: code7-1.py

```
01 def Hello():
02     print("안녕")
03     print("좋은 아침")
04     print("행복한 하루 보내!")
05
06 Hello()
```

실행결과

```
안녕
좋은 아침
행복한 하루 보내!
```

예제 7-1의 함수 실행 과정은 그림 7-1과 같다. 프로그램은 한 줄씩 실행되는데, 1번째 줄에서 정의한 함수부터 실행되는 것이 아니라, 6번째 줄에서 함수를 호출하면 1번째 줄로 가서 함수 안의 내용을 순차적으로 실행한다.

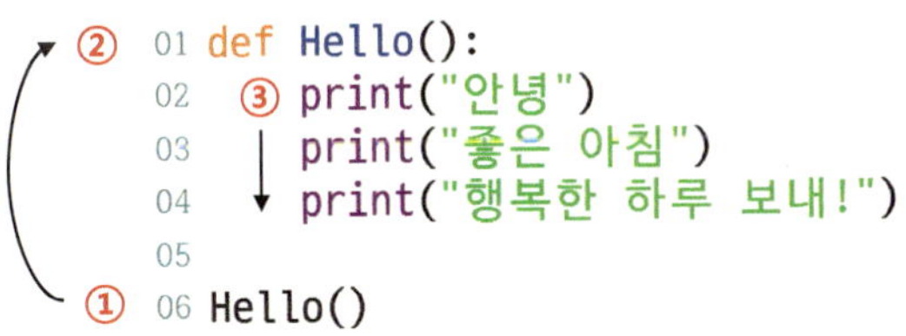

그림 7-1 함수 호출 과정

(1) 함수가 필요한 이유

함수를 왜 사용해야 하는지 알아보도록 하자. 아래 표는 인사말을 출력하는 프로그램을 두 가지 방법으로 작성해 보았다. 하나는 함수를 사용하고, 다른 하나는 함수를 사용하지 않은 경우이다. 이를 비교해 보면 한번만 인사말을 출력하는 경우에는 함수를 사용하지 않는 것이 코딩이 더 간단하다.

함수를 사용한 경우	함수를 사용하지 않는 경우

def Hello():
    print("안녕")
    print("좋은 아침")
    print("행복한 하루 보내!")
Hello()
	print("안녕")
	print("좋은 아침")
	print("행복한 하루 보내!")

그런데 사람을 만날 때마다 인사말을 출력하려고 한다. 예를 들어 3명을 만나면 3번 인사말을 출력하는 프로그램을 두 가지 방법으로 작성해 보면 다음과 같다.

함수를 사용한 경우	함수를 사용하지 않는 경우

def Hello():
    print("안녕")
    print("좋은 아침")
    print("행복한 하루 보내!")
 	
Hello()
Hello()
Hello()
	print("안녕")
	print("좋은 아침")
	print("행복한 하루 보내!")
	print("안녕")
	print("좋은 아침")
	print("행복한 하루 보내!")
	print("안녕")
	print("좋은 아침")
	print("행복한 하루 보내!")

위 두 가지 방법을 비교해 보면 함수를 사용한 경우 코드가 훨씬 간결하고, 함수를 사용하지 않는 경우 동일한 소스를 반복해서 작성하므로 코드가 길어진다.

따라서 이와 같이 반복적으로 사용하는 코드는 함수로 정의하는 것이 관리가 쉽고 코드가 간편해진다. 또 다른 장점으로는 만약 "행복한 하루 보내!"를 "좋은 하루 보내!"로 내용을 변경한다고 하면, 함수를 사용한 경우에는 함수 안의 내용을 한번만 수정하면 되지만, 함수를 사용하지 않는 경우 일일이 내용을 변경해야 하는 번거로움이 있다.

(2) 함수에 값 전달하고 받기

예제 7-1에서 인사를 할 때 친구 이름을 불러주면서 인사하려고 한다. 그런데 이름을 함수 안에 넣으면 동일한 이름만 출력되므로, 이와 같이 함수 안에서 사용되는 값이 서로 다른 경우에는 값을 전달해서 사용한다.

Hello()	Hello(이름)

함수는 값을 전달받기 위해서 함수 이름 뒤 소괄호 안에 변수를 선언한다. 이러한 변수를 매개변수라고 하고, 전달된 값을 저장하는 역할을 한다. 매개변수를 갖는 함수를 호출할 때는 함수 이름 뒤 소괄호 안에 전달할 값을 넣어 함수를 불러준다. 이때 함수에 전달하는 값을 인수라고 한다.

매개변수가 한 개인 함수 정의	매개변수가 한 개인 함수 호출
def 함수 이름(매개변수):	함수 이름(인수)

예제 7-2 함수에 값 전달하고 받기

소스코드: code7-2.py

```
01  def Hello(name): #매개변수 함수
02     print(name+"안녕")
03     print("좋은 아침")
04     print("행복한 하루 보내!")
05
06  Hello("현중") #인수
07  Hello("민중") #인수
```

실행결과

```
현중안녕
좋은 아침
행복한 하루 보내!
민중안녕
좋은 아침
행복한 하루 보내!
```

예제 7-2에서 6, 7번째 줄의 "현중"이나 "민중"은 전달되는 값인 인수에 해당된다. 함수가 호출될 때마다 인수는 함수의 매개변수로 전달된다. 1번째 줄의 name 변수는 매개변수로 넘어온 인수 값을 저장한다.

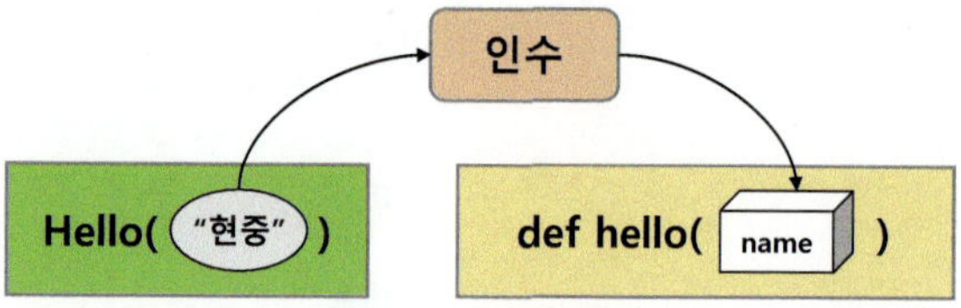

그림 7-2 인수의 전달

만일 전달하는 값이 여러 개인 경우에는 쉼표(,)로 구분하여 인수를 전달한다. 단, 매개변수와 인수의 개수는 동일해야 한다. 매개변수가 2개면 인수의 개수도 2개가 된다.

매개변수가 여러 개인 함수 정의	매개변수가 여러 개인 함수 호출
def 함수 이름(매개변수, 매개변수):	함수 이름(인수, 인수)

예제 7-3 여러 개의 매개변수 함수 소스코드: code7-3.py

```
01 def sum(a,b,c): #함수
02     print("두 수의 합은:",a+b+c)
03
04 sum(2,5,9) #인수 3개
```

실행결과

```
두 수의 합은: 16
```

예제 7-3의 4번째 줄의 여러 개의 인수는 아래 그림과 같이 각각의 매개변수에 순서대로 전달된다.

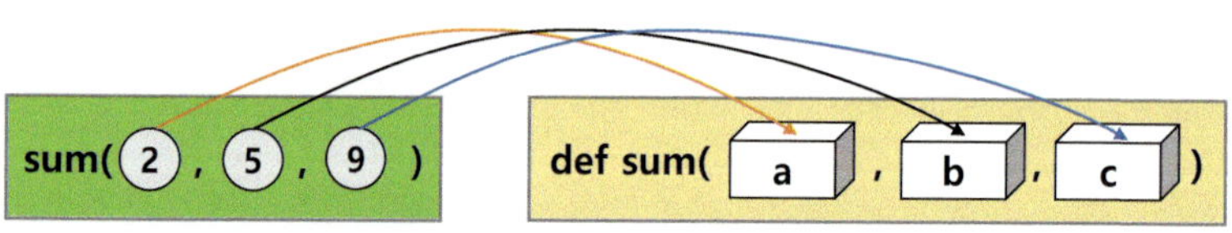

그림 7-3 여러 개의 인수 전달

7.4 디폴트 인수와 키워드 인수

인수는 전달되는 값을 말한다. 이러한 인수를 전달하는 방법에는 여러 가지 방법이 있다.

(1) 디폴트 인수

디폴트(default) 인수란 사용자가 특별히 값을 넘겨주지 않으면 매개변수에 기본값을 정해주는 인수를 말한다. 앞서 공부했을 때 함수는 매개변수와 인수의 개수는 같아야 한다고 배웠다. 하지만 디폴트 인수를 사용하는 경우 기본값이 정해진 인수는 생략 가능하다.

예제 7-4 디폴트 인수 소스코드: code7-4.py

```
01 def sum(a,b=10): #디폴트 인수
02    print("두 수의 합은:",a+b)
03
04 sum(2,5)
05 sum(3)
```

실행결과

```
두 수의 합은: 7
두 수의 합은: 13
```

예제 7-4의 4번째 줄에서 인수 2개가 전달된 경우 a=2, b=5가 되어 합은 7이 출력된다. 5번째 줄에서 인수 1개만 전달된 경우 b는 디폴트 인수로 설정되어 있기 때문에 값이 전달되지 않으면 기본값을 사용한다. 따라서 a=3, b=10이 되어 합은 13이 된다.

(2) 키워드 인수

키워드 인수는 인수들 앞에 키워드를 지정하여 인수들을 구분한다. 함수 호출 시 인수와 매개변수는 순서가 일치해야 하지만, 키워드 인수를 사용하면 인수의 이름에 값을 넣어 전달하므로 매개변수 순서와 일치하지 않아도 된다.

예제 7-5 키워드 인수 소스코드: code7-5.py

```
def div(a,b):
   if (b!=0):
      print("몫:",a/b)
   else:
      print("0으로 나눌 수 없습니다.")
div(4,2)
div(2,4)
div(b=2,a=4) #키워드 인수
div(3,0)
```

실행결과

```
몫: 2.0
몫: 0.5
몫: 2.0
0으로 나눌 수 없습니다.
```

예제 7-5에서 6번째 줄의 인수는 a=4, b=2로 전달되어 연산 결과 2.0이 출력되며, 7번째 줄의 인수는 a=2, b=4로 전달되어 연산 결과가 0.5가 된다. 8번째 줄에서는 키워드 인수를 이용하여 b=2, a=4로 지정하였기 때문에 매개변수 순서는 달라도 지정된 변수에 값이 전달되기 때문에 연산의 결과는 2.0이 잘 출력된다.

7.5 함수 값 반환하기

함수는 인수를 통해 값을 전달받기도 하지만, 처리된 결과를 반환할 수도 있다. 반환 값이란, 함수를 호출한 곳에 처리한 결과를 되돌려준다는 것이다. 함수에서 값을 반환하려면 return 키워드를 사용한다.

예제 7-6 함수 값 반환하기 　　　　소스코드: code7-6.py

```
01 def sum(a,b): #매개변수 함수
02     return a+b
03
04 result=sum(2,5)
05 print("두 수의 합은", result)
```

실행결과

```
두 수의 합은 7
```

예제 7-6의 동작 원리는 아래 그림과 같다. 4번째 줄에서 함수를 호출하면 함수는 인수를 받아 처리한 후, 2번째 줄에서 return 키워드를 이용하여 합계를 구한 결과를 반환해준다. 반환된 결과는 호출한 함수에게 되돌려준다.

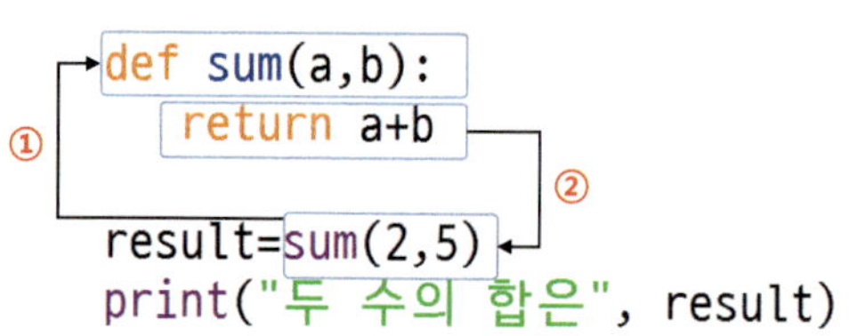

그림 7-4 함수의 결과 반환

7.6 함수에서 전역변수 사용하기

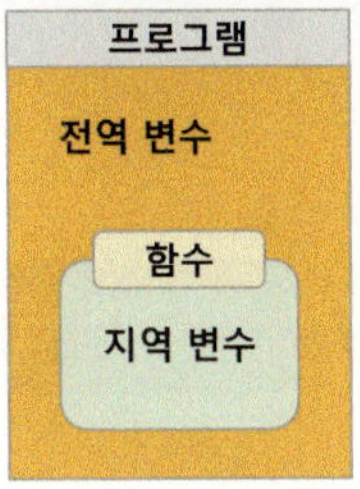

그림 7-5 지역변수와 전역변수

변수는 범위에 따라 지역변수와 전역변수로 나뉜다. 함수 내부에서 생성된 변수를 지역변수라 하고, 함수 밖에 선언된 변수를 전역변수라 한다. 전역변수는 프로그램 전체에서 사용할 수 있지만, 지역변수는 함수가 종료되면 사라지므로 함수 안에서만 사용 가능하다.

아래의 [코드1]에서 k변수는 fun() 함수 안에 정의되어 있으므로 지역변수이다. 함수 밖에서 k변수를 출력하는 경우 "k변수가 정의되어 있지 않다"는 오류가 발생한다. 오류를 해결하기 위해 [코드2]에서 k를 전역변수로 선언한 뒤 k값을 출력해 보았다. 오류는 발생하진 않지만, k값은 변경되지 않고 0 그대로 출력된다. 왜냐하면 함수 안에 있는 k변수와 함수 밖의 k변수는 이름은 같지만, 서로 다른 공간에 할당되었기 때문이다.

그럼 함수 안에서 사용된 변수를 전역변수로 바꾸고 싶을 때는 어떻게 해야 할까? [코드3]과 같이 변수명 앞에 global 키워드를 붙여 선언하면 된다.

코드1: 지역 변수

```
def fun():
    k=10 #지역변수

fun()
print("k값은:",k)
```

```
name 'k' is not defined
```

코드2: 전역변수

```
k=0 #전역변수
def fun():
    k=10 #지역변수

fun()
print("k값은:",k)
```

```
k값은: 0
```

코드3: global 변수

```
k=0
def fun():
    global k
    k=10

fun()
print("k값은:",k)
```

```
k값은: 10
```

예제 7-7 지역변수와 전역변수 소스코드: code7-7.py

```
i=20 #전역변수

def var():
    i=10 #지역변수
    print("i값은:",i)

var()
print("i값은:",i)
```

실행결과

```
i값은: 10
i값은: 20
```

7.7 실습예제

프로그램 1 _ 사각형으로 꽃 그리기

터틀 그래픽에서 사각형을 이용하여 꽃 모양을 그려본다.

조건

- 사각형을 그리는 기능을 rect() 함수로 정의한다.
- 사각형은 정사각형이며, 크기는 100이다.

- 30도씩 오른쪽으로 회전하면서 12개의 사각형을 그린다.
- 색상은 터틀 그래픽에서 제공하는 color 함수를 이용하여 orange로 설정한다.

예제 7-8 사각형으로 꽃 그리기 소스코드: code7-8.py

```
import turtle as t    #터틀 라이브러리 가져오기
t.color('orange')     #선 색상

def rect(): #사각형 그리는 함수
    for i in range(4): #사각형 그리기
        t.forward(100) #100픽셀 이동
        t.right(90)    #오른쪽으로 90도 회전

for i in range(12):    #360÷30=12, 즉 360도를 30도씩 회전하므로 12번 반복
    t.right(30)        #30도 오른쪽 방향 회전
    rect()             #함수 호출
```

실행결과

프로그램 2 _ 비만도 검사하기

사용자로부터 키와 몸무게를 입력받아 비만도를 검사해 본다.

BMI는 비만도를 나타내는 지수로, 키와 몸무게로 간단히 추정할 수 있다.

조건

- 비만도 검사는 BMI() 함수로 정의하고 키와 몸무게를 매개변수로 설정한다.
- BMI() 함수는 아래 식을 적용하여 BMI 지수를 계산한 후 판정 결과를 반환한다.

```
BMI = weight / (height * height)
```

BMI는 몸무게를 키의 제곱으로 나눈 결과이다. 이때 키의 단위는 m이며, 1cm=0.01m이다.

BMI지수	판정
18.5미만	저체중
18.5이상 25미만	표준
25이상 30미만	과체중
30이상	고도비만

예제 7-9 비만도 검사 프로그램 　　　소스코드: code7-9.py

```
def BMI(height, weight): #BMI 함수 정의
        height = height * 0.01              #cm로 받아서 m로 변환
        bmi = weight / (height * height)    #bmi공식
        print("BMI:",  "%.2f" % bmi)        #bmi값을 소수점 둘째 자리까지 출력

        result="" #결과를 저장할 변수

```

```
    if bmi < 18.5:
        result="저체중"
    elif 18.5 <= bmi < 25:
        result="표준"
    elif 25.0 <= bmi < 30:
        result="과체중"
    else:
        result="고도비만"
    return result #결과값 반환

height = int(input("키를 입력하세요(cm): "))
weight = int(input("몸무게를 입력하세요(kg): "))

print(BMI(height, weight)) #함수 호출
```

실행결과

```
키를 입력하세요(cm): 163
몸무게를 입력하세요(kg): 48
BMI: 18.07
저체중
```

01. 함수에 대한 설명 중 옳지 않은 것은?

① 함수는 반드시 매개변수가 필요하다.

② 함수 내부의 동작 과정을 알지 못해도 호출해서 사용할 수 있다.

③ 함수를 정의할 때 def 키워드를 사용한다.

④ 함수는 한번만 호출하는 것보다 여러 번 호출할 때 사용하는 것이 효율적이다.

02. 다음 빈칸에 들어갈 용어를 채우시오.

함수에서 전달되는 값을 (____________)라 하며,
전달받는 값을 (____________)라 한다.

03. 다음 코드의 실행결과는?

```
def f():
    print("f")
    a()
    print("k")

def a():
    print("a")

f()
```

04. 숫자를 입력받아 절대값으로 변경하는 abs() 함수를 작성하시오.

함수 호출	실행결과
num=int(input("숫자를 입력하세요:")) print("절대값",abs(num),"입니다.")	숫자를 입력하세요:-3 절대값 3입니다.

05. 다음은 1부터 5까지 합을 계산하는 프로그램이다. 다음 빈칸을 채우시오.

```
def sum(n):
    result=0
    for i in range(n):
        __________
    ________ result

print(______)
```

06. 계산기 프로그램을 작성하려고 한다. 다음 실행결과와 같이 출력되도록 더하기, 빼기, 곱하기, 나누기 함수를 각각 작성하고 호출하시오.

함수 호출	실행결과
plus(3,5)　　　#더하기 호출 minus(4,2)　　　#빼기 호출 multiply(5,2)　#곱하기 호출 div(8,2)　　　　#나누기 호출	3 + 5 = 8 4 - 2 = 2 5 * 2 = 10 8 / 2 = 4.0

07. 다음 코드에서 잘못된 부분 세 군데를 찾아 수정하시오.

```
def get_max(x)
    if x > y:
        return x
    else:
        return y

result=get_max(15,17) #큰 수 찾기 함수
print("두 수중 큰 수는",y,"입니다.")
```

08. 숫자를 입력받아 짝수인지 홀수인지 검사하는 함수를 만들어보시오. 단, 검사된 결과는 반환하시오.

함수 호출	실행결과
check=odd_even_check(516)　#홀수,짝수 검사 호출 print(check)	짝수

09. 함수를 호출할 때 오류가 발생하는 것은?

```
def info(name, age=20):
    print("이름:", name)
    print("나이:", age)
```

① info("한소은",22)　　② info("김진우")
③ info()　　④ info(age=21, name="소하영")

10. 다음 프로그램의 실행결과는?

```
str="Hello"

def greet1():
    print(str)

def greet2():
    str="Hi"
    print(str)

def greet3():
    global str
    str="Good Day"
    print(str)

greet1()
greet2()
greet3()
print(str)
```

01. 가로 막대그래프 그려보기

나라별 사용한 휴가일수를 터틀을 이용하여 가로 막대그래프로 그려 보시오.

조건

- 가로 막대 모양을 그리는 기능을 graph() 함수로 정의한다.
- 나라 이름과 휴가일수는 graph() 함수의 매개변수로 정의한다.
  - 막대 위에 나라 이름을 표기한다.
  - 휴가일수에 따라 막대 길이는 달라진다.

실행결과

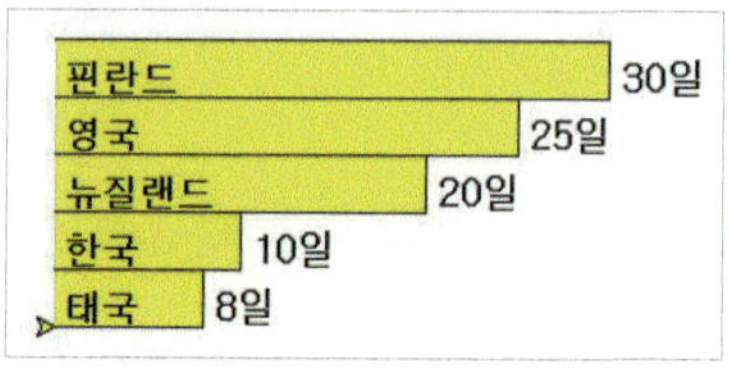

코드 힌트

01. 터틀 그래픽 모듈을 불러온다.

02. graph() 함수를 정의한다. 매개변수는 나라 이름과 휴가일수를 입력받는다.

03. 색 채우기를 시작한다.

04. 휴가일수만큼 막대 길이를 그리면 길이가 짧기 때문에, 휴가일수에 곱하기 10을 하여 그려준다. 터틀은 기본값은 오른쪽 방향을 향하고 있으므로, "휴가일수 x 10"만큼 오른쪽으로 이동한다.

05. 터틀을 90도 오른쪽 방향으로 전환한다.

06. 30만큼 아래로 이동한다.

07. write() 함수를 이용하여 휴가일수를 출력한다. 매개변수로 넘어온 휴가일은 정수이기 때문에 str() 함수를 이용하여 문자열로 변경한다. font 속성에는 글꼴, 글자 크기, 스타일을 지정해 줄 수 있다. 글꼴은 돋움, 글자 크기 16, 글자 스타일은 굵게로 설정한다.

예) `t.write(" "+str(holiday)+"일", font=("돋움", 16, "bold"))`

08. 터틀을 90도 오른쪽 방향으로 전환한다.

09. "휴가일수 x 10"만큼 오른쪽으로 이동한다. 그림으로 봤을 때는 왼쪽으로 움직여야 할 것 같지만 터틀의 이동방향을 기준하므로 오른쪽으로 이동해야 하는 것을 주의한다.

10. write() 함수를 이용하여 나라 이름을 출력한다.

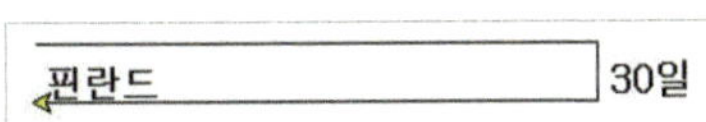

11. 색 채우기를 종료한다.

12. 다음 가로 그래프 막대를 그리기 위해 터틀을 180도 오른쪽 방향으로 전환한다. 화살표 모양이 다시 오른쪽을 향한다.

13. 도형에 채울 색상을 노란색으로 설정한다.

14. graph() 함수에 나라 이름과 휴가일수 인수 정보를 입력하여 함수를 호출한다.

예) `graph("핀란드",30)`

08

리스트와 딕셔너리

[학습 목표]

01 리스트와 딕셔너리의 개념을 이해할 수 있다.

02 리스트를 생성하고 자료를 추가, 수정, 삭제, 검색할 수 있다.

03 딕셔너리를 생성하고 자료를 추가, 수정, 삭제, 검색할 수 있다.

우리가 일상생활에서 해야할 일이나 장보기 목록, 버킷리스트 등의 목록을 나열하여 작성하듯이 파이썬에도 이러한 자료들을 효율적으로 저장해놓는 공간이 있다. 이번 시간에는 리스트와 딕셔너리를 이용하여 여러 개의 자료를 한꺼번에 저장하고 관리하는 방법을 알아본다.

8.1 이번 장에서 만들 프로그램 미리보기

[프로그램 1] 점심메뉴 제비뽑기

사용자로부터 점심 메뉴 5개를 입력받아 리스트에 저장하고 그 중 한 메뉴를 골라주는 프로그램을 만들어 본다.

```
점심에 먹고 싶은 메뉴를 입력해주세요:잔치국수
점심에 먹고 싶은 메뉴를 입력해주세요:짜장면
점심에 먹고 싶은 메뉴를 입력해주세요:스파게티
점심에 먹고 싶은 메뉴를 입력해주세요:김치찌개
점심에 먹고 싶은 메뉴를 입력해주세요:김밥
오늘의 점심 메뉴는 잔치국수 당첨입니다.
```

[프로그램 2] 다양한 색상의 육각형 그리기

터틀 그래픽에서 다양한 색상의 육각형을 그려보는 프로그램이다. 사용할 색상을 리스트에 저장하고, 육각형을 그릴 때마다 리스트에서 색상을 가져와 그려준다.

8.2 리스트

(1) 리스트란?

우리 주변의 주택 형태를 보면 단독주택, 아파트 등 다양한 구조가 존재한다. 단독주택은 보통 한 가구가 살고, 아파트는 여러 가구가 모여 산다. 파이썬에도 자료를 담기 위한 변수, 리스트 등 여러 가지 자료구조가 있다. 변수는 단독주택처럼 하나의 방에 자료를 하나씩만 저장할 수 있고, 리스트는 아파트처럼 여러 개의 방으로 이루어져 자료를 한꺼번에 담을 수 있다. 즉, 리스트(list)는 여러 자료들을 한꺼번에 저장할 수 있는 자료형이다.

그림 8-1 단독주택과 아파트의 차이

다음 예제를 통해 변수와 리스트의 차이점을 알아본다.

5개의 과일의 종류를 저장하려고 한다. 변수를 이용하는 경우에는 5개의 변수를 각각 선언하여 저장하고, 리스트를 사용하는 경우에는 1개의 리스트를 선언하고 대괄호[] 안에 과일 이름을 나열하여 저장하면 된다.

변수를 이용한 경우	리스트를 이용한 경우
fruit1 = 바나나 fruit2 = 사과 fruit3 = 딸기 fruit4 = 수박 fruit5 = 포도	fruit = [바나나, 사과, 딸기, 수박, 포도]
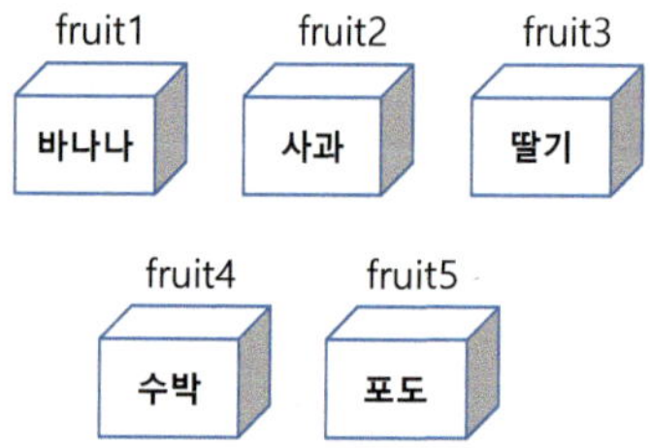	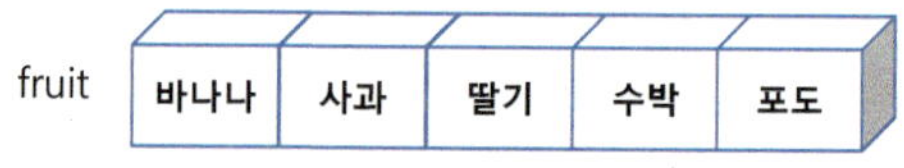

특히, 과일의 종류가 많아질수록 리스트를 활용하면 매우 편리하다. 만일 변수를 이용할 경우 과일의 개수만큼 변수를 일일이 선언해야 하기 때문에 소스가 길어지고, 변수 이름을 관리하기도 어렵다. 하지만 리스트는 한꺼번에 자료를 담아놓을 수 있어서 손쉽게 관리가 가능하다. 이와 같은 편리성으로 파이썬에서 리스트는 자주 사용된다.

(2) 리스트 생성하기

파이썬에서 비어있는 공백 리스트를 만들기 위해서는 리스트 이름을 선언하고 대괄호[]로 묶어준다.

```
리스트 이름=[]
```

리스트 안에 저장된 각각의 데이터를 항목이라고 한다. 리스트에 각 항목을 구분하기 위해 대괄호 안에 쉼표(,)로 입력한다.

```
리스트 이름=[항목1, 항목2, 항목3,...]
```

리스트는 같은 타입의 데이터를 저장할 수도 있고, 여러 가지 타입을 함께 저장할 수도 있다. 문자열을 리스트에 담을 때는 ""(쌍따옴표)나 ''(작은따옴표)로 묶어서 저장한다.

```
num=[1, 2, 3, 4,...] //숫자 리스트
계절=['봄', '여름', '가을', '겨울'] //문자열 리스트
like=[1, '가을',...] //숫자와 문자 등 여러 타입의 리스트
```

(3) 리스트의 데이터 가져오기

우리가 같은 아파트의 같은 동에 살아도 호수를 보고 집에 찾아가는 것처럼, 리스트에도 각 방의 주소가 있다. 이러한 방 주소를 인덱스(index)라고 한다.

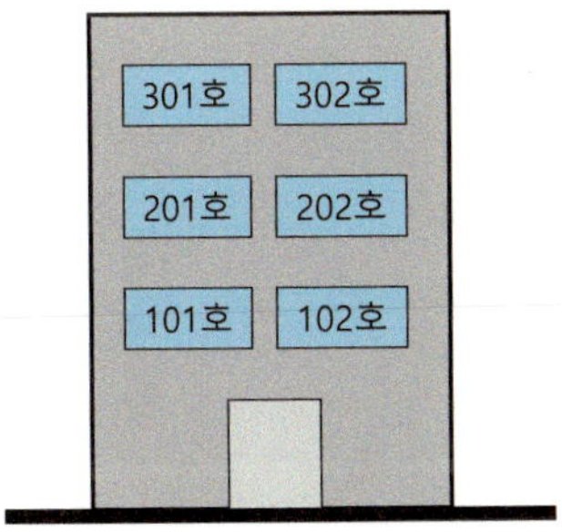

그림 8-2 아파트의 방 호수

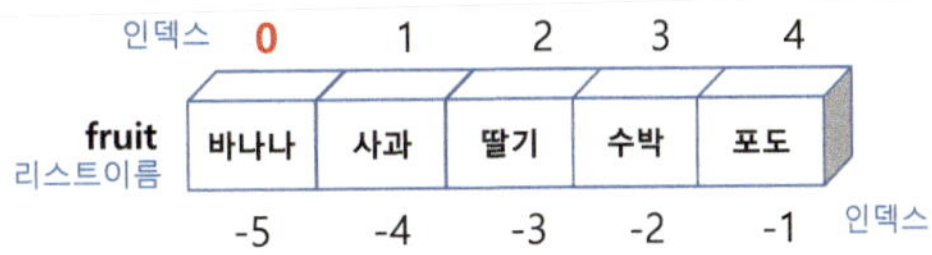

그림 8-3 리스트 인덱스로 접근하여 데이터 가져오기

따라서 리스트에서 저장된 데이터를 가져올 때는 인덱스로 접근한다.

```
리스트 이름[인덱스]
```

리스트는 앞, 뒤에서부터 모두 접근할 수 있다.

앞에서부터 접근할 경우

인덱스는 0부터 시작한다. 이 때, 인덱스 번호가 1부터 시작하지 않고 0부터 시작함을 주의한다. 예를 들어, 그림 8-3에서 fruit[5]로 접근하면 다음과 같이 인덱스 오류가 발생한다.

오류	IndexError: list assignment index out of range

왜냐하면, 인덱스는 0부터 시작하므로 5번 방에는 데이터가 없기 때문이다. 이와 같이 리스트에서 인덱스를 이용하여 접근할 때, 인덱스의 범위를 벗어나지 않도록 조심해야 한다.

뒤에서 접근할 경우

인덱스는 -1부터 시작한다. 따라서 리스트의 마지막에 들어 있는 데이터를 가져올 때는 뒤에서부터 접근하면 바로 가져올 수 있다.

예제 8-1 리스트 생성 및 데이터 가져오기 　　　　소스코드: code8-1.py

```
fruit=['바나나','사과','딸기', '수박', '포도']    #리스트 생성
print(fruit)                                     #리스트 출력

print(fruit[0])      #0번째 인덱스 접근
print(fruit[1])      #1번째 인덱스 접근
print(fruit[-1])     #마지막 인덱스 접근
```

실행결과

```
['바나나', '사과', '딸기', '수박', '포도']
바나나
사과
포도
```

(4) 리스트에 데이터 추가하기

리스트에 데이터를 추가할 때는 append(), insert() 함수를 사용한다. 단, 데이터를 추가하기 전에 리스트가 만들어져 있어야 한다. 물을 담기 위한 컵이 필요한 것처럼 리스트도 데이터를 담기 위해 먼저 선언되어 있어야 한다.

표 8-1 리스트에 데이터를 추가하는 함수

<table>
<tr><th>함수</th><th colspan="2">설명</th></tr>
<tr><td rowspan="3">append(값)</td><td colspan="2">리스트 맨 뒤에 데이터 값을 추가한다.</td></tr>
<tr><td>예</td><td>nlist.append(50)</td></tr>
<tr><td colspan="2">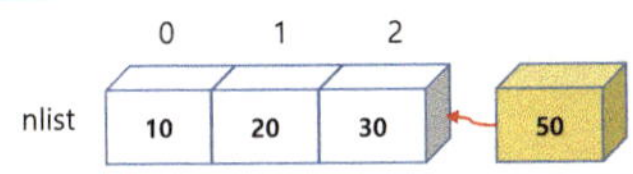
</td></tr>
<tr><td rowspan="3">insert(위치, 값)</td><td colspan="2">리스트의 원하는 위치에 데이터 값을 추가한다.</td></tr>
<tr><td>예</td><td>nlist.insert(2, 30)</td></tr>
<tr><td colspan="2">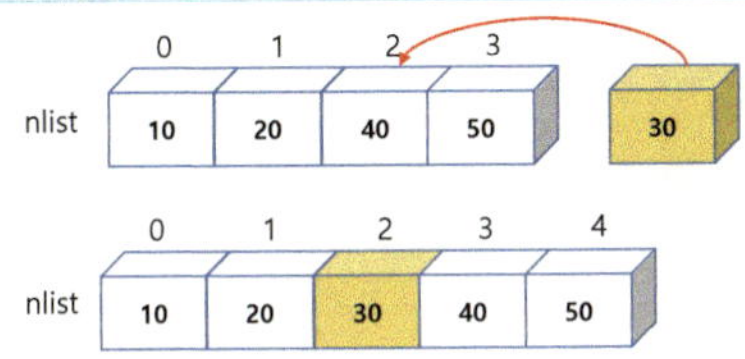
</td></tr>
</table>

예제 8-2 리스트에 데이터 추가하기 소스코드: code8-2.py

```
nlist=[]
nlist.append(10)        #맨 뒤에 데이터 추가
nlist.append(20)        #맨 뒤에 데이터 추가
nlist.append(40)        #맨 뒤에 데이터 추가
nlist.append(50)        #맨 뒤에 데이터 추가
print(nlist)

nlist.insert(2, 30)     #세 번째 위치에 데이터 추가
print(nlist)
nlist.insert(0, 0)      #맨 앞에 데이터 추가
print(nlist)
```

실행결과

```
[10, 20, 40, 50]
[10, 20, 30, 40, 50]
[0, 10, 20, 30, 40, 50]
```

(5) 리스트 데이터 삭제하기

리스트에서 데이터를 삭제할 때는 pop(), remove(), del(), clear() 함수를 사용한다.

표 8-2 리스트에서 데이터를 삭제하는 함수

<table>
<tr><th>함수</th><th colspan="2">설명</th></tr>
<tr><td rowspan="3">pop()</td><td colspan="2">리스트 맨 뒤의 데이터를 삭제한다.</td></tr>
<tr><td>예</td><td><code>nlist.pop()</code></td></tr>
<tr><td colspan="2">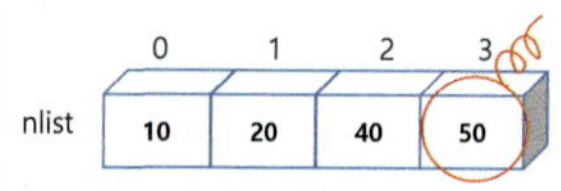</td></tr>
<tr><td rowspan="3">remove(삭제할 값)</td><td colspan="2">리스트에서 삭제하고자 하는 데이터 값을 지정하여 삭제한다.</td></tr>
<tr><td>예</td><td><code>nlist.remove(20)</code></td></tr>
<tr><td colspan="2">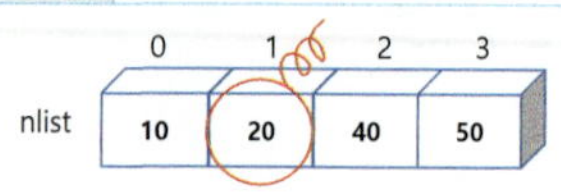</td></tr>
<tr><td rowspan="3">del(리스트명[위치])</td><td colspan="2">리스트의 해당 위치의 항목을 삭제한다.</td></tr>
<tr><td>예</td><td><code>del(nlist[2]) or del nlist[2]</code></td></tr>
<tr><td colspan="2">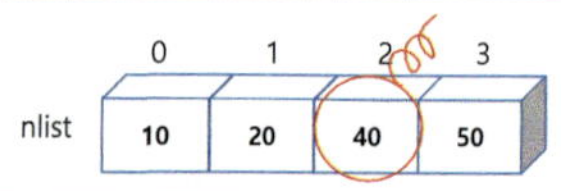</td></tr>
<tr><td rowspan="3">clear()</td><td colspan="2">리스트 안의 모든 항목을 모두 지운다.</td></tr>
<tr><td>예</td><td><code>nlist.clear()</code></td></tr>
<tr><td colspan="2">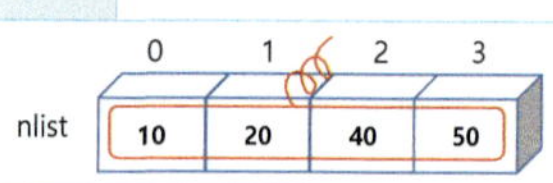</td></tr>
</table>

remove() 함수를 사용할 때 리스트에 삭제할 데이터가 없는 경우 다음과 같은 값 오류가 발생하므로 주의한다.

오류	`ValueError: list.remove(x): x not in list`

따라서 삭제하기 전에 삭제할 값이 리스트에 있는지 먼저 확인하면 오류가 나는 것을 방지할 수 있다. 리스트에 값이 들어 있는지 확인할 때는 in 연산자를 사용한다.

in 연산자

```
if 60 in nlist:
    nlist.remove(60)
```

예제 8-3 리스트 데이터 삭제하기 　　　　　　　　　　　　　　　　　　　　　　　　　소스코드: code8-3.py

```
nlist=[10,20,30,40,50]
print(nlist)

nlist.pop()            #맨뒤의 데이터 삭제
print(nlist)

nlist.remove(30)       #숫자 30 데이터 삭제
print(nlist)

del(nlist[0])          #리스트 0번째 위치의 데이터 삭제
print(nlist)

nlist.clear()          #리스트 전체 삭제
print(nlist)
```

실행결과

```
[10, 20, 30, 40, 50]
[10, 20, 30, 40]
[10, 20, 40]
[20, 40]
[]
```

(6) 리스트 슬라이싱

우리는 리스트에 들어 있는 데이터를 가져올 때 인덱스를 이용하여 한 개씩 가져오는 방법을 배웠다. 파이썬에서는 범위를 지정해서 리스트에 있는 데이터를 한꺼번에 가져오는 방법도 있다. 범위를 지정할 때는 콜론(:)을 사용하며, 이러한 작업을 슬라이싱(slicing)이라고 한다. 슬라이싱은 단어의 의미처럼 리스트를 나누는 기능을 한다.

표 8-3 리스트 슬라이싱의 여러 가지 표현법

리스트 슬라이싱	설명
리스트명[start:end]	start는 시작값을 나타내며 end는 끝값을 가리킨다. 단, end는 자신은 포함하지 않고, 바로 앞단계 end-1까지만 데이터를 추출한다. **예** fruit[1:4] 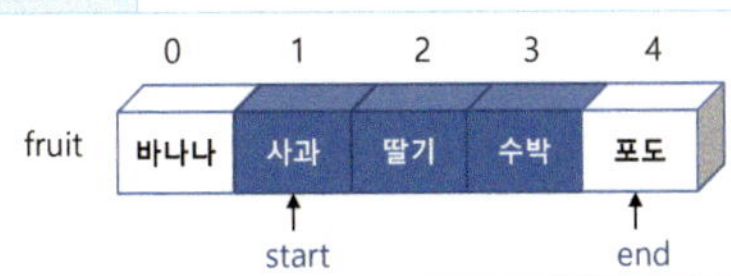

리스트 슬라이싱	설명
리스트명[start:]	start 시작값만 정해주고 end를 생략하면, start부터 리스트의 마지막까지 데이터를 추출한다. **예** fruit[2:] 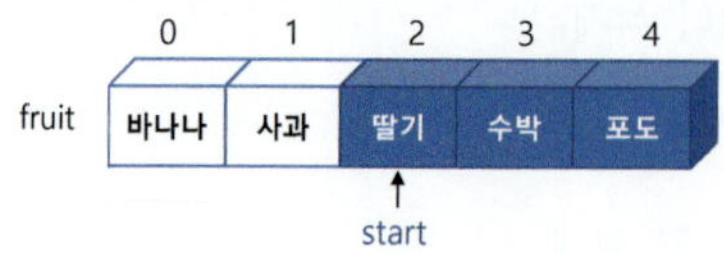
리스트명[:end]	start는 생략하고 end 끝값만 정해주면, 리스트의 처음부터 end-1까지만 데이터를 추출한다. **예** fruit[:3] 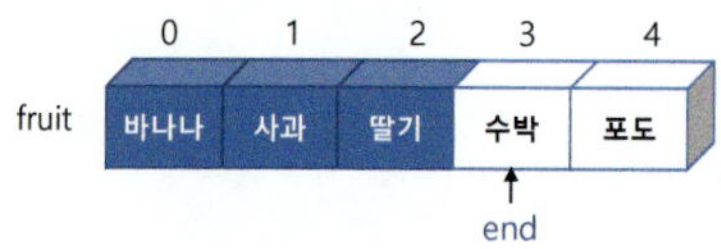
리스트명[-start:]	start에 음수인 경우에는 뒤쪽 인덱스를 기준으로, start부터 리스트의 마지막까지 데이터를 추출한다. **예** fruit[-3:] 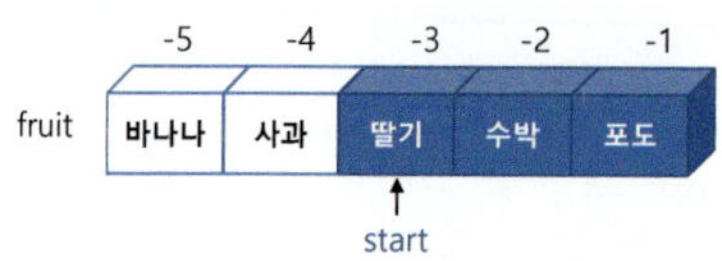

예제 8-4 리스트 슬라이싱 　　　　소스코드: code8-4.py

```
fruit=['바나나','사과','딸기', '수박', '포도']
print(fruit[1:4])      #인덱스 1번째부터 3번째까지 추출
print(fruit[2:])       #인덱스 2번째부터 마지막까지 추출
print(fruit[:3])       #처음부터 인덱스 2번째까지 추출
print(fruit[-3:])      #인덱스 2번째부터 마지막까지 추출
```

실행결과

```
['사과', '딸기', '수박']
['딸기', '수박', '포도']
['바나나', '사과', '딸기']
['딸기', '수박', '포도']
```

(7) 리스트 데이터 수정하기

리스트에 들어 있는 데이터를 수정할 때도 인덱스를 이용하여 지정된 위치의 데이터를 하나씩 변경하는 방법이 있고, 범위를 지정하여 연속된 값을 한꺼번에 변경할 수도 있다.

예제 8-5 리스트 데이터 수정하기 소스코드: code8-5.py

```
nlist=[10,20,30,40,50]
print(nlist)

nlist[0]=11            #인덱스 0번째 데이터 수정
print(nlist)

nlist[1:3]=[22,33]     #범위 지정하여 인덱스 1번째, 2번째 데이터 수정
print(nlist)
```

실행결과

```
[10, 20, 30, 40, 50]
[11, 20, 30, 40, 50]
[11, 22, 33, 40, 50]
```

(8) 리스트에서 자주 사용되는 함수

리스트에서는 데이터를 쉽게 조작할 수 있도록 다양한 함수를 제공한다.

표 8-4 리스트에서 사용되는 다양한 함수들

함수	설명
min(리스트명)	리스트에서 최솟값을 찾는다.
max(리스트명)	리스트에서 최댓값을 찾는다.
len(리스트명)	리스트 안의 데이터 개수를 알려준다.
sum(리스트명)	리스트 안의 모든 데이터 값을 더한다.
리스트명.reverse()	리스트 안의 데이터의 순서를 뒤집어 준다.
리스트명.sort()	리스트 안의 데이터를 정렬한다.

여기서 sort 함수는 리스트의 항목들의 정렬을 도와주며, 기본값은 오름차순 정렬이다.

오름차순 정렬이란, 숫자는 1,2,3 순서로, 알파벳은 a,b,c 순서로, 한글은 가,나,다 순서로 정렬하는 것이다.

예제 8-6 리스트 함수 사용하기 소스코드: code8-6.py

```
nlist = [38, 21, 53, 62, 19]

print("최댓값:", max(nlist))
print("최솟값:", min(nlist))
print("항목의 개수:",len(nlist))
print("합계:",sum(nlist))

nlist.reverse()
print("역순:",nlist)

nlist.sort()
print("정렬:", nlist)
```

실행결과

```
최댓값: 62
최솟값: 19
항목의 개수: 5
합계: 193
역순: [19, 62, 53, 21, 38]
정렬: [19, 21, 38, 53, 62]
```

8.3 실습예제

프로그램 1 _ 점심메뉴 제비뽑기

점심에 먹고 싶은 메뉴를 사용자로부터 5개를 입력받아 리스트에 저장한다.
입력받은 메뉴 중 한 개의 메뉴를 골라주는 프로그램을 작성해 보시오.

조건

- "점심에 먹고 싶은 메뉴를 입력해주세요" 문구를 출력한 후, 사용자로부터 5개의 메뉴를 입력받아 리스트에 저장한다.
- 5개 메뉴 입력이 끝나면, 입력받았던 메뉴 중 랜덤하게 골라 결과를 출력한다.

힌트

- 제비뽑기 기능을 하기 위해 파이썬의 random 모듈을 이용한다.
- random 모듈은 import해서 선언한 뒤 사용할 수 있다.
- random.choice(리스트명) 함수는 지정된 리스트에서 랜덤으로 하나를 선택해준다.

예제 8-7 점심메뉴 제비뽑기 소스코드: code8-7.py

```
import random  #랜덤모듈 불러오기

lunch=[]  #점심메뉴를 담을 리스트 선언

for i in range(5): #5개의 점심메뉴를 입력받기 위해 반복문 사용
    menu=input("점심에 먹고 싶은 메뉴를 입력해주세요:")
    lunch.append(menu) #입력받은 점심메뉴를 리스트에 추가하기

#random.choice()는 지정된 리스트에서 랜덤으로 하나를 선택
print("오늘의 점심 메뉴는", random.choice(lunch), "당첨입니다.")
```

실행결과

```
점심에 먹고 싶은 메뉴를 입력해주세요:잔치국수
점심에 먹고 싶은 메뉴를 입력해주세요:짜장면
점심에 먹고 싶은 메뉴를 입력해주세요:스파게티
점심에 먹고 싶은 메뉴를 입력해주세요:김치찌개
점심에 먹고 싶은 메뉴를 입력해주세요:김밥
오늘의 점심 메뉴는 잔치국수 당첨입니다.
```

8.4 딕셔너리

(1) 딕셔너리란?

딕셔너리(dictionary)도 리스트와 같이 여러 개의 데이터를 한꺼번에 저장할 수 있다. 리스트와 다른 점은 값뿐만 아니라 키도 같이 저장한다는 것이다. 딕셔너리는 사전이라는 의미처럼, 사전에서 단어와 단어에 대한 설명이 하나의 짝을 이루어져 있는 것과 같이 키(key)와 값(value)이 하나의 쌍으로 구성되어 있다.

키(Key)	값(value)
Student	학생
happy	행복
love	사랑

그림 8-4 딕셔너리 구조

(2) 딕셔너리 생성과 데이터 추가 및 삭제

공백 딕셔너리를 만들 때는 딕셔너리 이름을 선언하고 중괄호{}로 묶어준다.

```
딕셔너리이름={}
```

딕셔너리를 생성과 동시에 초기화도 가능하다. 이 때, 키와 값을 구분하기 위해 콜론(:)을 사용하여 각 쌍은 쉼표(,)를 사용한다.

```
딕셔너리이름={키1:값1, 키2:값2, 키3:값3,...}
```

이미 생성된 딕셔너리에 새로운 항목을 추가하려면 다음과 같은 형식으로 지정한다. 단, 딕셔너리에서 키는 중복이 되지 않으므로 고유해야 한다. 만일, 딕셔너리에 이미 있는 동일한 키를 사용하면 새로 추가되는 것이 아니라 기존의 값이 변경된다.

```
딕셔너리이름[키]=값
```

딕셔너리의 항목을 삭제하려면 del 키워드를 사용한다.

```
del 딕셔너리이름[키]
```

예제 8-8 딕셔너리 생성 및 추가 소스코드: code8-8.py

```
engDic={"happy":"행복", "student":"학생"} #딕셔너리 생성과 초기화
print(engDic)

engDic["love"]="사랑"            #데이터 추가
engDic["teacher"]="교사"         #데이터 추가
print(engDic)

engDic["teacher"]="선생님"       #동일한 키값을 사용한 경우
print(engDic)

del engDic["love"]               #데이터 삭제
print(engDic)

engDic.clear()
print(engDic)                    #딕셔너리 모든 데이터 삭제
```

실행결과

```
{'happy': '행복', 'student': '학생'}
{'happy': '행복', 'student': '학생', 'love': '사랑', 'teacher': '교사'}
{'happy': '행복', 'student': '학생', 'love': '사랑', 'teacher': '선생님'}
{'happy': '행복', 'student': '학생', 'teacher': '선생님'}
{}
```

(3) 딕셔너리 탐색

딕셔너리는 탐색을 쉽게 하기 위해 만들어진 자료구조이다. 딕셔너리에 들어 있는 데이터를 탐색하는 방법은 여러 가지 방법이 있다.

표 8-5 딕셔너리 탐색 방법

사용법	설명
딕셔너리이름[키]	지정된 키로 값을 찾는다.
딕셔너리이름.keys()	딕셔너리에서 저장된 모든 키를 출력한다.
딕셔너리이름.values()	딕셔너리에서 저장된 모든 값을 출력한다.

예제 8-9 딕셔너리 탐색 소스코드: code8-9.py

```
engDic={"happy":"행복", "student":"학생", "love":"사랑"}
print(engDic)                #딕셔너리의 모든 키와 값 출력

print(engDic["student"])     #키로 값 찾기

print(engDic.keys())         #딕셔너리의 모든 키 출력

print(engDic.values())       #딕셔너리의 모든 값 출력
```

실행결과

```
{'happy': '행복', 'student': '학생', 'love': '사랑'}
학생
dict_keys(['happy', 'student', 'love'])
dict_values(['행복', '학생', '사랑'])
```

예제 8-9의 결과를 확인해보면, dict_keys나 dict_values가 붙어서 결과를 반환한다. 단순히 결과만 확인하고 싶으면 list() 함수를 사용하면 된다.

list()	list(engDic.values())

이러한 딕셔너리는 리스트는 함께 사용되기도 한다. 예를 들어, 다음 표와 같이 영어사전이 있다. 사전은 단어와 설명이 하나의 쌍으로 구성되어 있으므로 딕셔너리를 이용하여 저장하려고 하는데, 설명이 하나가 아닌 여러 개인 경우이다. 이런 경우는 예제 8-10과 같이 설명을 리스트로 묶어 딕셔너리에 저장할 수 있다.

단어	설명
Search	찾기, 수색, 검색, 찾아보다
Look	보다, 바라보다, 찾다
Keep	유지하다, 계속하다

예제 8-10 딕셔너리와 리스트 소스코드: code8-10.py

```
engDic={"Search":["찾기", "수색", "검색", "찾아보다"], "Look":["보다", "바라보다", "찾다"],
 "Keep":["유지하다", "계속하다"]}

print(engDic["Look"])  #키로 값찾기
```

실행결과

```
['보다', '바라보다', '찾다']
```

8.5 실습예제

프로그램 2 _ 다양한 색상의 육각형 그리기

예제 설명

- 다양한 색상의 육각형을 그려보는 터틀 프로그램을 작성하려고 한다.
- colors 리스트를 생성하여 10가지 색상을 저장한다. 색상은 아래표를 참고하도록 한다.
- 랜덤한 위치에 육각형을 그릴 때마다 색상 리스트에서 색상을 가져온다.

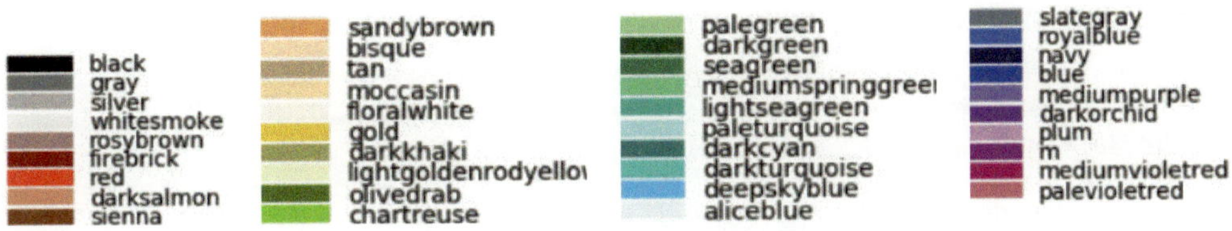

예제 8-11 다양한 색상의 육각형 그리기 　　　소스코드: code8-11.py

```
01 import random
02 import turtle as t
03
04 colors =['yellowgreen','salmon','lightpink','hotpink','royalblue', 'gold',
05 'lightcoral','greenyellow','lime','tomato']
06
07 for i in range(10):
08     x = random.randint(-300, 300)
09     y = random.randint(-250, 250)
10     t.penup()
11     t.goto(x, y)
12     t.pendown()
13
14     r = random.randint(30, 100)
15     t.color(colors[i])
16     t.begin_fill()
17     t.circle(r, steps=6)
18     t.end_fill()
```

코드 설명

01. 난수 값을 발생하기 위해 random 모듈을 포함시킨다.

02. 터틀 그래픽을 사용하기 위해 turtle 모듈을 포함시킨다.

04. 색상 리스트를 만들고 10개의 색상 정보를 저장한다.

07. 10개의 육각형을 그리기 위해 10번 반복한다.

08-09. 랜덤한 위치에 육각형이 그려지도록, x와 y좌표는 randint() 함수를 이용하여 난수 값을 지정한다. randint(-300, 300)는 -300부터 300 사이의 정수를 난수로 반환한다.

10. 펜을 올려 그림을 그리지 않는다.

11. 그리고자 하는 위치로 이동한다.

12. 펜을 내려 그림을 그린다.

14. 육각형의 사이즈를 다양하게 지정하기 위해, randint(30, 100)함수를 이용하여 30~100사이의 정수를 난수로 반환한다.

15. 색상리스트에 있는 값을 가져온다.

16. 도형의 면색을 채우려면, 채우기를 시작할 곳에 begin_fill()을 쓴다.

17. circle(r, steps=6)은 r은 반지름이며, steps는 원 반경 내에서 steps번 만큼의 다각형을 그린다. steps를 6을 지정했기 때문에 육각형이 그려진다.

18. 채우기를 끝낼 곳에 end_fill()을 써준다.

실행결과

01. 다음 subject 리스트에 과목 목록이 저장되어 있다. 다음 리스트의 실행결과는?

```
subject=['수학', '영어', '컴퓨터', '미술', '음악']
print(subject[1:3])
print(subject[2:])
print(subject[:3])
print(subject[:])
print(subject[-2:])
```

02. 다음은 리스트 함수에 대한 설명이다. 보기에서 알맞은 함수를 고르시오.

① append()	② insert()	③ pop()	④ remove()	⑤ del()
⑥ max()	⑦ min()	⑧ sort()	⑨ len()	⑩ reversed()

(가) 리스트 맨 뒤에 데이터 삭제한다.

(나) 리스트의 원하는 위치에 데이터 값 추가한다.

(다) 리스트의 해당 위치의 항목을 삭제한다.

(라) 리스트의 항목을 역순으로 만든다.

03. 다음 학생들의 점수를 모두 출력하려고 한다. 프로그램의 실행결과 오류가 나는 부분을 찾아 이유를 설명하고 올바르게 수정하시오.

```
score=[100,80, 92, 75, 88]
for k in range(6):
    print(score[k])
```

04. 다음과 같은 리스트가 있다. 다음 중 실행결과가 다른 하나는?

```
nlist=[10,20,30,40,50]
```

① nlist[0:3]　　② nlist[:3]　　③ nlist[-4:-2]　　④ nlist[:-2]

05. 다음 코드를 실행한 결과 리스트에 남아있는 데이터는?

```
city=[]
city.append("대전")
city.append("서울")
city.insert(1, "부산")
city.insert(1, "대구")
city.pop()
print(city)
```

06. 다음 삼국시대 왕 계보를 king 딕셔너리에 저장하시오.

왕	시대
문무왕	통일신라
근초고왕	백제
광개토대왕	고구려
진흥왕	신라
의자왕	백제

07. 다음과 같이 딕셔너리에 주소록이 담겨 있다. 다음 프로그램을 실행한 결과는?

```
address={"황정은":"010-1234-3541", "박민아":"010-1234-4657", "김진후":"010-1234-8734", }

for i in sorted(address.keys()):
    print(i, address[i])
```

08. 다음 고객의 이름과 포인트 점수를 딕셔너리에 저장하여 관리하고자 한다. 다음 프로그램의 실행결과는?

```
member={}
member["김은희"]=200
member["고시언"]=300
member["이수진"]=150
member["김은희"]=350
print(member)
```

09. 다음 리스트에 학생들의 점수가 입력되어 있다. 학생들의 점수의 평균을 구하고자 한다. 다음 빈칸을 완성하시오.

```
score=[80,88,91,100,75]

sum=0
average=0

for k in ____________ :
    sum+= ____________

print("평균:", sum/ ______________ )
```

10. 다음과 같이 고객들의 취미정보가 있다. 딕셔너리와 리스트를 이용하여 다음 정보를 저장하시오.

고객명	취미
김하은	영화, 사진찍기
최정미	음악 듣기
이상철	운동, 그림그리기

01. 커피숍 가격 검색하기

다음은 목원 커피숍 메뉴판이다.

메뉴	가격
아메리카노	3,000
카페라떼	4,000
망고바나나	5,000
카푸치노	4,000
레몬차	5,000

조건

- 딕셔너리를 이용하여 커피숍의 메뉴와 가격을 저장한다.
- 프로그램이 실행되면 커피숍 이름과 메뉴를 출력한다.
- 사용자로부터 메뉴를 입력받아 가격을 출력하는 프로그램을 작성해보자.

실행결과

```
목원 커피숍입니다.
메뉴: ['아메리카노', '카페라떼', '망고바나나', '카푸치노', '레몬차']
메뉴를 입력하세요:망고바나나
가격은 5000 원 입니다.
>>> |
```

02. 주소록 만들기

예제 설명

우리 학교 학생 주소록 명단은 다음과 같다.

이름	생년월일	학번	학과
김민수	2001.12.13	2012134	피아노과
송민훈	2002.01.22	2019157	국어교육과
이민지	2001.05.07	1920234	컴퓨터공학과
	....		

- 딕셔너리와 리스트를 이용하여 학생 정보를 저장하여 관리하고자 한다.
- 딕셔너리를 이용하여 이름, 생년월일, 학번, 학과 정보를 저장하고, 학생들은 리스트에 저장한다.
- 무한루프를 이용하여 계속 학생정보를 입력 받다가, 이름에 q를 입력하면 반복을 중지하고 학생 명단 리스트를 화면에 출력한다.

실행결과

```
학생의 이름, 생년월일, 학번, 학과 정보를 입력해주세요
이름:김민수
생년월일:2001.12.13
학번:2012134
학과:피아노과
김민수 학생 정보 입력 되었습니다.
이름:송민훈
생년월일:2002.01.22
학번:2019157
학과:국어교육과
송민훈 학생 정보 입력 되었습니다.
이름:이민지
생년월일:2001.05.07
학번:1920234
학과:컴퓨터공학과
이민지 학생 정보 입력 되었습니다.
이름:q
==============주소록 명단===============
이름    생년월일        학번    학과
김민수  2001.12.13      2012134 피아노과
송민훈  2002.01.22      2019157 국어교육과
이민지  2001.05.07      1920234 컴퓨터공학과
>>> |
```

09

파일 입출력

[학습 목표]

01 텍스트 파일과 바이너리 파일의 기본 개념을 이해한다.

02 텍스트 파일의 읽기와 쓰기를 할 수 있다.

03 바이너리 파일의 읽기와 쓰기를 할 수 있다.

프로그램은 실행되는 동안 메모리에 있다가 프로그램이 종료되면 메모리에서 사라지고, 작업하던 데이터 또한 지워진다. 작업하던 데이터를 저장하고자 한다면 디스크에 파일 형태로 저장해야 한다. 이번 장에서는 데이터를 저장하고 저장된 데이터를 읽는 파일 입출력에 대해 알아본다.

9.1 이 장에서 만들 프로그램 미리보기

[프로그램 1] 구구단을 파일로 저장하기

프로그램으로 작성된 구구단을 텍스트 파일로 저장하고 출력한다.

```
구구단표
2단    3단    4단    5단    6단    7단    8단    9단
2*1= 2 3*1= 3 4*1= 4 5*1= 5 6*1= 6 7*1= 7 8*1= 8 9*1= 9
2*2= 4 3*2= 6 4*2= 8 5*2=10 6*2=12 7*2=14 8*2=16 9*2=18
2*3= 6 3*3= 9 4*3=12 5*3=15 6*3=18 7*3=21 8*3=24 9*3=27
2*4= 8 3*4=12 4*4=16 5*4=20 6*4=24 7*4=28 8*4=32 9*4=36
2*5=10 3*5=15 4*5=20 5*5=25 6*5=30 7*5=35 8*5=40 9*5=45
2*6=12 3*6=18 4*6=24 5*6=30 6*6=36 7*6=42 8*6=48 9*6=54
2*7=14 3*7=21 4*7=28 5*7=35 6*7=42 7*7=49 8*7=56 9*7=63
2*8=16 3*8=24 4*8=32 5*8=40 6*8=48 7*8=56 8*8=64 9*8=72
2*9=18 3*9=27 4*9=36 5*9=45 6*9=54 7*9=63 8*9=72 9*9=81
```

```
구구단표
2단    3단    4단    5단    6단    7단    8단    9단
2*1= 2 3*1= 3 4*1= 4 5*1= 5 6*1= 6 7*1= 7 8*1= 8 9*1= 9
2*2= 4 3*2= 6 4*2= 8 5*2=10 6*2=12 7*2=14 8*2=16 9*2=18
2*3= 6 3*3= 9 4*3=12 5*3=15 6*3=18 7*3=21 8*3=24 9*3=27
2*4= 8 3*4=12 4*4=16 5*4=20 6*4=24 7*4=28 8*4=32 9*4=36
2*5=10 3*5=15 4*5=20 5*5=25 6*5=30 7*5=35 8*5=40 9*5=45
2*6=12 3*6=18 4*6=24 5*6=30 6*6=36 7*6=42 8*6=48 9*6=54
2*7=14 3*7=21 4*7=28 5*7=35 6*7=42 7*7=49 8*7=56 9*7=63
2*8=16 3*8=24 4*8=32 5*8=40 6*8=48 7*8=56 8*8=64 9*8=72
2*9=18 3*9=27 4*9=36 5*9=45 6*9=54 7*9=63 8*9=72 9*9=81
>>>
```

[프로그램 2] 이미지를 바이너리 파일로 저장하기

인터넷에 있는 이미지를 바이너리 파일로 저장하고 출력하는 프로그램이다.

9.2 기본 파일 입출력

(1) 파일 입출력 개념과 과정

파이썬에서 파일은 텍스트 파일과 바이너리 파일(이진 파일)이 있다. 텍스트 파일은 문자들로 구성되어 있으며 아스키 코드로 표현된다. 파일의 문자들은 줄로 구성되어 있다. 텍스트 파일에는 txt, hwp, xlsx, doc 등이 있다. 바이너리 파일은 사람이 읽을 수 없는 형태로 컴퓨터가 읽고 처리하는 파일이다. 따라서 줄의 시작과 끝이 없다. 바이너리 파일에는 이미지, 사운드, 실행 파일 등이 있다.

파이썬에서 파일 입출력의 기본 과정은 그림 9-1과 같이 입력과 출력으로 읽기 쓰기가 이루어진다.

그림 9-1 파일 입출력 과정

표 9-1 파일 입출력 단계

파일 입출력 단계	설 명
파일 열기 단계	기본적으로 파일을 읽고 쓰기 위해서 open() 함수를 이용한다. open() 함수에 읽기 모드('r')와 쓰기 모드('w')를 이용하여 읽고 쓰기를 한다. file=open('파일명','r')은 파일 읽기 모드, file=open('파일명','w')은 파일 쓰기 모드이다.
파일 읽고 쓰기 단계	파일을 읽기 위한 함수는 file.read(), file.readline(), file.readlines()가 있다. file.read()는 파일 전체를 읽어 문자열로 반환한다. file.readline()은 한줄을 읽어 반환하며, file.readlines()는 파일 전체를 읽어 list 형태로 반환한다. 따라서 파일의 크기가 크지 않다면 readlines() 함수를 쓰고, 파일 크기가 크다면 readline()을 쓰길 권장한다. 쓰기 위한 함수는 file.write() 함수이다.
파일 닫기 단계	파일 객체를 열고 읽기나 쓰기의 작업을 하였다면, 반드시 닫는 작업이 이루어져야 한다. 파일을 닫지 않는다면 자원 낭비로 프로그램의 에러를 발생한다. 프로그래머들이 자원 반환하는 것을 종종 잊는다. 많은 프로그래머들이 자원반환에 신경 쓰지 않아도 되는 with ~ as 구문을 사용한다.

표 9-2는 파일 입출력에 쓰이는 여러 모드이다. 읽기, 쓰기뿐만 아니라 읽고 쓸 때 텍스트 모드와 바이너리 모드를 선택하여 읽고 쓰기를 할 수 있다.

표 9-2 파일 입출력 모드

파일 모드	설 명
r	읽기(기본 모드), 파일이 없으면 에러
w	쓰기(덮어쓰기), 파일이 없으면 새로 만듦
r+	읽기 또는 쓰기 모드, 파일이 없으면 에러
w+	읽기 또는 쓰기 모드, 파일이 없으면 새로 만듦
a	FP가 파일의 끝으로 이동하여 이어쓰기 모드, 파일이 없으면 새로 만듦
a+	읽기 또는 이어쓰기 모드, 파일이 없으면 새로 만듦
t	텍스트 모드(기본모드), 예 r+t : 텍스트 읽기 또는 쓰기 모드
b	바이너리모드(이진모드), 예 wb : 바이너리 쓰기 모드

9.3 텍스트 파일 입출력

(1) 텍스트 파일 입출력

파일을 읽고 쓰기 위해서는 가장 먼저 파일을 열어야 한다. 파일을 여는 것은 아래와 같이 open('경로명', '모드') 함수를 이용한다. C드라이브에 data 디렉토리에 텍스트 파일이 있다면 open() 함수의 경로명은 절대경로('c:\python\data\test.txt') 또는 상대경로('../data/test.txt')로 중에 하나를 쓰면 된다. 상대경로는 파이썬 코드가 있는 곳으로부터 상대적인 위치를 나타낸다.

```
file = open('../data/test.txt', 'r')
```

텍스트 파일을 하나 만들고 파일 읽기를 해보자. 우선 파이썬 코드 작업하고 있는 디렉토리와 동일한 위치에 메모장을 이용하여 텍스트 파일을 아래와 같이 만들어 저장한다. 파일명은 'test1.txt'으로 한다.

```
대전 목원대학교
SW 교양학부에서 배우는
파이썬
쉽고 재미있네요.
끝까지 파이팅 합시다~!
```

이젠 텍스트 파일에 있는 데이터를 읽기 모드를 이용해서 읽어 보자. 아래 코드와 같이 출력한다면 readline()이 한 줄씩 읽어서 반환하는 것이기 때문에 file.readline()을 다섯번 호출해서 출력해야 한다. 따라서 예제 9-1에서는 다음 줄에 읽을 데이터가 없을 때까지 한 줄씩 읽어서 출력한다. 예제 9-1의 01번 encoding='utf-8'은 한글과 영문 모두 글자가 깨지는 것을 방지하기 위한 것이다.

```
file = open('test1.txt', 'r')
out_file = file.readline()
print(out_file, end='')
out_file = file.readline()
print(out_file, end='')
.....
```

예제 9-1 텍스트 파일 출력 소스코드: code9-1.py

```
01 file = open('test1.txt', 'r', encoding='utf-8')
02 while True:
03     out_print = file.readline()
04     if out_print == '':
05         break;
06     print(out_print)
07 file.close()
```

실행결과

```
대전 목원대학교
SW 교양학부에서 배우는
파이썬
쉽고 재미있네요.
끝까지 파이팅 합시다~!
```

이번에는 여러 줄을 리스트에 담아 한 번에 출력하는 readlines()를 이용해서 예제 9-2와 같이 바꾸어 보자. 코드가 짧아졌다. 하지만 출력이 리스트 형태로 출력된다. 사용상 주의점은 있다. 파일이 큰 경우에는 readline()을 권장하고, 리스트에 한 번에 넣어서 출력할 수 있을 정도의 파일이 작을 때에는 readlines()를 쓰는 것을 권장한다. 예제 9-2는 라인을 구분하지 않고 리스트에 있는 텍스트를 출력한다.

예제 9-2 리스트 생성 및 데이터 가져오기 — 소스코드: code9-2.py

```
file = open('test1.txt', 'r', encoding='utf-8')
out_print = file.readlines()
print(out_print)
file.close()
```

실행결과

```
['대전 목원대학교 \n', 'SW 교양학부에서 배우는\n', '파이썬 \n', '쉽고 재미있네요.\n', '끝까지 파이팅 합시다~!']
```

줄바꿈으로 출력을 하고자 한다면 print(out_print) 부분의 코드를 아래와 같이 바꾸어 보자. 그러면 여러 줄 출력이 될 것이다.

```
for line_print in out_print:
    print(line_print, end='')
```

텍스트 파일 읽기 함수는 readline(), readlines() 외에 read()를 사용할 수도 있다. 아래 코드를 참고해서 사용해보자. read() 함수는 텍스트 파일에 있는 모든 텍스트를 문자열로 반환한다.

```
out_print = file.read()
print(out_print)
```

텍스트 파일 입력을 알아보자. 텍스트 입력은 open('파일명', 'w')을 이용한다. 쓰기 모드 'w'는 기본적으로 파일의 맨 처음 텍스트부터 덮어쓰기를 하며, 파일이 없을 때는 파일을 새로 만든다. 파일에 텍스트 쓰기를 할 때 사용되는 메소드는 write()와 writelines()이다. 쓰기를 할 때도 읽기와 마찬가지로 open() 함수로 파일을 열어 쓰기를 한 후 작업이 끝나면 반드시 close() 함수로 닫기를 해야 한다.

```
input_write = file.write('텍스트')  #input_write = file.writelines('텍스트')
```

예제 9-3 텍스트 파일 쓰기 — 소스코드: code9-3.py

```
file = open('test2.txt', 'w', encoding='utf-8')
file.writelines('텍스트 입력입니다.' + '\n'
                '두번째 줄입니다.' + '\n'
                '세번째 줄입니다.' + '\n'
                '네번째 줄입니다.')
file.close()
```

실행결과

```
텍스트 입력입니다.
두번째 줄입니다.
세번째 줄입니다.
네번째 줄입니다.
```

텍스트 파일에 글을 추가하는 모드인 'a'를 이용하여 아래 코드와 같이 기존에 데이터에 덮어쓰기를 하지 않고 이어쓰기를 할 수 있다.

```
file = open('파일명', 'a')
```

예제 9-4는 기존 파일의 텍스트 맨 뒤에 추가하여 텍스트를 이어쓰기 한다. 4번은 숫자와 문자열을 함께 쓴 부분으로 숫자를 입력하기 위해서는 형식지정자를 이용한다. 숫자를 형식지정자를 사용하지 않고 문자로 입력을 한다면 5번과 같이 써도 무방하다. 단, 5번은 문자로 변환하여 쓰기를 하는 것이고, 4번은 숫자 입력이다.

예제 9-4 텍스트 파일 이어쓰기   소스코드: code9-4.py

```
01 file = open('test2.txt', 'a', encoding='utf-8')
02 file.writelines('\n')
03 for i in range(1, 5, 1):
04     file.writelines('%d' %i + '이어쓰기입니다.\n')
05     #file.writelines(srt(i) + '이어쓰기입니다.\n')
06 file.close()
```

실행결과

```
텍스트 입력입니다.
두번째 줄입니다.
세번째 줄입니다.
네번째 줄입니다.
1이어쓰기입니다.
2이어쓰기입니다.
3이어쓰기입니다.
4이어쓰기입니다.
```

(2) with 구문과 파일 읽기 추가 기능

파일에 데이터를 입력하고 출력할 때 반드시 close() 함수로 자원을 반환해주어야 한다. 매번 열고 open(), 닫기 close()를 신경써서 하기란 보통 귀찮은 일이 아니다. with 구문을 사용하면 close() 함수 없이 사용할 수 있다. 이번 절에서는 close() 함수를 사용하지 않아도 되는 with 구문을 알아본다.

with 구문의 기본적인 문법은 다음과 같이 open() 함수로 읽기와 쓰기 파일은 지정하지만 close() 함수는 써주지 않아도 된다.

```
with open('파일명', '모드') as 변수:
    변수.write('텍스트')
```

예제 9-5 with 구문을 이용한 읽기 쓰기 　　　　소스코드: code9-5.py

```
#텍스트 파일 쓰기
with open('test3.txt', 'w', encoding='utf-8') as f:
    for i in range(1, 6, 1):
        f.write(str(i) + '번째 줄입니다.' + '\n')

#텍스트 파일 읽기
with open('test3.txt', 'r', encoding='utf-8') as f:
    print_f = f.read()
    print(print_f)
```

실행결과

```
1번째 줄입니다.
2번째 줄입니다.
3번째 줄입니다.
4번째 줄입니다.
5번째 줄입니다.
```

예제 9-5와 같이 텍스트 파일을 읽고 쓸 때 close()를 사용하지 않고 간편하게 사용할 수 있다. 프로그램 성능에 큰 차이가 없기 때문에 프로그래머의 선호에 따라 쓰면 된다. 다른 프로그래머가 작업한 프로그램에서 with 구문을 사용했다면 그 문법을 알아야 프로그램을 읽을 수 있으니 with 구분도 알아 두자.

파일 읽기를 할 때 문장에서 단어만 추출해서 출력하고자 할 때 문자열 객체의 split() 메소드를 이용하면 텍스트 파일에 있는 단어를 순차적으로 리스트에 담아서 단어를 출력 할 수 있다. 예제 9-6의 3번의 rstrip()은 '\n'을 삭제하고 읽는다. 4번 split()은 공백을 기준으로 해서 단어만 분리한다.

예제 9-6 split() 메소드를 이용한 텍스트 파일 읽기 소스코드: code9-6.py

```
with open('test1.txt', 'r', encoding='utf-8') as f:
    for lines in f:
        lines = lines.rstrip()  #라인 분리
        texts = lines.split()   #단어 분리

        for text in texts:
            print(text)
```

실행결과

```
대전
목원대학교
SW
교양학부에서
배우는
파이썬
쉽고
재미있네요.
끝까지
파이팅
합시다~!
```

데이터를 분석하고 활용할 때 텍스트 형식의 파일을 이용한다. 텍스트 파일의 종류에는 엑셀, 데이터베이스, 메모장 등이 있지만, 예제 9-7에서는 csv 파일 데이터를 읽는다. csv 파일은 필드를 쉼표(,)로 구분하여 표현하는 텍스트 데이터 파일이다. csv 파일에 저장된 데이터를 읽는 것도 파이썬에서 파일 읽기 기능으로 쉽게 할 수 있다. 예제 9-7은 csv 파일의 데이터를 읽는 코드이다. csv 파일은 교재와 함께 제공된 파일을 사용한다. 만약 새로운 csv 파일을 사용하려면 엑셀을 csv 파일로 만들어 사용할 수 있다. 엑셀 파일을 csv 파일로 만드는 방법은 엑셀 파일을 열기 한 후, [다른 이름으로 저장]에서 파일 형식을 csv로 선택한다.

예제 9-7의 1번에서 csv 파일을 읽어오고, 한글 깨짐 방지를 위해 encoding 방식을 'euc-kr'로 해주었다. 3번에서 파일의 데이터를 한 줄씩 읽어서 반환한다. 4번은 더 이상 데이터가 없다면 종료한다. 6번은 읽어 온 데이터를 쉼표(',') 구분자로 하나씩 구분하여 datas 변수에 담고 8번에서 출력한다.

예제 9-7 csv 파일 읽기 소스코드: code9-7.py

```
01 with open('../data/education.csv', 'r', encoding='euc-kr') as f:
02     while True:
03         datas = f.readline()
```

```
    if datas == '':
        break;
    datas = datas.split(',')
    for data in datas:
        print('', data)
```

실행결과

```
한국


OECD평균



2014
2015
2016
2017
2018
2014
2015
2016
2017
2018
인구비율
중학교이하
15
14
13
12
12
24
24
22
22
22

고등학교
```

9.4 바이너리 파일 입출력

(1) 바이너리 파일 입출력

바이너리 파일은 이미지 파일, 음악 파일, 동영상 파일, 실행 파일 등을 의미한다. 앞 절에서 보았던 텍스트 파일은 사람이 읽을 수 있는 텍스트로 작성되었다. 그러나 바이너리 파일은 비트 단위로 되어있어서 사람이 보았을 때 그 의미를 알 수 없는 파일이다. 바이너리 파일을 텍스트 파일로 열어보면 사람이 해독할 수 없는 글자들로 되어있다. 아래 그림을 보면 텍스트 파일과 바이너리 파일을 확실히 구분할 수 있다.

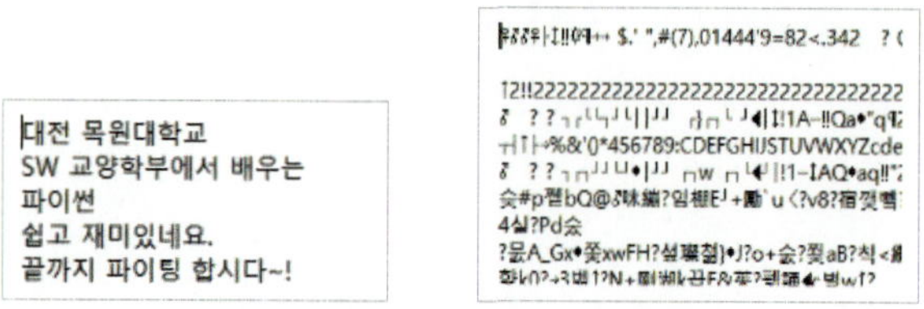

그림 9-2 (a) 텍스트 파일 (b) 바이너리 파일

바이너리 파일에서 파일을 읽는 방법은 다음과 같다. 바이너리 파일은 텍스트 파일과 다르게 데이터가 줄(line)로 구성되지 않는다. 따라서 읽기에서 줄(line) 읽기를 하지 않는다. 다음은 데이터를 10바이트를 읽는 예시이다.

```
binFile = open('파일명', 'rb')
bytesData = binFile.read(10)
```

예제 9-8은 현재 시간을 바이너리 파일로 쓰기를 한 후 읽는 예제이다. 실행 후에 생기는 bin파일을 확인하고자 할 때 더블클릭하여 실행하지 않고 오른쪽 마우스 클릭하여 연결 프로그램을 메모장으로 선택하여 열기 하면 바이너리 파일 내용을 확인할 수 있다. 확인되는 내용을 바이너리 값이 출력되기 때문에 사람이 읽을 수 없는 형태로 출력되는 것을 확인할 수 있다. 파일 쓰기를 할 때 시스템 시간을 쓰기 때문에 시간 출력의 결과는 프로그램을 실행할 때마다 다르게 나타난다.

예제 9-8 바이너리 파일 쓰기와 읽기 — 소스코드: code9-8.py

```
import time
import struct

f = open('tTob.bin', 'wb+')

#시간을 초 단위까지 출력
#정수부는 초 단위, 소수부는 마이크로 초단위
temptimestamp = time.time()
tempchar = struct.pack('I', int(temptimestamp))
f.write(tempchar)
f.close()
print(temptimestamp)

f = open('tTob.bin', 'rb')
pf = f.read(1)
print(type(pf))
print('%02x' % ord(pf))
f.close()
```

실행결과

```
1591844018.8705707
<class 'bytes'>
b2
```

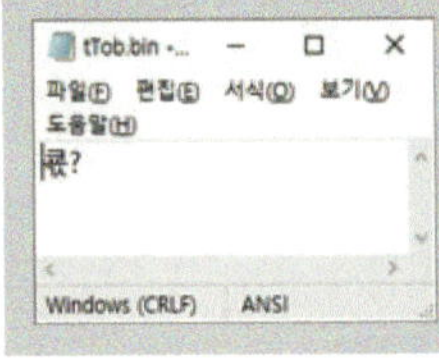

예제 9-8은 바이너리 파일인 이미지 파일을 복사하는 코드이다. 이때 사용하는 읽기와 쓰기 모드는 'rb', 'wb'이다. 바이너리 파일은 줄(line)으로 구분하지 않기 때문에 readline(), readlines()가 없고 바이트 단위로 읽는 read()만 사용한다. 쓰기도 writelines()는 사용하지 않고 write()만 사용한다. 4번 read(1024)는 1024바이트 단위로 읽는다는 의미이다. read(1)으로 하면 1바이트씩 읽어 들인다.

예제 9-9 바이너리 파일 복사하기 소스코드: code9-9.py

```
01 with open('img1.png', 'rb') as fromFile:
02     with open('img2.png', 'wb') as toFile:
03         while True:
04             origin = fromFile.read(1024)
05             if not origin:
06                 break
07             toFile.write(origin)
08 
09 print('img1.png 에서 img2.png로 복사 되었습니다.')
```

실행결과

```
img1.png 에서 img2.png로 복사 되었습니다.
```

9.5 실습예제

프로그램 1 _ 구구단을 파일로 저장하기

프로그램 내에서 자동으로 구구단표를 만들어 텍스트 파일에 저장한 후, 구구단표를 출력하는 프로그램이다. 구구단표는 가로쓰기로 작성되어야 하며, 숫자를 텍스트 파일에 저장하기 위해서 문자열로 변환하여야 한다. 프로그램으로 구구단을 만들어 텍스트 파일에 저장하고, 저장된 텍스트 파일의 데이터를 출력해 보자.

```
#텍스트 파일 입출력

dan = [2,3,4,5,6,7,8,9]                    #구구단 단 리스트

file = open('gugudan.txt', 'w')            #쓰기모드로 파일 열기
title = '%30s' % '구구단표\n'
head = '2단\t3단\t4단\t5단\t6단\t7단\t8단\t9단\n'
file.write(title)                          #파일쓰기. 제목
file.write(head)                           #파일쓰기. 단

for i in range(1, 10, 1):
    for j in range(2,10,1):
        gugudan = '%d' %j + '*' '%d' %i + '=' + '%2d' %(i*j) + '\t'
        str_gugu = str(gugudan)            #문자열로 형변환
        file.write(str_gugu)               #파일에 텍스트(문자열) 쓰기
    append = '\n'                          #줄 바꿈 문자 붙이기
    file.write(append)                     #줄 바꿈 문자 쓰기
file.close()                               #파일 닫기

with open('gugudan.txt', 'r') as file:     #읽기모드로 파일열기
    data = file.read()                     #파일 읽기
    print(data)                            #읽어 온 데이터 출력하기
```

실행결과

```
구구단표
2단     3단     4단     5단     6단     7단     8단     9단
2*1= 2  3*1= 3  4*1= 4  5*1= 5  6*1= 6  7*1= 7  8*1= 8  9*1= 9
2*2= 4  3*2= 6  4*2= 8  5*2=10  6*2=12  7*2=14  8*2=16  9*2=18
2*3= 6  3*3= 9  4*3=12  5*3=15  6*3=18  7*3=21  8*3=24  9*3=27
2*4= 8  3*4=12  4*4=16  5*4=20  6*4=24  7*4=28  8*4=32  9*4=36
2*5=10  3*5=15  4*5=20  5*5=25  6*5=30  7*5=35  8*5=40  9*5=45
2*6=12  3*6=18  4*6=24  5*6=30  6*6=36  7*6=42  8*6=48  9*6=54
2*7=14  3*7=21  4*7=28  5*7=35  6*7=42  7*7=49  8*7=56  9*7=63
2*8=16  3*8=24  4*8=32  5*8=40  6*8=48  7*8=56  8*8=64  9*8=72
2*9=18  3*9=27  4*9=36  5*9=45  6*9=54  7*9=63  8*9=72  9*9=81
```


```
구구단표
2단     3단     4단     5단     6단     7단     8단     9단
2*1= 2  3*1= 3  4*1= 4  5*1= 5  6*1= 6  7*1= 7  8*1= 8  9*1= 9
2*2= 4  3*2= 6  4*2= 8  5*2=10  6*2=12  7*2=14  8*2=16  9*2=18
2*3= 6  3*3= 9  4*3=12  5*3=15  6*3=18  7*3=21  8*3=24  9*3=27
2*4= 8  3*4=12  4*4=16  5*4=20  6*4=24  7*4=28  8*4=32  9*4=36
2*5=10  3*5=15  4*5=20  5*5=25  6*5=30  7*5=35  8*5=40  9*5=45
2*6=12  3*6=18  4*6=24  5*6=30  6*6=36  7*6=42  8*6=48  9*6=54
2*7=14  3*7=21  4*7=28  5*7=35  6*7=42  7*7=49  8*7=56  9*7=63
2*8=16  3*8=24  4*8=32  5*8=40  6*8=48  7*8=56  8*8=64  9*8=72
2*9=18  3*9=27  4*9=36  5*9=45  6*9=54  7*9=63  8*9=72  9*9=81
```

프로그램 2 _ 이미지를 바이너리 파일로 저장하기

바이너리 파일인 이미지 파일을 인터넷으로부터 읽어 내 PC에 저장하는 코드이다. 이미지의 위치를 urllib.request 라이브러리를 이용해서 요청 및 다운로드를 한다. 인터넷에서 이미지를 읽어서 저장할 때 저작권에 주의해야 한다. 반드시 public 데이터, 즉 저작권에 위배되지 않는 이미지를 활용한다. 다음 프로그램은 인터넷의 이미지를 저장하지 않고 바로 사용하는 예이다. urlopen() 메소드로 이미지를 가져와서 파이썬에서 바이너리 쓰기 모드('wb')를 이용해서 저장한다. 저장된 이미지를 읽기 모드('rb')로 출력한다.

예제 9-11 바이너리 파일 복사하기 소스코드: code9-11.py

```
import urllib.request      #web에서 이미지를 가지고 오기 위한 라이브러리

testImage = 'https://imagescdn.gettyimagesbank.com/500/201408/a8310212.jpg'
saveName = 'img2.png'

urlOpen = urllib.request.urlopen(testImage).read()

with open(saveName, mode='wb') as w:
    w.write(urlOpen)
    print('파일이 저장')

with open('img2.png', mode='rb') as r:
    imgOpen = r.read(1024)
    print(imgOpen)
```

실행결과

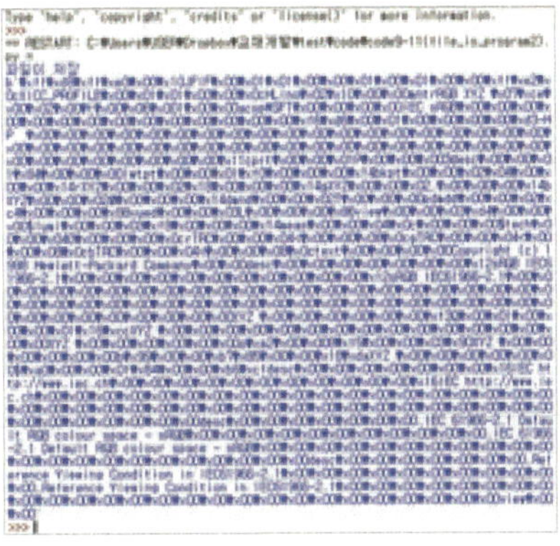

01. 파일은 텍스트파일과 (   ) 파일로 나뉜다.

02. 파일의 입출력 3단계는 (   ) → (   ) → (   )이다.

03. 파일의 입출력 모드 중에 잘못 설명한 것을 고르시오.

① 'r' : 읽기　　② 'wt' : 텍스트 덮어쓰기

③ 'r+' : 읽기쓰기 겸용　　④ 'w+b' : 바이너리 쓰기만 가능

04. 다음 메소드들 중에서 바이너리 파일을 읽고 쓰기 할 수 있는 메소드를 고르시오.

```
read(), writelines(), readlines(), write(), print(), input(), writeline(), readline()
```

05. 텍스트 파일의 내용을 읽어 출력하는 프로그램이다. 빈 칸을 채우시오. 단, 텍스트 읽기를 할 때 파일의 내용을 리스트에 한 번에 담아서 출력하는 메소드를 이용하시오.

```
file = open('sample.txt', 'r', encoding='utf-8')

data = ________________
print(data)
__________________
```

06. 파일 입출력을 할 때 파일을 열면 반드시 파일을 닫는 구문이 필요하다. 하지만 with 구분을 사용하면 파일 닫는 구문을 사용하지 않는다. 다음 with 구문을 완성하시오. (단, 읽기 메소드는 read()를 이용한다.)

```
with open('sample.txt', 'r', encoding='utf-8') ______________:
    ____________
    print(data)
```

01. 텍스트 파일 쓰기의 추가 기능을 이용해서 소설 쓰기

예제 설명

텍스트 파일의 쓰기('w'), 읽기('r'), 추가하기('a') 모드를 이용하여 기존 입력된 텍스트 뒤에 새로 입력된 문자열을 추가할 수 있는 프로그램을 만들어 보자. 사용자가 'yes'를 입력하면 글을 텍스트 파일에 추가하여 소설 쓰기를 한다. 'yes' 이외의 다른 문자가 입력되면 프로그램이 종료한다. 긴 문장을 언제든 추가하여 입력할 수 있는 프로그램으로 프로그램이 종료하고 다시 실행하면 기존에 입력된 데이터 이후에 텍스트가 추가된다. 입력 데이터를 텍스트 파일에 추가하여 긴 글을 만들어 보자.

조건

- 'yes'를 입력하면 텍스트를 추가한다.
- 'yes' 이외의 단어를 입력하면 프로그램을 출력하고 종료한다.
- 텍스트 파일의 쓰기('w'), 읽기('r'), 추가하기('a') 모드를 이용한다.
- 기존의 파일이 있다면 파일에 입력된 문자 뒤로 추가하여 긴 글을 만든다.

실행결과

```
Python 3.8.2 (tags/v3.8.2:7b3ab59, Feb 25 2020, 23:03:10) [MSC v.1916 64 bit (A
MD64)] on win32
Type "help", "copyright", "credits" or "license()" for more information.
>>>
===== RESTART: C:/Users/USER/Dropbox/교재개발/test/code/code9-12(extra code).py
 ====
입력은 yes : yes
추가할 텍스트
소나기
입력은 yes : yes
추가할 텍스트
소년은 개울가에서 소녀를 보자
입력은 yes : yes
추가할 텍스트
곧 윤 초시네 증소녀딸이라는 걸 알 수 있었다.
입력은 yes : yes
추가할 텍스트
소녀는 개울에 손을 잠그고 물장난을 하고 있는 것이다.
입력은 yes : yes
추가할 텍스트
서울서는 이런 개울물을 보지 못하기나 한 듯이.
입력은 yes : no

지금까지 추가된 모든 텍스트입니다.
소나기

소년은 개울가에서 소녀를 보자

곧 윤 초시네 증소녀딸이라는 걸 알 수 있었다.

소녀는 개울에 손을 잠그고 물장난을 하고 있는 것이다.

서울서는 이런 개울물을 보지 못하기나 한 듯이.

>>>
```

10

라이브러리 활용하기

[학습 목표]

01 파이썬 라이브러리 개념을 이해한다.

02 표준 라이브러리를 이용하여 수학 • 과학 • 통계 및 고급 계산을 할 수 있다.

03 외부 라이브러리(numpy, pandas, mathplotlib, seaborn)를 사용하여 데이터 시각화를 할 수 있다.

이 장에서는 파이썬이 가지고 있는 많은 장점 중에서 라이브러리를 이용하여 수학 • 과학 • 통계의 고급 계산 및 시각화를 하는 방법에 대해 알아본다.

10.1 이 장에서 만들 프로그램 미리보기

[프로그램 1] turtle 라이브러리로 수학 함수 그리기

표준 라이브러리를 이용하여 거북이가 함수를 그리는 프로그램이다. 함수 리스트를 미리 만들어 놓고 리스트에 만들어 놓은 함수를 순서대로 x, y 좌표 값에 따라 그림으로 그린다.

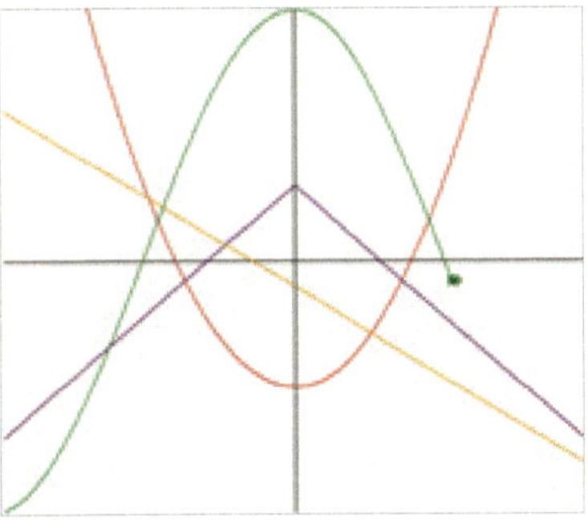

[프로그램 2] matplotlib와 seaborn으로 다양한 시각화하기

외부 라이브러리를 이용한 시각화로 titanic.csv자료에서 탑승 클래스에 따라 생존자와 사망자 수 분석 후, 막대, 선, 원형, 바이올린플롯, 박스플롯 그래프 등 다양한 형태의 그래표로 표현한다.

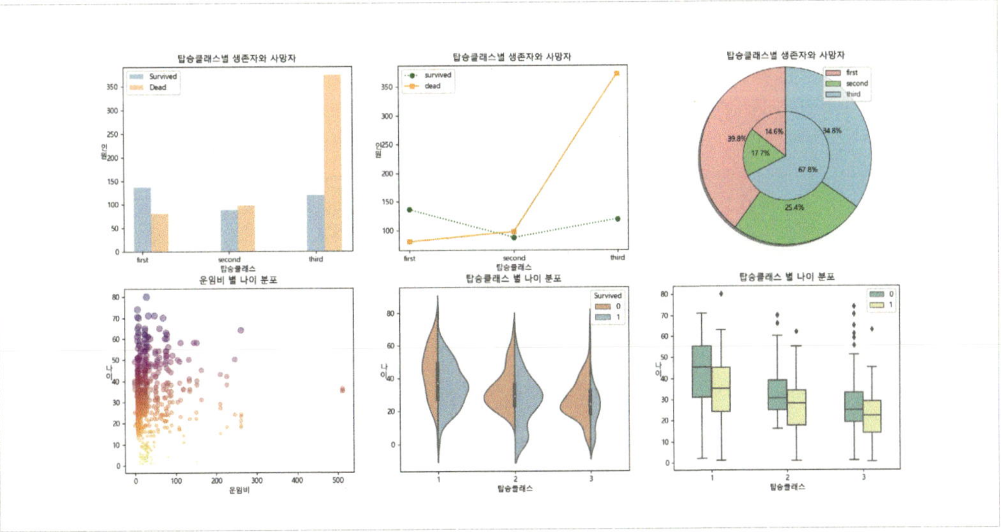

10.2 라이브러리란?

(1) 라이브러리 소개

라이브러리의 의미를 살펴보기 전에 모듈, 패키지, 라이브러리에 대한 정의를 먼저 정리해보면 다음과 같다. 모듈이란 특정기능을 .py 파일 단위로 작성한 것을 말하며 math 모듈의 제곱근함수는 math.sqrt()로 사용할 수 있다. 패키지란 특정 기능과 관련된 여러 모듈을 묶은 것을 의미한다. 이번 장에서 다룰 라이브러리를 살펴보자. 파이썬에서 기본적으로 설치된 모듈과 패키지, 내장함수를 묶어서 파이썬 표준 라이브러리라 하며, 특정 목적에 따라 만든 모듈과 패키지를 설치하여 사용하는 라이브러리를 외부 라이브러리라고 한다. 즉, 라이브러리에는 특별한 설치 없이 import 구문과 함께 사용 혹은 import 구문 없이 사용되는 표준 라이브러리와 'pip install 라이브러리명'의 명령어를 이용하여 설치한 후 사용하는 외부 라이브러리가 있다. 현재 파이썬 3.8.3 버전의 표준 라이브러리는 https://docs.python.org/3/library/index.html에서 확인할 수 있다. 한글로 번역된 페이지로도 볼 수 있으니 꼭 살펴보도록 하자. 이번 절에서는 수학 함수의 결과값을 반환하는 내장함수(built-in function, import 구문 없이 사용할 수 있는 함수)들과 import 구문과 함께 사용하는 math, datetime, csv, os, secrets, turtle 등의 표준 라이브러리의 모듈들을 살펴본다. 외부 라이브러리는 다른 개발자들이 특수한 목적으로 작성해 놓은 것으로 필요한 라이브러리를 개별적으로 설치한 후에 사용이 가능한 라이브러리이다. 즉, 파이썬 설치와 동시에 설치되는 라이브러리가 아닌 필요에 따라 설치하여 사용하는 라이브러리이다. 이번 절에서는 데이터 분석에 필요한 panda, numpy와 분석된 자료를 시각화 할 수 있는 matplotlib, seaborn 등의 라이브러리를 살펴본다. 현재 파이썬 코드에 관심 있는 개발자들의 커뮤니티가 활성화 되어 있다. 관심 있는 분야의 커뮤니티를 방문하여 다양한 라이브러리를 활용해 보도록 하자.

10.3 표준 라이브러리

(1) import 구문이 필요 없는 모듈

내장함수(built-in function)는 파이썬 내에 이미 구현된 함수로서 import 구문을 사용하지 않고 사용할 수 있는 함수를 의미한다. 지금까지 사용한 input(), print(), int() 함수들이 내장 함수에 해당한다. 그 외에도 다음 표 10-1과 같은 내장함수가 있다.

표 10-1 내장함수(Built-in Function)

함수	설명
abs(n)	값 n의 절대값 반환
max(n1, n2, n3, ...)	값 n1, n2, n3, ... 들 중에서 가장 큰 값 반환
min(n1, n2, n3, ...)	값 n1, n2, n3, ... 들 중에서 가장 작은 값 반환
pow(n k)	n^k의 값 반환, 즉 (n 제곱 k)의 값 반환
round(n)	소수점 첫 번째 자리가 5이상이면 1 올림, 소수점 첫 번째 자리가 5미만이면 내림한 후 그 결과 값 반환
round(n, k)	소수점 k번째 이하를 반올림 한 후 그 결과 값 반환

예제 10-1 import 구문 없이 출력 가능한 내장 함수 소스코드: code10-1.py

```
print(abs(-55.0))
print(round(10545.38999), round(5.487514111, 3))
print(pow(3,3))
print(round(4587.89524))
```

실행결과

```
55.0
10545 5.488
27
4588
```

(2) import 구문이 필요한 모듈

파이썬은 내장함수 외에 import 구문을 이용한 모듈이 많다. 파이썬에서는 math, datetime, csv, os, secrets, turtle 등 많은 모듈을 제공한다. 표준 라이브러리는 외부 라이브러리와 달리 설치가 필요하지 않은 라이브러리이다. 다음은 표준 라이브러리의 모듈이다.

표 10-2는 수학에 관련한 다양한 함수가 있는 math 모듈이다. 파이썬은 다른 언어와 달리 math 모듈에 있는 함수를 이용하여 쉽게 계산할 수 있다. 팩토리얼을 구하는 factorial() 함수는 C언어나 JAVA에서는 재귀함수를 이용하여 프로그래머가 직접 만들어 사용한다. 또한 최대공약수를 구하는 유클리드 알고리즘도 반복과 재귀함수를 이용하여 값을 구했지만 파이썬에서는 내장함수로 factorial()과 gcd() 함수가 있다. 이렇게 파이썬은 이미 개발자 많은 것을 내장함수로 만들어 놓았다.

표 10-2 math 모듈의 표준 라이브러리

math	
함수	설명
fabs(n), abs(n)	실수 n의 절대값 반환, 정수 n의 절대값 반환
exp(n)	지수함수로 e^n의 값 반환
log(n)	자연로그 n의 값 반환
sqrt(n)	n의 제곱근 반환
sin(n)	n의 사인 값 변환
asin(n)	n의 역사인 값 변환
cos(n)	n의 코사인 값 변환
acos(n)	n의 역코사인 값 반환
tan(n)	n의 탄젠트 값 반환
degrees(n)	각 n을 라디안에서 각도로 바꿈
radians(n)	각도 n을 라디안으로 바꿈
comb(n, r)	콤비네이션 계산(nCr)
factorial(n)	n펙토리얼 계산(n!)
gcd(n, k)	n과 k의 최대공약수 반환
pow(n, k)	n^k의 값 반환(제곱수 반환)

예제 10-2를 살펴보면 comb(), factorial(), fabs(), abs(), gcd(), exp(), log()를 이용하여 콤비네이션, 팩토리얼, 실수와 정수의 절대값, 최대공약수, 지수함수, 로그의 값을 반환받을 수 있다.

예제 10-2 import 구문 없이 출력 가능한 내장함수 소스코드: code10-2.py

```
import math as m

combTest = m.comb(5, 2)         #콤비네이션 구하기
facTest = m.factorial(4)        #팩토리얼 구하기
fabsTest = m.fabs(-22)          #절대값 표현
gcdTest = m.gcd(120, 32)        #최대공약수 구하기
expTest = m.exp(1)              #지수 계산
logTest = m.log(2.718281828459045)      #로그값 구하기

print('comb(5,2) : ', combTest)
print('factorial(4) : ', facTest)
```

```
print('fabs(-22) : ', fabsTest)
print('gcd(120, 32) : ', gcdTest)
print('exp(1) : ', expTest)
print('log(2.718281828459045) : ', logTest)
```

실행결과

```
comb(5,2) :  10
factorial(4) :  24
fabs(-22) :  22.0
gcd(120, 32) :  8
exp(1) :  2.718281828459045
log(2.718281828459045) :  1.0
```

표 10-3 datetime 모듈의 표준 라이브러리

datetime	
함수	설명
datetime.now()	현재의 시간을 반환(예, 2020-05-28 18:35:14.87154)
datetime.today()	현재의 시간을 반환(예, 2020-05-28 18:35:14.87154)
datetime.striptime()	문자열로부터 날짜 시간 정보를 읽어서 datetime.datetime 클래스 객체를 만듦
date()	현재 년, 월, 일 반환(예, 2020-05-28)

예제 10-3의 now() 클래스 메서드는 현재시간을 datetime.datetime 클래스 객체로 만들어 반환하며, datetime.datetime 객체는 year, month, day, hour, minute, second의 속성을 갖으며, 각 속성값에 따라 년, 월, 일, 시, 분, 초의 값을 반환한다.

예제 10-3 datetime 모듈 활용 소스코드: code10-3.py

```
import datetime as d

now = d.datetime.now()
year = d.datetime.now().year
month = d.datetime.now().month
day = d.datetime.now().day
hour = d.datetime.now().hour
minute = d.datetime.now().minute
second = d.datetime.now().second

```

```
11 print('{}년 {}월 {}일'.format(year,month,day), end=' ')
12 print('{}시 {}분 {}초'.format(hour, minute, second))
13
14 #문자열 -> datetime 객체로 만듦
15 datetimeString = '2020-05-28 18:22'
16 print(d.datetime.strptime(datetimeString, '%Y-%m-%d %H:%M'))
```

실행결과

```
2020년 5월 30일 14시 39분 40초
2020-05-28 18:22:00
```

예제 10-3의 3~9번은 d.datetime.now() 클래스 메서드로 반환받은 현재시간을 now 변수에 대입한 후 datetime.datetime 객체의 속성 값에 따라 년, 월, 일, 시, 분, 초를 출력하는 코드이다. 15~16번은 문자열 데이터를 datetime.datetime객체로 변환하는 부분이다. 특정 날짜와 시간을 지정하는 형식 문자열은 %Y는 앞의 빈자리를 0으로 채우는 4자리 연도 숫자, %m은 앞의 빈자리를 0으로 채우는 2자리 월 숫자, %d는 앞의 빈자리를 0으로 채우는 2자리 일 숫자, %H는 앞의 빈자리를 0으로 채우는 24시간 형식 2자리 시간 숫자, %M은 앞의 빈자리를 0으로 채우는 2자리 분 숫자, %S는 앞의 빈자리를 0으로 채우는 2자리 초 숫자이다. 또한 이 datetime.datetime 클래스 객체는 다른 패키지와 달리 패키지명이 소문자로 시작한다는 점에 유의해야 한다.

표 10-4는 secrets 모듈의 함수들에 대한 설명이다. choice(sequence)는 문자 혹은 숫자로 이루어진 sequence의 인수에서 무작위로 하나를 선택하여 반환되는 함수이다. randbits(n) 함수는 n개의 랜덤한 비트가 반환이 되는 함수이다. token_bytes(n) 함수, token_hex(n) 함수는 암호문을 만들거나 비밀문자를 만들 때 중간에 무작위 비트나 바이트를 넣을 때 효과적으로 사용할 수 있는 함수이다. token_urlsafe(n) 함수는 url 주소의 보안을 위해 주소에 무작위 비트가 들어감으로서 원래의 url주소를 숨길 수 있는 효과를 볼 수 있다.

표 10-4 secrets 모듈의 표준 라이브러리

secrets	
함수	설명
choice(sequence)	sequence 문자열에서 무작위로 선택하여 반환
randbits(n)	n개의 무작위 비트를 반환
token_bytes(n)	n바이트의 무작위 바이트열 반환
token_hex(n)	n바이트의 무작위 16진수 텍스트 문자열 반환
token_urlsafe(n)	n바이트의 무작위 url의 텍스트 문자열 반환

예제 10-4는 5번에서 아스키 문자(대소문자를 포함하는 영문자)와 숫자를 연결하여 변수 alphabet에 대입한다. 7~8번은 변수 alphabet에 입력된 문자열 중에서 무작위 순서의 문자 하나를 반환하는 choice() 함수를 10회 반복하여 10의 크기의 암호문을 생성하는 코드이다. 19번 token_urlsafe()은 원래 표현되어야 할 주소 부분에 암호화된 토큰 주소가 출력됨으로서 보안에 효과적으로 사용된다. token_urlsafe(30)은 문자 길이 30의 암호문을 반환한다. 랜덤한 위치의 문자를 반환하는 choice() 함수나 랜덤한 주소를 출력하는 함수 token_urlsafe()는 실행할 때마다 그 결과가 다르기 때문에 화면에 출력한 결과와 책의 결과가 서로 다를 것이다.

예제 10-4 secrets 모듈 활용 소스코드: code10-4.py

```
01 import string
02 import secrets
03
04 #초기 입력 평문 샘플
05 alphabet = string.ascii_letters + string.digits
06
07 while True:
08     password = ''.join(secrets.choice(alphabet) for i in range(10))
09     #입력된 평문의 문자를 문작위 순서대로 조합하여 10자의 암호문을 만듦
10
11     if (any(c.islower() for c in password) and
12         any(c.isupper() for c in password) and
13         sum(c.isdigit() for c in password) >= 3):
14     #소문자 대문자 숫자 중 하나라도 3개 이상이면 반복문 종료
15         break
16
17 print('암호문 : ', password)  #암호문 출력
18
19 url = 'https://mydomain.com/reset=' + secrets.token_urlsafe(30)
20 print('무작위 주소 출력 : ')
21 print(url)
```

실행결과

```
암호문:  59Cd2CqU0z
무작위 주소 출력 :
https://mydomain.com/reset=nxcALKvfsnQanTvtFdnH1xKcikJb9KiY-JAxMJ5Y
```

표 10-5의 turtle 모듈은 원, 선, 다각형, 글자 등을 그릴 수 있는 다양한 모양의 그래픽 모듈이다. forward(100)은 100픽셀만큼 직진의 의미를 갖는다. left(90)은 왼쪽으로 90도 회전을 의미한다. pensize(10)은 펜싸이즈의 굵기가 10픽셀을 의미한다.

표 10-5 turtle 모듈의 표준 라이브러리

turtle	
함수	**설명**
shape("모양명")	모양을 설정, turtle, circle, square, triangle, arrow
speed(n)	속도 설정, 0:가장 빠름, 1:가장 느림, 10:빠름(0~10 사이에 속도 선택)
forward(n)	n거리 만큼 앞으로 이동
left(n)	각도 n만큼 왼쪽으로 회전
right(n)	각도 n만큼 오른쪽을 회전
goto(x,y)	특정 위치(x,y)로 이동
penup()	펜 올림(그려지지 않음)
pendown()	펜 내림(그릴 수 있음)
color("색상명")	펜 색을 바꿈
pensize(n)	n만큼 펜 굵기 변경
clear()	거북이를 그대로 둔 채 화면을 지움

예제 10-5의 12~17번은 turtle 객체 t의 속도 t.speed(5), 펜의 굵기 t.pensize(2), 터틀 객체의 모양 t.shape('turtle'), 펜 들기 t.up(), x=-50과 y=0의 좌표이동 t.goto(-50, 0), 펜 내림 t.down()을 의미한다. 19~23번 줄은 별을 그리기 위한 부분이다. t.forward(200)의 함수를 이용해 200픽셀 직진 후 t.right(144)로 오른쪽 144도 회전한다. 이렇게 다섯 번 반복하면 별이 그려진다. 이때 20번 줄에서 random 모듈의 randint() 함수를 이용해 r.randint(0,6)에서 0부터 6사이의 랜덤 정수값을 반환함으로서 리스트 colors에 있는 색이 랜덤한 순서로 선택이 되고, 별을 그리는 다섯 개의 직선의 색이 모두 다르게 그려진다.

예제 10-5 turtle 모듈 활용 — 소스코드: code10-5.py

```
01 import turtle as t
02 import random as r
03
04 #함수의 리스트
05 func_list = ['y=3*x*x', 'y=abs(x)*-1+0.3', 'y=-0.7*x - 0.1', 'y=m.tanh(3*x)', 'y=m.sin(5*x)',
'y=m.cos(3*x)']
```

```

#거북이 랜덤색
colors = ['red', 'green', 'blue', 'purple', 'orange', 'yellow', 'pink']

#좌표 설정, 거북이 속도, 선 굵기
t.speed(5)
t.pensize(2)
t.shape('turtle')
t.up()
t.goto(-50,0)
t.down()

#별을 그리는 거북
for i in range(5):
    a = r.randint(0, len(colors)-1)
    t.color(colors[a])
    t.forward(200)
    t.right(144)
```

실행결과

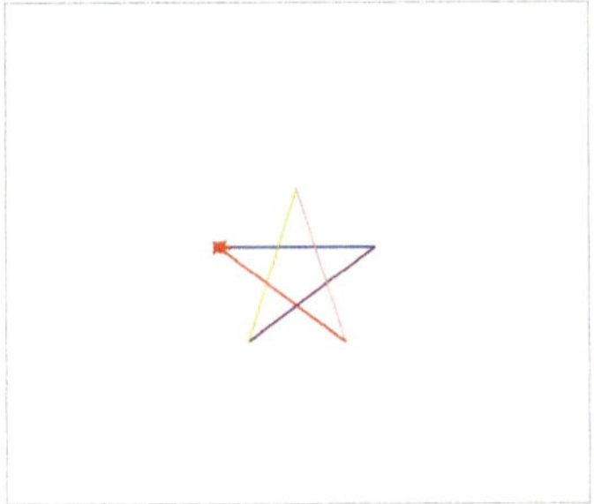

10.4 외부 라이브러리

(1) 시각화를 위한 라이브러리 설치

이번 절에서는 matplotlib, seaborn 라이브러리를 이용하여 데이터의 시각화를 한다. matplotlib은 파이썬에서 분석 데이터를 막대차트(bar), 선 그래프(plot), 원형 그래프(pie), 산포도 그래프(scatter)로 시각화하는 라이브러리이다. seaborn 라이브러리는 matplotlib보다 더 그래픽적으로 보이는 시각화를 하는 라이브러리로 violinplot과 boxplot 모듈로 시각화를 한다. 시각화하기 위해서는 자료를 시각화할 수 있는 데이터 형태로 처리해야 하는데 그 과정을 pandas라는 분석 모듈을 이용한다. pandas의 DataFrame은 행과 열로 이루어진 데이터 구조이다. 그리고 이번 절에서는 무작위 순서나 리스트 인덱스 순서에 따라 처리를 할 때 이용하기 위해서 numpy 모듈을 이용한다. numpy는 원래 고성능 수치계산을 위해 만들어진 라이브러리이다. 그러나 여기서는 고성능 수치계산을 하지 않기 때문에 간단한 랜덤 수나 인덱스를 찾는 데 사용한다.

우선, 외부 라이브러리를 사용하기 위해선 라이브러리 설치가 필요하다. window+R 키를 눌러 프로그램 실행 창을 띄우고 'cmd'를 입력하면 명령프롬프트가 나타난다. 파이썬 라이브러리 설치 상황을 살펴보려면 명령프롬프트 실행창에 c:\pip list을 입력하면 그림 10-4와 같이 아직 설치된 라이브러리는 없는 것으로 확인된다. 라이브러리 설치에 사용되는 명령은 'pip install 라이브러리'를 이용한다. 먼저 기본적으로 설치된 pip의 버전을 업그레이드하고 외부 라이브러리를 설치해보자. pip 버전을 업그레이드하는 명령어는 다음과 같다. 명령프롬프트 실행 창에서 python -m pip install --upgrade pip를 입력하면, pip가 업그레이드되는 화면이 보이고, 잠시 후 successfully install이라는 성공 메시지가 화면에 출력된다. pip 업그레이드가 완료되었다면 이젠 외부 라이브러리를 설치할 준비가 된 것이다. 이제부터 데이터 분석과 시각화를 위한 라이브러리들을 설치해 보도록 하자.

```
c:\ python -m pip install —upgrade pip
```

numpy는 시각화 자료 표현에서 무작위 순번을 추출하기 위해 쓰인다. pandas 라이브러리는 데이터 분석 및 처리를 위한 것으로 엑셀, 텍스트, SQL 테이블 등으로 된 대용량 자료를 분석하는데 적합하다. pandas는 numpy를 기반으로 만들어졌기 때문에 pandas를 설치하면 numpy도 동시에 설치가 된다. pandas는 1행만 있는 1차원 구조(Series)와 여러 행렬로 된 2차원 구조(DataFrame)를 모두 표현할 수 있다. 특히 2차원 구조(DataFrame)은 재무, 통계, 사회과학 및 다양한 엔지니어링 분야에 많이 적용되어 사용되고 있다. 시각화를 위해 matplotlib 라이브러리의 pyplot 모듈을 이용한다. 따라서 import matplotlib로 사용해도 무관하지만 좀 더 효율적으로 사용하려면 모듈만 import matplotlob.pyplot으로 쓰는 것이 좋다. matplotlib 라이브러리로 표현할 수 있는 시각화 자료는 산포도(scatter), 막대그래프(bar chart), 원형차트(pie chart), 히스토그램(histogram), 선그래프(plot chart) 등이 있다. seaborn은 matplotlib를 기본으로 한 시각화 라이브러리이다. matplotlib의 어려운 문법을 좀 더 쉽게 사용할 수 있게 만든 라이브러리이며 searborn에서만 표현되는 차트로는 boxplot, violinplot, subplot 등이 있다.

pandas 라이브러리와 matplotlib 라이브러리 설치 순서는 상관없이 진행해도 된다. 설치하는 과정에서 필요한 패키지는 자동 설치가 되므로 설치 전에 c:\pip list로 확인하며 설치하면 된다. 여기서는 우선 데이터 분석을 위한 라이브러리 pandas를 설치한다. pandas 설치는 아래와 같이 실행하며, 그림 10-3과 같이 설치되고 설치 버전과 함께 successfully installed라는 설치 성공 메시지가 보인다.

```
c:\ pip install pandas
```

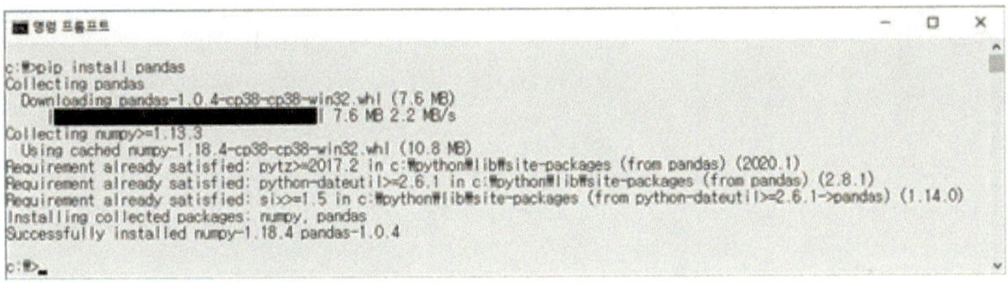

그림 10-1 pandas 라이브러리 설치

다음으로 시각화를 위한 matplotlib 라이브러리를 설치한다. 설치는 아래 그림 10-4와 같이 진행한다. 설치가 완료되면 화면에 설치 버전과 함께 successfully installed라는 설치 성공 메시지가 보인다.

```
c:\ pip install matplotlib
```

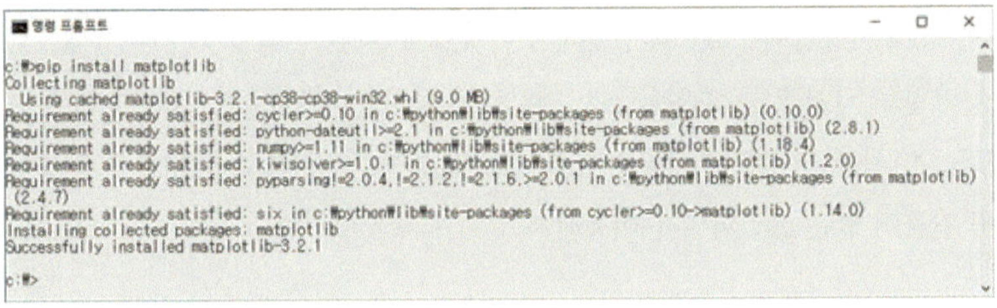

그림 10-2 matplotlib 라이브러리 설치

마지막으로 matplotlib에서 표현하지 못하는 violinplot이나 boxplot등의 차트 표현이 가능한 seaborn 라이브러리를 설치한다. 설치는 그림 10-5와 같이 설치되며 완료 후에는 버전과 함께 설치 successfully installed라는 설치 성공 메시지가 보인다.

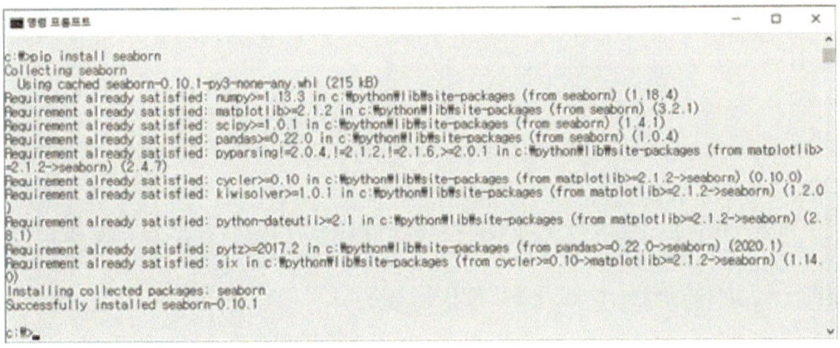

그림 10-3 seaborn 라이브러리 설치

모든 설치가 끝났다. c:\pip list를 이용해서 설치된 라이브러리를 확인해 보자.

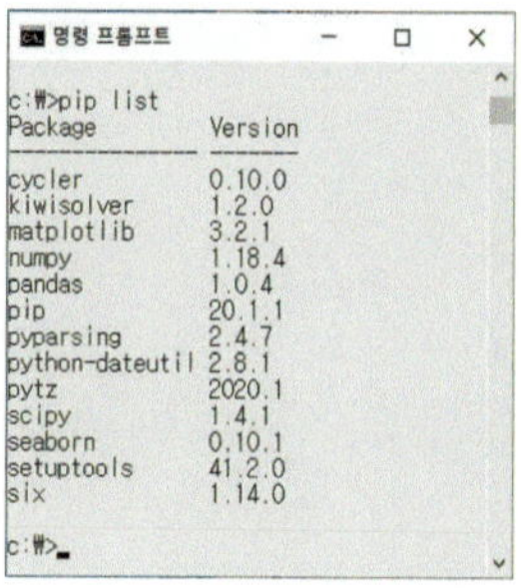

그림 10-4 설치된 라이브러리 확인하기

(2) 시각화 라이브러리 활용

설치가 마무리 되었으니 파이썬의 idle 셸을 열고 시각화 작업을 시작해보자. 본 교재에서는 시각화 작업을 위해 .csv 파일을 이용한다. pandas에서 pandas.read_csv()는 csv 파일의 데이터를 읽어 DataFrame 객체로 변환하여 쉽게 사용할 수 있게 해주는 함수이다. csv 파일은 데이터 구분을 쉼표로 하는 텍스트 파일이며, 엑셀 파일로 되어 있는 파일을 csv 파일로 변환하는 방법은 간단하다. 엑셀 파일에서 [파일]-[다른 이름으로 저장]을 선택한 후 '파일 형식'을 'csv(쉼표로 분리)'로 선택하여 저장하면 된다. 이번 장에서는 이미 만들어 놓은 csv 파일을 이용하자.

분석 자료로 타이타닉 호의 침몰 사고 데이터를 이용한다. 타이타닉 호 사고는 1912년 영국의 여객선이 미국으로 향하다가 빙산에 충돌하여 1,500여명이 사망한 사고로 인류 역사 해양 사고 중 가장 큰 희생자를 낳은 사고였다. titanic.csv 파일을 열어서 내용을 확인해 보자. 열 이름을 살펴보면 Survived(생존:1, 죽음:0), Pclass(승객등급, 1등급:1, 2등급:2, 3등급:3), Sibsp(티켓번호), Cabin(선실번호), Embarked(탑승장소, S:Southhampton, C=Cherbourg, Q:Queenstown)을 의미한다.

1번부터 26번은 예제 10-6과 예제 10-7의 공통 코드에 대한 설명이다.

코드설명

01. csv 파일의 데이터를 DataFrame 객체로 변환해 사용하기 위해 pandas를 import하고 pd라는 별명을 붙인다.

02. 선, 원형 차트를 그리기위해 matplotlib.pyplot을 import하고 plt로 별명을 붙인다.

03. seaborn은 violinplot을 그리기위해 import하며 별명은 sns로 한다.

06. 한글 폰트 설정을 위해 font_manager 모듈을 import 한다.

07. PC의 한글 폰트 위치

08. 폰트 이름

09. 07과 08번의 값을 이용해 한글 폰트를 설정

11. 차트의 크기를 설정, 크기는 인치 단위로 계산된다.

14. titanic.csv 파일의 데이터를 pd.read_csv()를 이용해 DataFrame 객체로 반환하여 변수 df에 대입

15. 생존자(df.Survived == 1)이고 1등급(df.Pclass == 1)인 데이터의 수(count())를 df_pclass1에 대입

16~20. 1등급부터 3등급까지의 생존자와 사망자 수를 찾아낸다.

22. x축 이름 리스트

25. survived_df: 탑승클래스별 생존자

26. dead_df: 탑승클래스별 사망자

예제 10-6 matplotlib 선 그래프(plot chart) 소스코드: code10-6.py

```
import pandas as pd
import matplotlib.pyplot as plt
import seaborn as sns

#한글 폰트 깨짐 방지
from matplotlib import font_manager, rc
font_path = "c:\\windows\\fonts\\malgun.ttf"
font_name = font_manager.FontProperties(fname=font_path).get_name()
rc('font', family=font_name)

plt.figure(figsize=(5,4)) #차트 크기 설정 (단위는 인치로 계산됨)

#data 분석 자료. 탑승 클래스(1,2,3등급) 별 생존자와 사망자 수 분석자료
df = pd.read_csv('../data/titanic.csv', encoding='euc-kr')
df_pclass11 = df[(df.Survived == 1) & (df.Pclass == 1)].count()
df_pclass12 = df[(df.Survived == 1) & (df.Pclass == 2)].count()
df_pclass13 = df[(df.Survived == 1) & (df.Pclass == 3)].count()
df_pclass01 = df[(df.Survived == 0) & (df.Pclass == 1)].count()
df_pclass02 = df[(df.Survived == 0) & (df.Pclass == 2)].count()
df_pclass03 = df[(df.Survived == 0) & (df.Pclass == 3)].count()

x1 = ['first', 'second', 'third']  #x축이름 리스트

#y축 데이터 리스트
survived_df = [df_pclass11.Pclass, df_pclass12.Pclass, df_pclass13.Pclass]
dead_df = [df_pclass01.Pclass, df_pclass02.Pclass, df_pclass03.Pclass]
```

```
27
28 #탑승 클래스 별 생존자와 사망자를 plot으로 표현하기
29 plt.plot(x1, survived_df, color='green', linestyle='dotted', marker='o',
30          label='survived')
31 plt.plot(x1, dead_df, color='orange', marker='s', label='dead')
32 plt.title('탑승클래스별 생존자와 사망자')          #차트 제목
33 plt.xlabel('탑승클래스')          #x축 이름
34 h=plt.ylabel('인\n원')           #y축 이름
35 h.set_rotation(0)               #축이름 가로쓰기
36 plt.legend()                    #범례
37
38 plt.show()                      #그래프 그리기
```

실행결과

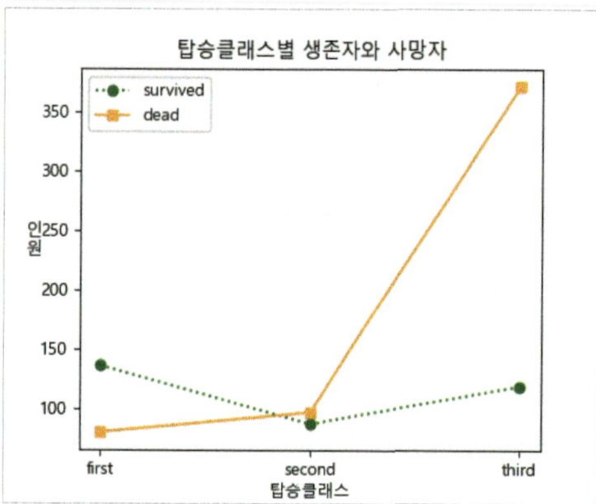

아래는 예제 10-6의 선 그래프 속성에 대한 상세 설명이다.

코드설명

29. 선그래프(plot) 그리기

30. plt.plot()의 속성. x1-x축데이터, survived_df-y축데이터, color:'green'-선 색, linestyle='dotted'는 선을 점으로 표현이고 'solid'는 실선, marker='o'는 표식의 속이 찬 원으로 표현, label='survived'는 차트의 범례표현(생존자)

31. 사망자 데이터

32. plt.title()은 차트제목, plt.title(fontsize='12') 폰트 크기

33. plt.xlabel()은 x축 이름,

34. h=plt.ylabel()은 y축 이름을 설정한 후

35. h.set_rotation(0)를 이용해서 글자를 가로쓰기하는 속성이다.

36. plt.legend()은 범례 표현이며 loc='tupper left', loc='upper right' 등으로 위치를 지정할 수 있다.

38. plt.show()에서 최종적으로 차트를 figure에 그리기를 한다.

예제 10-7은 타이타닉 탑승 클래스별 생존자와 사망자를 원형차트로 나타낸 것이다. 사망자와 생존자 데이터 부분은 예제 10-6의 앞부분과 동일하다.

예제 10-7 matplotlib 원형 그래프(pie chart) 소스코드: code10-7.py

```
#~~~~~~~~~~~~~~~~~~~~~~~~~~~~~~~~~~~~~~~~~~~~~~~~~~~~~~~~~~~~~~~~~~~~~~~~~~~
#라이브러리 import와 데이터 분석 부분으로 [예제 10-6]의 1~26번째 줄까지 동일 코드
#~~~~~~~~~~~~~~~~~~~~~~~~~~~~~~~~~~~~~~~~~~~~~~~~~~~~~~~~~~~~~~~~~~~~~~~~~~~

#탑승 클래스 별 생존자와 사망자를 pie로 표현하기
pieColor=['pink','lightgreen','lightblue']
plt.pie(survived_df, autopct='%1.1f%%', radius=1.2, startangle=90,
      colors=pieColor, shadow=True, wedgeprops={'edgecolor':'k', 'linewidth': 0.5,
'linestyle': 'solid', 'antialiased': True})
plt.pie(dead_df, autopct='%1.1f%%', radius=0.6, startangle=90,
      colors=pieColor, shadow=True, wedgeprops={'edgecolor':'k',
      'linewidth': 0.5, 'linestyle': 'solid', 'antialiased': True})
plt.legend(x1, loc='upper right')
plt.title('탑승클래스별 생존자와 사망자')

plt.show()  #그래프 그리기
```

실행결과

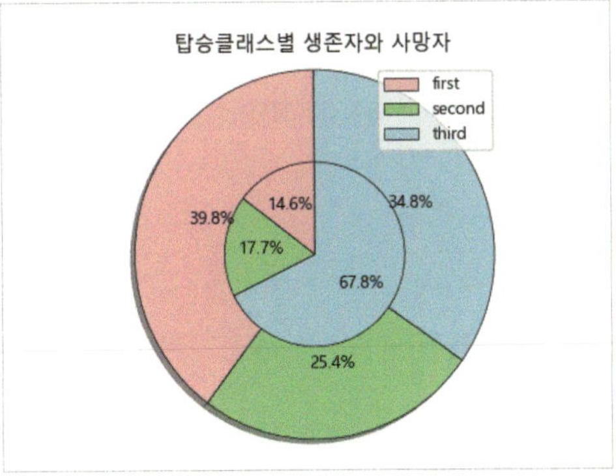

다음은 예제 10-7의 원형차트의 상세 설명이다.

코드설명

08. plt.pie()의 속성

~13. survived_df:차트 데이터, autopct:레이블에 표시할 숫자 표현, radius:파이 차트의 반지름, startangele:첫 번째 label이 시작하는 위치를 각도, colors:색으로 pieColor 리스트의 값을 순서대로 표현, shadow:그림자 설정, wedgeprops:원형 차트의 선을 표현

14. 차트 범례 표시

15. 차트 타이틀

17. 차트 그리기

아래 예제 10-8은 seaborn의 바이올린 그래프이다. 아래 차트는 탑승 클래스별 사망자와 생존자 나이 분포를 나타낸다.

예제 10-8 seaborn 바이올린그래프(violinplot) 소스코드: code10-8.py

```
import pandas as pd
import matplotlib.pyplot as plt
import seaborn as sns
from matplotlib import font_manager, rc  #한글 폰트 깨짐 방지
font_path = "c:\\windows\\fonts\\malgun.ttf"
font_name = font_manager.FontProperties(fname=font_path).get_name()
rc('font', family=font_name)

plt.figure(figsize=(5,4))       #차트 크기(단위는 인치로 계산됨)

df = pd.read_csv('../data/titanic.csv', encoding='euc-kr')

sns.violinplot('Pclass', 'Age', hue='Survived', data=df, split=True, palette='OrRd')
plt.title('탑승클래스 별 생존자와 사망자의 나이 분포') #차트제목
plt.xlabel('탑승클래스')          #x축 이름
h=plt.ylabel('나\n이')            #y축 이름
h.set_rotation(0)                #y축(축이름 가로 쓰기)

plt.show()                       #그래프 그리기
```

실행결과

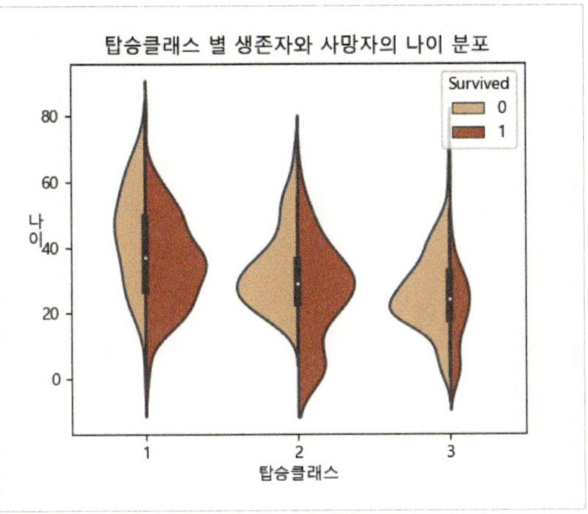

코드설명

13. 'Pclass':x축, 'Age':y축의 DataFrame, hue:범례, data:차트의 DataFrame으로 여기서는 11번 줄의 df를 의미, split:두 레이블을 분리하여 양쪽으로 보여줌, palette:색상으로'OrRd'는 OrangeRed, 'RdBu'는 RedBlue로 더 많은 색상을 표현할 수 있다.

14. 차트 제목

15. x축 이름

16. y축 이름

17. y축의 가로 쓰기

19. 그래프 그리기

10.5 실습예제

프로그램 1 _ turtle 라이브러리로 수학 함수 그리기

거북이가 함수를 그리는 프로그램이다. 함수 리스트를 미리 만들어 놓고 리스트에 만들어 놓은 함수를 순서대로 x, y 좌표 값에 따라 그림으로 그린다. 그리면서 거북이는 색 리스트의 무작위 순서로 선택된 색으로 그려진다.

예제 10-9 turtle 라이브러리로 수학 함수 그리기 소스코드: code10-9.py

```
import turtle as t
import random as r
import math as m

x_min = -1           #그래프 x 좌표 범위
x_max = +1
y_min = -1           #그래프 y 좌표 범위
y_max = +1

#함수의 리스트
func_list = ["y = 3*x*x", "y = abs(x)*-1+0.3", "y = -0.7*x - 0.1", "y=m.cos(3*x)"]

#거북이 랜덤색
colors = ["red", "green", "blue", "purple", "orange", "yellow", "pink"]

#좌표 설정, 거북이 속도, 선 굵기
t.setworldcoordinates(x_min, y_min, x_max, y_max)
t.speed(5)
t.pensize(2)
t.shape("turtle")

t.up()       #x 축 그리기
t.goto(x_min, 0)
t.down()
t.goto(x_max, 0)

t.up()       #y 축 그리기
t.goto(0, y_min)
t.down()
t.goto(0, y_max)

for func in func_list:          #함수 그리기
    x = x_min
    a = r.randint(0, len(colors)-1)
    exec(func)
    t.up()
    t.goto(x, y)
    t.down()
    while x <= x_max:
        t.color(colors[a])
        x = x + 0.01
```

```
        exec(func)
        t.goto(x, y)
```

실행결과

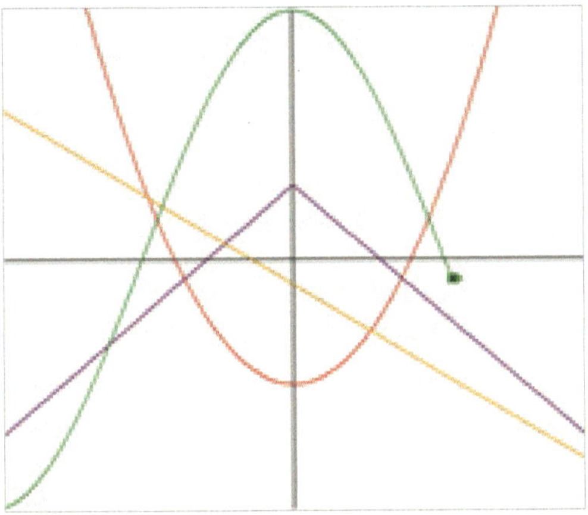

프로그램 2 _ matplotlib와 seaborn으로 다양한 시각화하기

titanic.csv자료에서 탑승 클래스에 따라 생존자와 사망자 수 분석 후, 막대, 선, 원형, 바이올린플롯, 박스플롯 그래프 등 다양한 형태의 그래표로 표현하고, 연령에 따른 운임비용 지불 현황을 분석하여 산포도 그래프로 표현한다. 그래프 표현이 모두 비슷해 보이지만 그래프 표현하는 모듈마다 속성 설정이 조금씩 다르게 표현될 수 있다. 이번 실습문제에서는 하나의 데이터를 다양한 형태의 그래프로 표현해 본다.

예제 10-10 matplotlib와 seaborn으로 다양한 시각화하기 소스코드: code10-10.py

```
import numpy as np
import pandas as pd
import matplotlib.pyplot as plt
import seaborn as sns

from matplotlib import font_manager, rc       #한글 폰트 깨짐 방지

font_path = "c:\\windows\\fonts\\malgun.ttf"
font_name = font_manager.FontProperties(fname=font_path).get_name()
rc('font', family=font_name)

plt.figure(figsize=(18, 20))   #차트 크기(단위는 인치로 계산됨)

#data 분석 자료. 탑승 클래스(1,2,3등급) 별 생존자와 사망자 수 분석 자료
```

```
df = pd.read_csv('../data/titanic.csv', encoding='euc-kr')

df_pclass11 = df[(df.Survived == 1) & (df.Pclass == 1)].count()
df_pclass12 = df[(df.Survived == 1) & (df.Pclass == 2)].count()
df_pclass13 = df[(df.Survived == 1) & (df.Pclass == 3)].count()
df_pclass01 = df[(df.Survived == 0) & (df.Pclass == 1)].count()
df_pclass02 = df[(df.Survived == 0) & (df.Pclass == 2)].count()
df_pclass03 = df[(df.Survived == 0) & (df.Pclass == 3)].count()

x1 = ['first', 'second', 'third']  #x축 이름 리스트
#생존자와 사망자 수 데이터 리스트
survived_df = [df_pclass11.Pclass, df_pclass12.Pclass, df_pclass13.Pclass]
dead_df = [df_pclass01.Pclass, df_pclass02.Pclass, df_pclass03.Pclass]

#탑승 클래스 별 생존자와 사망자를 두 개의 막대그래프를 한 번에 표시
plt.subplot(231)
index = np.arange(len(x1))
bar_width = 0.2
#(세로로 그리기)
plt.bar(index, survived_df, bar_width, label='Survived', alpha=0.3)
plt.bar(index+bar_width, dead_df, bar_width, label='Dead',  alpha=0.3)
plt.xticks(index, x1)           #(세로로 그리기)
plt.xlabel('탑승클래스')        #x축 이름
h=plt.ylabel('인\n원')          #y축 이름
h.set_rotation(0)
plt.title('탑승클래스별 생존자와 사망자')    #차트 제목

#(가로로 그리기)
#plt.barh(index, survived_df, bar_width, label='Survived', alpha=0.3)
#plt.barh(index+bar_width, dead_df, bar_width, label='Dead', alpha=0.3)
#plt.xticks(range(0,400,50)) #(가로로 그리기)
#plt.yticks(index, x1)
plt.legend()   #범례표현

#탑승 클래스 별 생존자와 사망자를 선그래프로 표현하기
plt.subplot(232)
plt.plot(x1, survived_df, color='green', linestyle='dotted', marker='o', label='survived')
plt.plot(x1, dead_df, color='orange', marker='s', label='dead')
plt.title('탑승클래스별 생존자와 사망자') #차트 제목
plt.xlabel('탑승클래스')        #x축 이름
h=plt.ylabel('인\n원')          #y축 이름
h.set_rotation(0)
```

```
plt.legend()
#탑승 클래스 별 생존자와 사망자를 원형그래프로 표현하기
pieColor=['pink','lightgreen','lightblue'] #원형그래프 색 리스트
plt.subplot(233) #행렬로 표현한 전체 그래프에서 원형그래프 위치
plt.pie(survived_df, autopct='%1.1f%%', radius=1.2, startangle=90, colors=pieColor, shadow=True,
        wedgeprops={'edgecolor':'k','linewidth': 0.5, 'linestyle': 'solid', 'antialiased': True})
plt.pie(dead_df, autopct='%1.1f%%', radius=0.6, startangle=90, colors=pieColor, shadow=True,
        wedgeprops={'edgecolor':'k','linewidth': 0.5, 'linestyle': 'solid', 'antialiased': True})
plt.legend(x1, loc='upper right')
plt.title('탑승클래스별 생존자와 사망자')

#탑승객 나이별 운임비 산포도
plt.subplot(234)     #전체 그래프 행렬에서 산포도 그래프 위치
plt.scatter(df.Fare, df.Age, alpha=0.3, s=1*df.Age, c=df.Age, cmap='plasma_r')
plt.title('운임비 별 나이 분포')          #차트 제목
plt.xlabel('운임비')                      #x축 이름
h=plt.ylabel('나\n이')                    #y축 이름
h.set_rotation(0)

#violinplot [탑승클래스별 생존자와 사망자  성별과 나이 분포]
plt.subplot(235)      #전체 그래프 행렬에서 바이올린 그래프 위치
sns.violinplot('Pclass', 'Age', hue='Survived', data=df, scale='count', split=True,
palette='RdBu')      #'OrRd' (OrangeRed)
plt.title('탑승클래스 별 나이 분포')      #차트 제목
plt.xlabel('탑승클래스')                  #x축 이름
h=plt.ylabel('나\n이')                    #y축 이름
h.set_rotation(0)

#boxplot [탑승클래스별 생존자와 사망자  나이 분포]
plt.subplot(236)    #전체 그래프 행렬에서 박스플롯 그래프 위치
sns.boxplot('Pclass', 'Age', hue='Survived', data=df, width=0.5, palette='Set3')
plt.title('운임비에 따른 나이 분포')      #차트 제목
plt.legend(loc='upper right')             #범례 위치
plt.title('탑승클래스 별 나이 분포')      #차트 제목
plt.xlabel('탑승클래스')                  #x축 이름
h=plt.ylabel('나\n이')                    #y축 이름
h.set_rotation(0)

plt.show()  #차트 그리기
```

실행결과

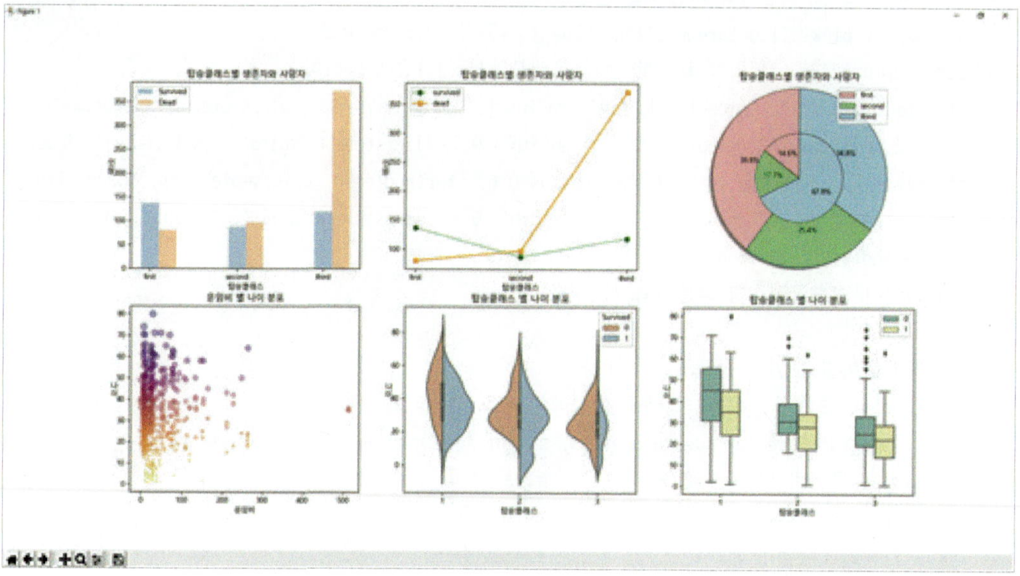

01. 파이썬에서 표준라이브러리와 외부라이브러리의 차이를 간단히 써 보시오.

02. sqrt(), comb() 등의 함수를 사용할 수 있는 수학 및 통계를 위한 표준라이브러리의 모듈은 (   )이다.

03. datetime 라이브러리의 모듈 사용이 잘못 된 것을 고르시오.

① `datetime.datetime.now()` ② `datetime.date()`

③ `Datetime.datetime.today()` ④ `datetime.datetime.now().year`

04. 파이썬 터틀 모듈을 이용해 도형을 그리는 프로그램 중 일부이다. 아래 코드로 그릴 수 있는 모양은 무엇인지 쓰시오.

05. 다음 모듈 중 표준 라이브러리의 모듈이 아닌 것을 고르시오.

① `factorial()` ② `gcd()` ③ `date()` ④ `plot()`

06. 파이썬에서 외부 라이브러리 pyGame을 설치하는 실행문은 무엇인가?

07. 파이썬에서 시각화를 하기 전에 자료 분석을 위해서 csv나 SQL 등의 파일을 행렬로 이루어진 데이터 객체로 만들어 주는 라이브러리는 무엇인가?

① numpy ② matplotlib ③ pandas ④ seaborn

08. 파이썬 시각화를 위해 라이브러리를 설치하고자 한다. 기본적인 그래프 plot과 scatter를 그리기 위해 설치되어야 하는 라이브러리는 무엇인가?

① numpy ② matplotlib ③ pandas ④ seaborn

09. 파이썬 시각화를 위해 라이브러리를 설치하고자 한다. 그래프 violinplot과 boxplot을 그리기 위해 설치되어야 하는 라이브러리는 무엇인가?

① numpy ② matplotlib ③ pandas ④ seaborn

10. 파이썬 라이브러리 seaborn으로 시각화 표현을 할 때 하나의 그림에 행렬로 여러 개의 그래프를 그릴 수 있게 하는 함수를 고르시오.

① subplot() ② legend() ③ rotation() ④ plot()

01. 시각화 해보기

제공된 데이터 tips.csv를 이용해서 아래 조건의 DataFrame을 생성하고 제시된 그래프로 표현 하시오.

tips.csv 데이터의 열 구성은 total_bill, tip, gender, smoker, day, time, size로 구성되어 있다. 남성과 여성의 총 지불 금액(total_bill)에 대한 팁(tip) 금액을 표현하되, 남성과 여성의 레이블을 하나의 그래프에서 표시하시오. 표현할 그래프는 matplotlib의 산포도(scatter)를 이용하시오.

조건

- tips 데이터를 DataFrame 객체 변환

```
df = pd.read_csv('../data/tips.csv', encoding='euc-kr')
```

- 남 지불금액과 팁

```
tip_male = df[(df.gender == 'Male') & (df.total_bill) & (df.tip)]
```

- 여 지불금액과 팁

```
tip_female = df[(df.gender == 'Female') & (df.total_bill) & (df.tip)]
```

- 산포도 scatter 만들기

```
plt.scatter(tip_male.total_bill, tip_male.tip, alpha=0.3, cmap='plasma_r')
```

- 차트제목, 축이름 넣기
- plt.show()으로 그래프 그리기

실행결과

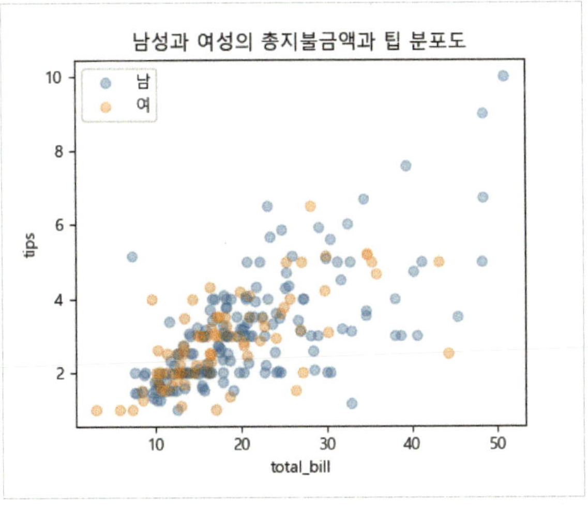

PART

02

피지컬 컴퓨팅– 아두이노

11 아두이노 개발환경 구성하기

12 LED 깜박이기

13 푸시 버튼 활용하기

14 조도 센서 활용하기

15 피에조 부저 활용하기

11

아두이노 개발환경 구성하기

[학습 목표]

01 피지컬 컴퓨팅에 대해 설명할 수 있다.

02 아두이노에 대해 이해하고, 다양한 센서와 액추에이터에 대해 설명할 수 있다.

03 아두이노를 활용한 피지컬 컴퓨팅의 실습 환경을 설정할 수 있다.

이번 장에서는 아두이노를 활용한 피지컬 컴퓨팅이 무엇인지를 살펴본다. 그리고 아두이노 보드에 대해 알아보고, 아두이노 SW를 설치하여 간단한 아두이노 코딩을 작성해 본다.

11.1 피지컬 컴퓨팅

피지컬 컴퓨팅(Physical Computing)이란 디지털 기술 및 장치를 이용하여 물리적인 방식으로 정보를 입력받아 처리한 결과를 물리적인 방식으로 출력하는 시스템을 말한다. 즉, "물리적인 실제 세계와 컴퓨터의 가상 세계가 서로 대화할 수 있도록 하는 것"이라고 정의할 수 있다.

피지컬 컴퓨팅에서는 실제 세계의 다양한 정보를 센서(Sensor)를 통해 감지하거나 입력받는다. 입력된 정보는 주로 숫자 형태로 저장되어 미리 정해진 과정에 따라 처리된다. 처리된 결과는 액추에이터(Actuator)를 통해 실제 세계로 출력된다.

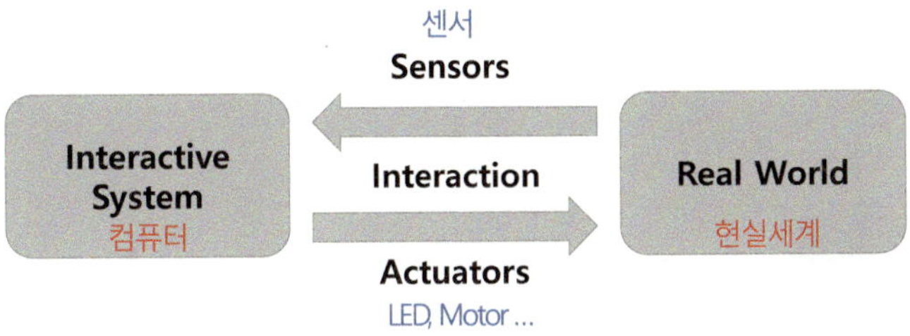

그림 11-1 피지컬 컴퓨팅의 개념

아두이노(Arduino)는 물리적인 세계를 감지하여 제어할 수 있는 손바닥 크기의 소형 컴퓨터이다. 아두이노를 이용하여 주변의 빛, 소리 등을 감지해 특정 동작이나 다른 빛, 소리 등으로 출력할 수 있다. 이러한 아두이노를 이용하여 만든 컴퓨팅 시스템을 피지컬 컴퓨팅이라고 한다.

센서는 실제 세계의 다양한 정보를 감지하거나 입력받을 수 있는 부품을 의미한다. 센서에는 빛 센서(주변 빛의 양을 감지하는 센서), 소리 센서(주변의 소리를 감지하는 센서), 초음파 센서(초음파를 발사하여 돌아오는 시간을 이용해 거리를 감지할 수 있는 센서) 등 다양한 종류의 센서가 있다. 액추에이터는 물리적으로 동작하는 부품 또는 장치를 말한다. 액추에이터로는 LED(빛을 내는 부품), 부저(소리를 내는 부품), 모터(회전력을 이용하는 부품) 등이 있다. 센서가 입력받은 데이터를 액추에이터의 출력 형태로 변화시켜 처리하는 것이 아두이노 보드이다.

피지컬 컴퓨팅

- 특정 전자 장치를 컴퓨터에 연결하여 센서를 통해 실세계의 정보를 수집하고 모터, LED 등을 통해 동작을 표현하는 활동
- 피지컬 컴퓨팅은 원래 컴퓨터 개발자가 아닌 디자이너, 공연가, 예술가들이 전자 미디어아트를 쉽게 구현할 목적으로 시작되었음
- 최근 들어 많은 피지컬 컴퓨팅 도구가 엔트리, 스크래치 등을 이용하여 쉽게 프로그래밍할 수 있도록 개발되고 있음

11.2 아두이노

아두이노 보드 구성요소

아두이노 우노(Arduino Uno) 보드는 다양한 아두이노 보드 중에서 가장 기본이 되는 모델이다. 아두이노 우노 보드는 기본적으로 14개의 디지털 입출력 핀, 6개의 아날로그 입력 핀, 전원(5V, GND), 상태 표시 LED(L, TX, RX), 리셋 버튼으로 구성된다. 전원 공급은 USB 케이블 또는 DC 전원으로 할 수 있다.

1. 리셋 버튼
2. 전원(GND)
3. 디지털 입출력 핀 X 14개
4. USB 커넥터
5. 상태표시 LED
6. DC 전원 커넥터
7. 전원(5V, GND)
8. 아날로그 입력 핀 X 6개

그림 11-2 아두이노 우노 보드의 핀 배치 모습

디지털 핀과 아날로그 핀

아두이노 보드는 디지털 핀과 아날로그 핀으로 구분된다. 디지털 핀은 한 핀에서 입력과 출력을 둘 다 제어할 수 있는 반면에 아날로그 핀은 입력용과 출력용으로 분리되어 있다. 디지털 입력은 LOW, HIGH와 같이 단순히 전기가 끊겼는지 연결됐는지 확인하는 것이라면, 아날로그 입력은 전압이 0V와 5V 사이에서 어떤 크기로 들어오는지 확인하는 것이다. 아두이노 우노 보드의 디지털 핀 중에서 틸트(~) 표시가 붙은 핀들이 아날로그 출력 핀이다. 이 핀들을 통해 아날로그 출력을 제어할 수 있다.

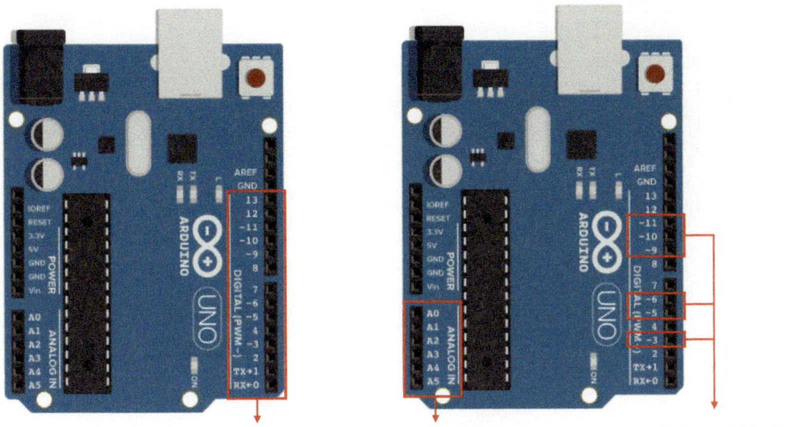

그림 11-3 아두이노 우노 보드의 디지털 핀과 아날로그 핀 배치 모습

아두이노는 다음과 같이 스위치나 센서로부터 다양한 입력을 받고, LED나 부저 등 액추에이터로 다양한 출력을 내보낸다.

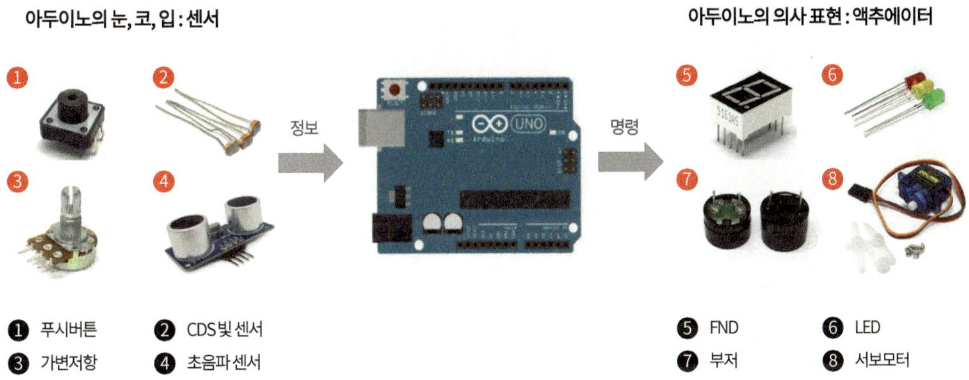

그림 11-4 아두이노의 입력장치와 출력장치

브레드보드

브레드보드는 납땜하지 않고도 각종 전자 부품을 쉽게 꽂아 전자 회로를 구성할 수 있는 보드이다. 브레드보드는 크기에 따라 다양하며 그림 11-5에서와 같이 세로 줄은 알파벳 a부터 j까지 표시되어 있고, 가로 줄은 숫자 1부터 30까지 표시되어 있다. 브레드보드의 전원 영역은 좌, 우측에 붉은색의 플러스(+) 줄과 검은색의 마이너스(-) 줄이 표시되는데 플러스는 전원(5V)을 의미하며, 마이너스는 그라운드(GND)를 의미한다. 플러스와 마이너스는 세로 방향으로 서로 연결되어 있다. 그리고 각종 부품을 꽂는 녹색으로 표시된 영역은 가로 방향으로 서로 연결되어 있다. 예를 들어 a11은 b11, c11, d11, e11의 5개 구멍과 서로 연결된다.

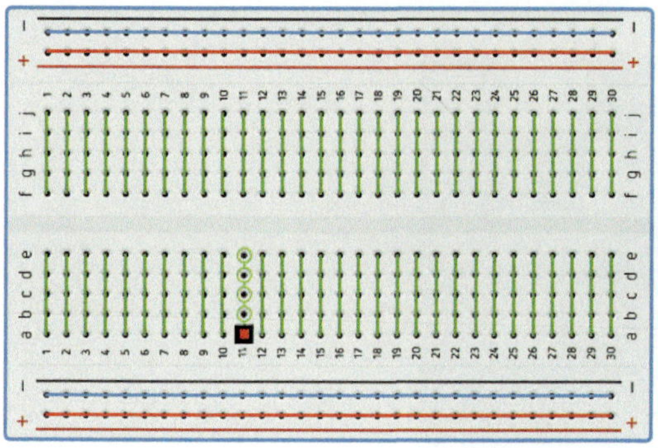

그림 11-5 브레드보드

브레드보드에 전원을 연결하고, 각종 부품을 연결한 모습은 다음 그림과 같다.

그림 11-6 브레드보드에 각종 부품을 장착하고 아두이노와 연결한 모습

Arduino Kit

아두이노를 이용하여 프로젝트를 만들기 위해서는 아두이노 보드뿐만 아니라 다양한 전자 부품이 필요하다. 아두이노를 처음 배우는 사람들을 위한 아두이노 키트가 있다. 아두이노 키트는 아두이노 보드를 비롯한 다양한 센서, 저항, 점퍼선 등 기본적인 프로젝트를 만들어 볼 수 있는 부품들로 구성되어 있다. 아두이노 키트는 초보자를 위한 스타터 키트 외에도 고급형 키트, 웨어러블 키트, 드론 키트, IoT 키트 등 다양한 종류의 실습용 키트가 있다. 가장 기본적인 아두이노 스타트 키트는 일반적으로 다음 부품들로 구성된다.

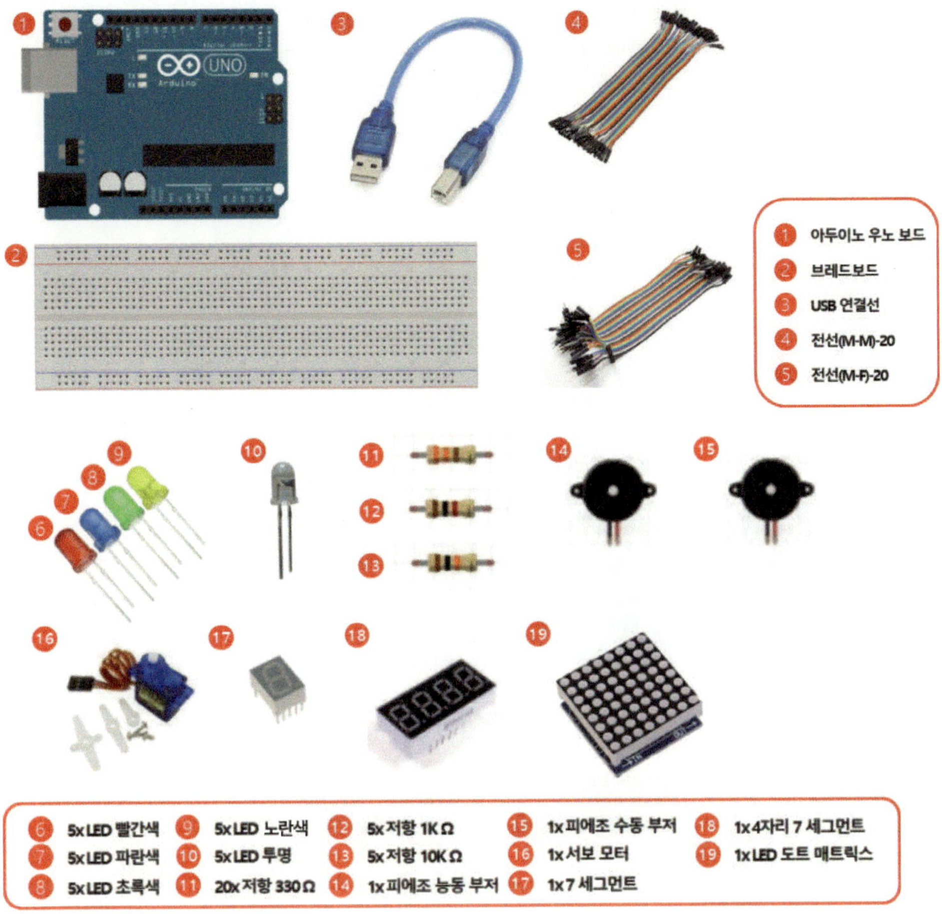

그림 11-7 아두이노 키트의 각종 구성품 예시

11.3 아두이노 실습 환경 준비하기

아두이노를 활용하여 피지컬 컴퓨팅을 하기 위해서는 다음과 같은 동작 과정을 수행해야 한다.

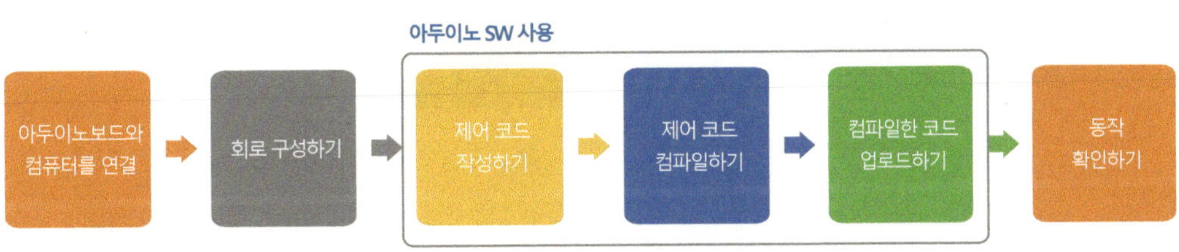

그림 11-8 아두이노를 활용한 피지컬 컴퓨팅 실행 과정

아두이노 제어 코드를 작성하기 위해서 아두이노 공식 사이트에서 제공하는 아두이노 소프트웨어가 필요하다. 아두이노 소프트웨어를 설치하면 내 컴퓨터에서 아두이노를 제어하는 스케치(Sketch) 코드를 작성할 수 있다.

아두이노 SW 설치하기

01. 아두이노 소프트웨어를 설치하기 위해 아두이노 사이트(www.arduino.cc)에 접속한다.

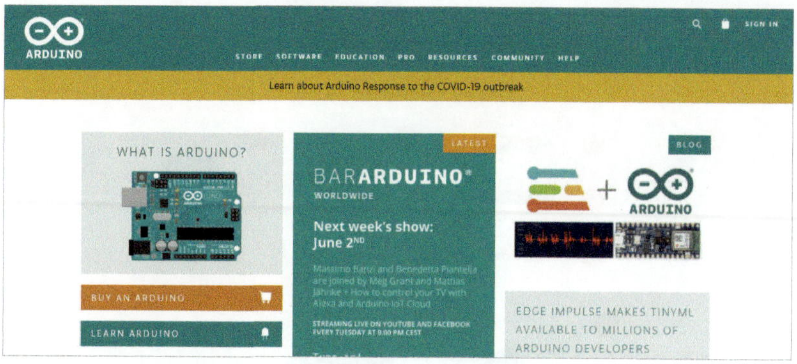

02. 웹 페이지에서 [SOFTWARE] – [DOWNLOADS] 메뉴를 선택한다.

03. 새로 열린 페이지에서 아래로 조금 이동하여 [Windows installer, for Windows XP and up]을 클릭한다.

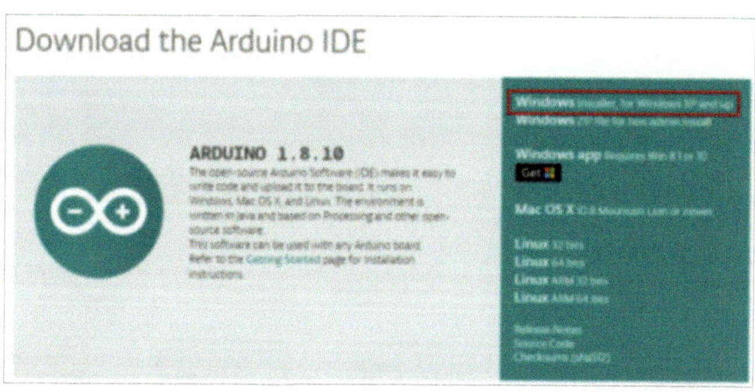

04. 그러면 다음 페이지로 연결된다. 하단에 있는 [JUST DOWNLOAD] 버튼을 클릭한다.

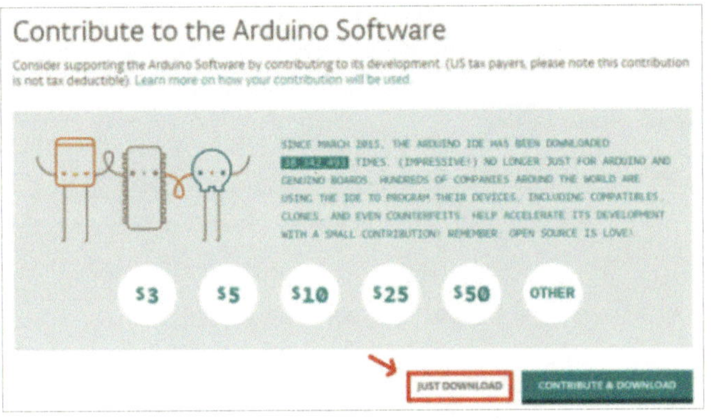

05. 다운로드가 완료되면 클릭하여 설치 프로그램을 실행시킨다
(※ 다운로드 시점에 따라 버전이 다를 수 있음).

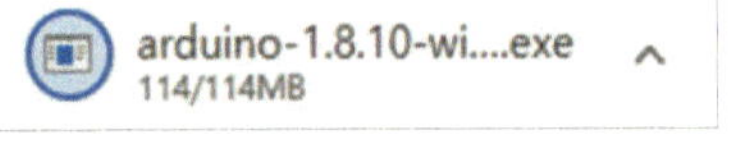

06. 다음과 같이 [Arduino Setup : Licence Agreement] 창이 뜬다. 사용 조건 동의에 관한 내용이다. [I Agree] 버튼을 눌러 동의한다.

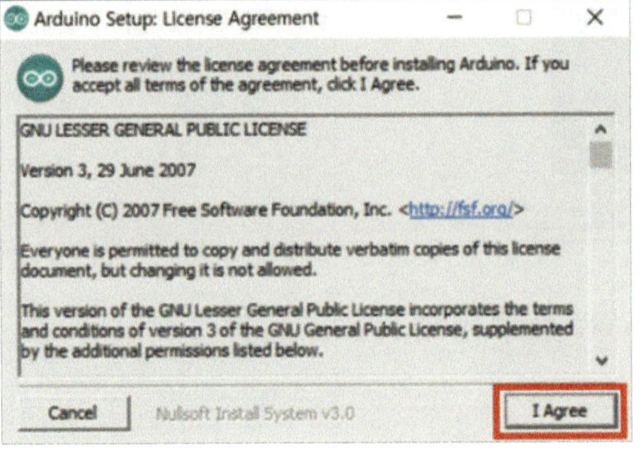

07. 다음과 같이 [Arduino Setup : Installation Options] 창이 뜬다. 설치 선택에 관한 내용이다. 기본 상태로 둔 채 [Next] 버튼을 누른다.

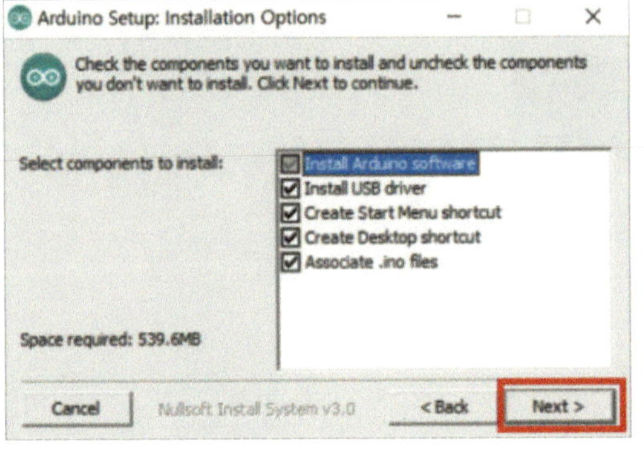

08. 다음과 같이 [Arduino Setup : Installation Folder] 창이 뜬다. 설치 폴더 선택 창이다. 기본 상태로 둔 채 [Next] 버튼을 누른다.

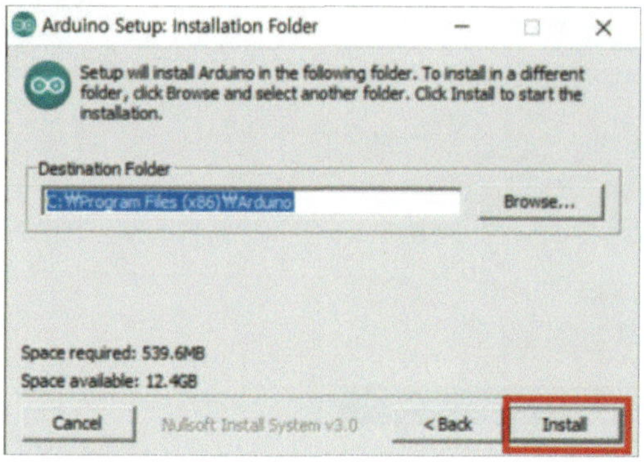

09. 그러면 다음과 같이 설치가 진행된다. 설치가 모두 완료되면 우측 하단에 [Close] 버튼을 눌러 창을 닫는다.

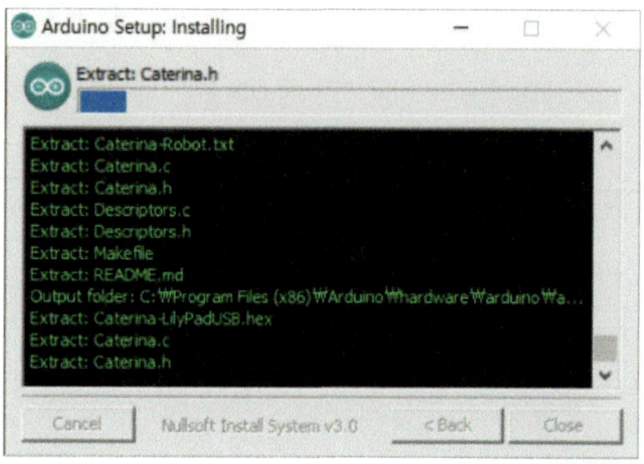

10. 바탕 화면에 다음 아이콘이 설치된다. 아이콘을 눌러 소프트웨어를 실행한다.

11. 다음과 같이 아두이노 SW가 실행되는 것을 볼 수 있다.

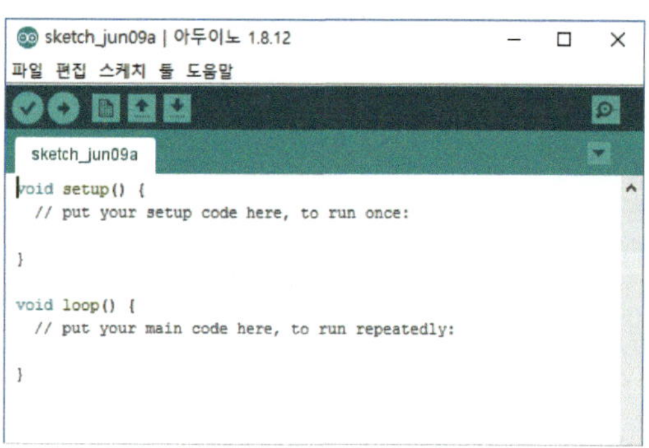

11.4 아두이노 동작 시키기

(1) 아두이노 SW 화면 구성 살펴보기

아두이노 SW의 메인 화면은 다음과 같이 구성되어 있다.

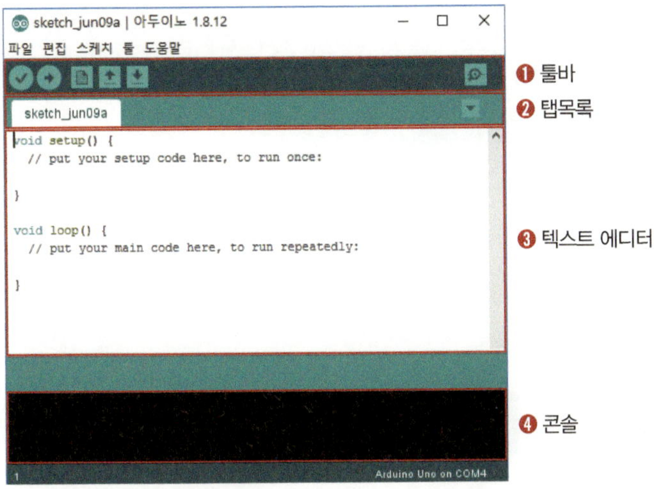

그림 11-9 아두이노 SW 메인 화면

❶ 툴바 : 업로드 및 컴파일, 파일 저장과 관련된 메뉴들이 표시되어 있다.

❷ 탭목록 : 여러 개의 파일 탭을 열어서 작업이 가능하다.

❸ 텍스트 에디터 : 제어 코드를 작성하는 부분이다.

❹ 콘솔 : 컴파일 및 업로드 시 정상 및 에러 유무에 대해 표시되는 부분이다.

(2) 아두이노 보드에 컴퓨터 연결하기

아두이노 보드는 USB 케이블로 컴퓨터에 연결되며, 간단한 인터페이스를 이용하여 개발을 진행할 수 있다.

01. 아두이노 보드와 컴퓨터를 USB 케이블로 연결하고, 아두이노 SW를 실행한다.

그림 11-10 아두이노 보드를 USB 케이블로 컴퓨터와 연결한 모습

02. 아두이노 소프트웨어의 상단 메뉴에서 툴(Tools)을 선택하고, 보드(Board)를 선택하여 Ardunio Uno를 선택한다.

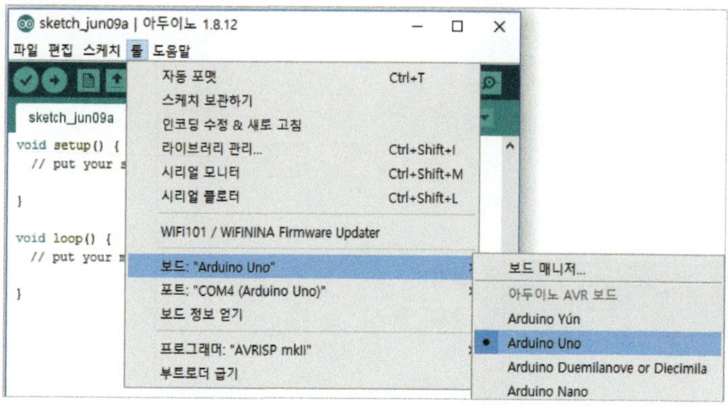

03. 툴(Tools) 메뉴에서 포트(Port)를 선택하고 아두이노 보드가 연결된 포트를 선택한다. 시리얼 포트 목록에 Arduino Uno 보드가 연결된 포트 번호를 표시해 준다.

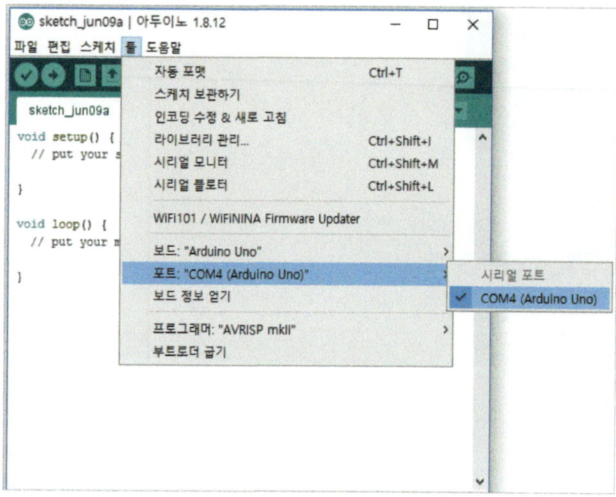

만약 아두이노 보드를 동작시킬 때 문제가 발생한다면, 가장 먼저 보드와 포트가 제대로 설정되었는지 확인한다.

(3) 아두이노 동작 코드(Sketch) 작성하기

스케치 작성하기

아두이노 SW에서 [새 파일]을 선택하여 스케치 코드를 작성한 후, 컴파일하고 아두이노 보드에 업로드하여 시리얼 모니터를 통해 결과를 확인해 본다.

01. 다음과 같이 예제를 작성한다.

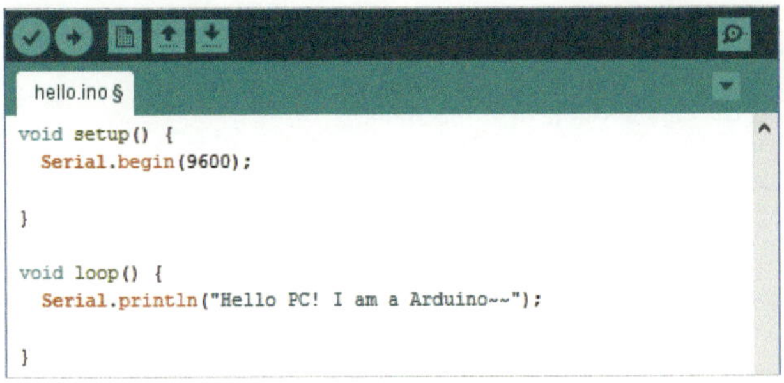

02. 혹시 오타가 있는지 확인한다. 첫 번째 아이콘인 [확인(V)] 버튼을 눌러 컴파일을 수행한다.

03. 코드를 아두이노 보드에 업로드 한다. 두 번째 아이콘인 [업로드(→)] 버튼을 눌러 업로드를 수행한다.

04. 업로드가 완료되면 결과를 시리얼 모니터를 통해 확인한다. 시리얼 모니터에는 컴퓨터와 아두이노가 USB를 통해 수행하는 시리얼 통신 내용이 표시된다. [시리얼 모니터] 버튼을 눌러서 시리얼 모니터 창을 표시한다.

05. 시리얼 모니터 창이 뜨면, 하단에 통신 속도를 9600 보드레이트로 설정한다.

06. 다음과 같은 메시지가 반복적으로 뜨는 것을 확인한다. loop 함수가 반복하여 호출되기 때문에 메시지도 반복해서 화면에 출력된다.

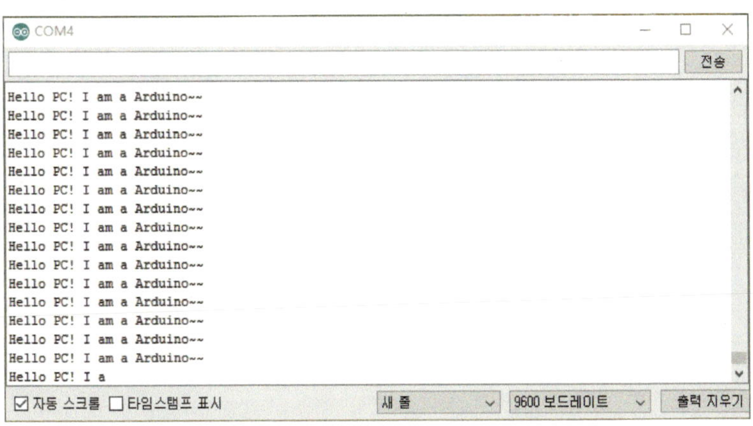

그림 11-11 출력 결과가 시리얼 모니터로 출력된 모습

아두이노 오류 발생 시 대처방법

아두이노를 다루는 과정에서 오류가 발생하면 다음 사항을 체크해 본다.

1. USB 포트 연결에 문제가 발생하는 경우엔 USB 연결을 해제한 후 다시 연결한다.
2. 아두이노 SW의 툴(Tool) 메뉴에서 보드와 포트가 제대로 선택되었는지 확인한다.
3. 아두이노 스케치 코드에 문법 오류가 있는지 반점(; 세미콜론), 괄호(소괄호(), 중괄호{ }, 대괄호[ ]), 점(.), 함수 색상 순서로 확인해 본다.
4. 아두이노 보드에 하드웨어적인 문제가 있을 수 있으므로 blink 예제로 아두이노 보드의 상태를 확인한다.

스케치 구조 이해하기

아두이노 스케치는 다음과 같이 크게 setup 함수와 loop 함수로 구성된다.

```
void setup() {
// put your setup code here, to run once:  ❹

}

void loop() {
// put your main code here, to run repeatedly:  ❹

}
```

(❶ setup → ❸ → ❷ loop)

그림 11-12 아두이노 스케치 구조

❶ setup 함수의 코드 실행은 시작할 때 한 번만 수행되며, 사용하고자 하는 하드웨어를 초기화하는 부분이다. 모든 함수는 "{"로 시작해서 "}"로 끝난다.

❷ loop 함수는 반복적으로 수행(무한 반복)되며, 하드웨어를 반복적으로 동작시킨다.

❸ 아두이노 보드에 전원이 켜지면 setup 함수가 한번 실행하고 난 뒤, loop 함수가 무한 반복하여 실행된다. setup 함수 안에는 주로 핀 설정, 핀 모드 등 기본 설정에 관련한 내용을 작성하고, loop 함수에는 실제 동작하는 내용을 작성한다.

❹ //는 프로그램에 대한 설명, 즉 주석이다. 프로그램 실행결과와 무관하며 소스코드에 대한 설명을 작성할 때 사용한다.

11.5 실습예제

프로그램 1 _ 아두이노에 내장된 LED 깜박이기

아두이노 우노 보드에는 디지털 13번 핀과 연결된 LED 1개가 내장되어 있다. LED 옆에 L이라고 표시되어 있다. 예제를 통해 LED를 깜박이게 해본다.

아두이노 보드 연결하기

01. 아두이노 보드와 컴퓨터를 USB 케이블로 연결한다.

02. 아두이노 소프트웨어를 실행한다.

03. 아두이노 소프트웨어의 상단 메뉴의 툴(Tools)을 선택하고, 보드(Board)를 선택하여 아두이노/제누이노 우노(Arduino/Genuino Uno)를 선택한다.

04. 툴(Tools) 메뉴에서 포트(Port)를 선택하고 아두이노 보드가 연결된 포트를 선택한다. 시리얼 포트 목록에 아두이노 우노 보드가 연결된 포트를 표시해 준다.

스케치 작성하기

01. [파일] 메뉴에서 예제를 선택한 뒤, 내장된 예제에서 [01.Basics 〉 Blink]를 선택한다.

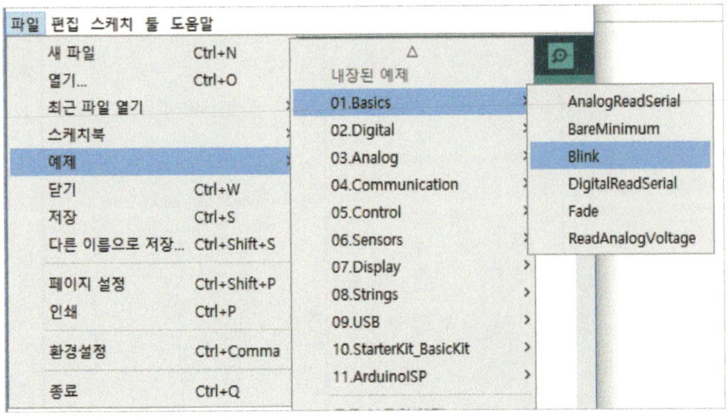

02. 코드에 오류가 없는지 확인한다. 툴바에서 [확인] 아이콘을 클릭하여 컴파일을 수행한다.

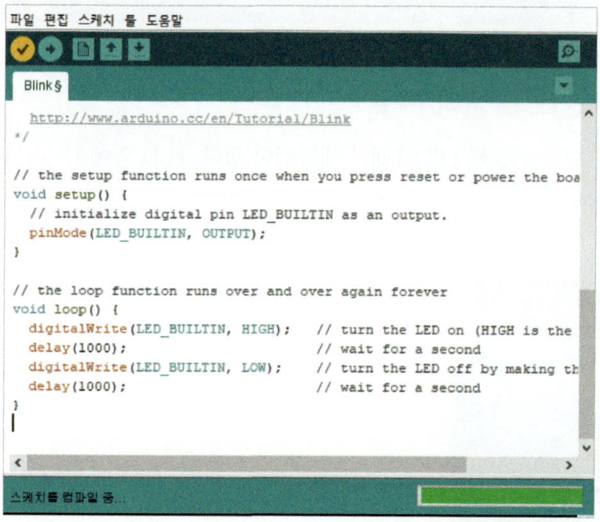

03. 코드를 아두이노 보드에 업로드 한다. 툴바에서 [업로드] 버튼을 클릭한다.

04. 정상적으로 업로드가 되면 아두이노 보드에 내장된 LED가 1초 간격으로 깜박인다.

깜박이는 속도 변경하기

LED가 깜박이는 속도를 변경시키려면 무엇을 변경해야 하는가? delay 함수의 파라미터 값인 1000을 변경하면 LED가 깜박이는 속도를 변경할 수 있다. 만약 1000을 500으로 변경한 후 컴파일하여 업로딩 한다면 LED가 이전보다 두 배 빨리 깜박이는 것을 볼 수 있다.

프로그램 2 _ 함수와 변수를 사용하여 스케치 코드 작성하기

01. [파일] 메뉴에서 새 파일을 선택한 후, 코드를 작성한다.

예제 11-1 f() 함수를 사용하여 변수 값 출력하기 　　　소스코드: code11-1.py

```
int f(int x) {
  return x+1;            // x를 1 증가하여 값을 리턴
}

void setup() {
  Serial.begin(9600);    // 시리얼 모니터의 보드레이트를 9600으로 설정

  int x = 2;             // 정수형 변수 x에 2를 할당
  int y = f(x);          // x값을 넣어서 f() 함수를 호출
```

```
  Serial.println(y);      // 시리얼 모니터에 y값을 출력함
}

void loop() {

}
```

실행결과

```
3
```

02. 컴파일과 업로드를 수행한다.

03. [시리얼 모니터] 버튼을 클릭한다.

04. 시리얼 모니터 창이 뜨면, 우측 하단에서 통신 속도를 9600 보드레이트로 설정한다.

05. 시리얼 모니터에서 출력 값인 3이 출력된 것을 확인한다.

11.6 팅커캐드(TinkerCAD)로 아두이노 동작시키기

팅커캐드는 오토데스크(Autodesk)사에서 제공하는 아두이노 시뮬레이션 도구이다. 팅커캐드에서 제공하는 서킷(Circuit)을 사용하여 물리적인 아두이노 보드 없이도 아두이노에 프로그래밍을 하고 다양한 센서를 연결해 동작을 테스트할 수 있다.

(1) 서킷(Circuit) 기본 사용법 익히기

회원 가입

팅커캐드(https://www.tinkercad.com/) 사이트에 접속한다. 팅커캐드에 회원가입 하기 위해 시작 화면 우측 상단에 [지금가입] 버튼을 클릭한다. 계정등록을 위해 국가와 생년월일을 입력한다. 국가는 대한민국을 선택하고 본인의 생년월일을 입력한 후 [다음] 버튼을 클릭한다. 만약 구글 계정이 있다면 가입 절차 없이 간편하게 계정을 생성할 수 있다.

로그인

회원가입이 완료되었으면 [로그인]을 한다. 회원가입 후 로그인을 하면 본인의 프로필 화면이 나타난다. 작업을 하기 위해서 [새 디자인 작성] 버튼을 클릭한다.

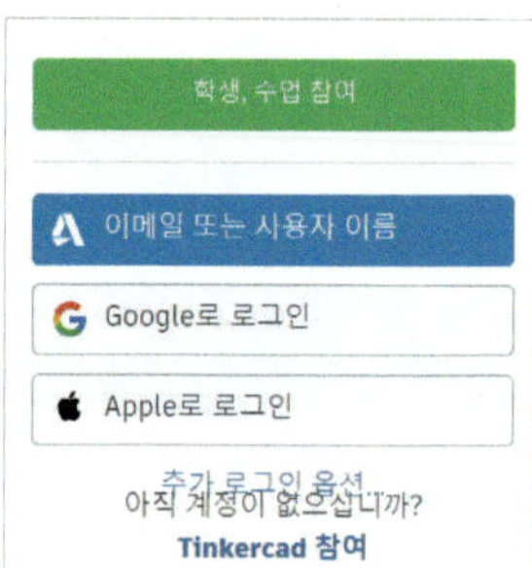

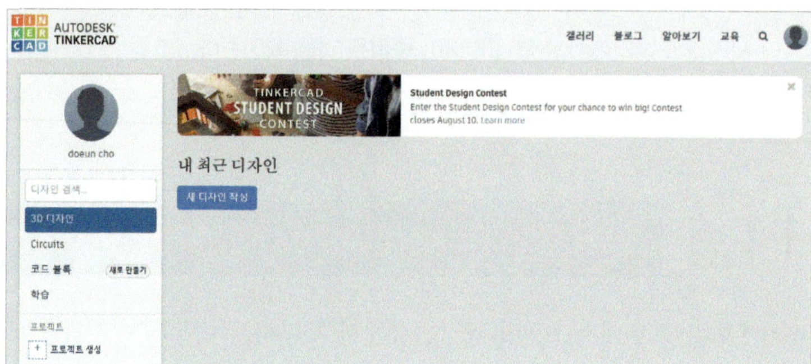

Circuits 화면 구성 이해하기

좌측 메뉴 중 [Circuits]을 선택하면 오른쪽 그림과 같이 서킷 대시보드를 볼 수 있는 화면이 나타난다. 새로운 서킷을 만들기 위해 녹색의 [새 회로작성] 버튼을 클릭하면, 다음과 같은 화면이 나타난다.

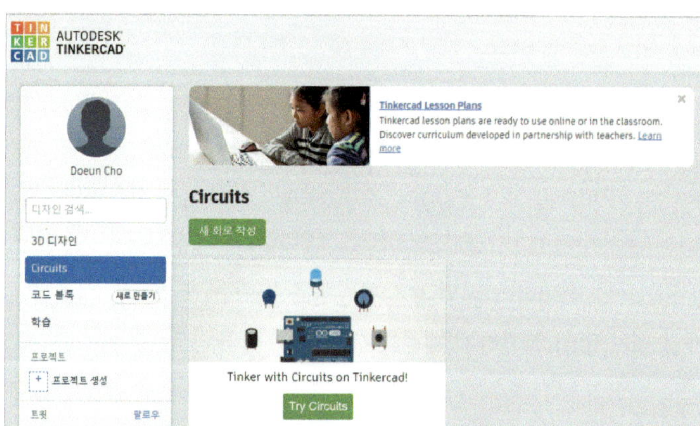

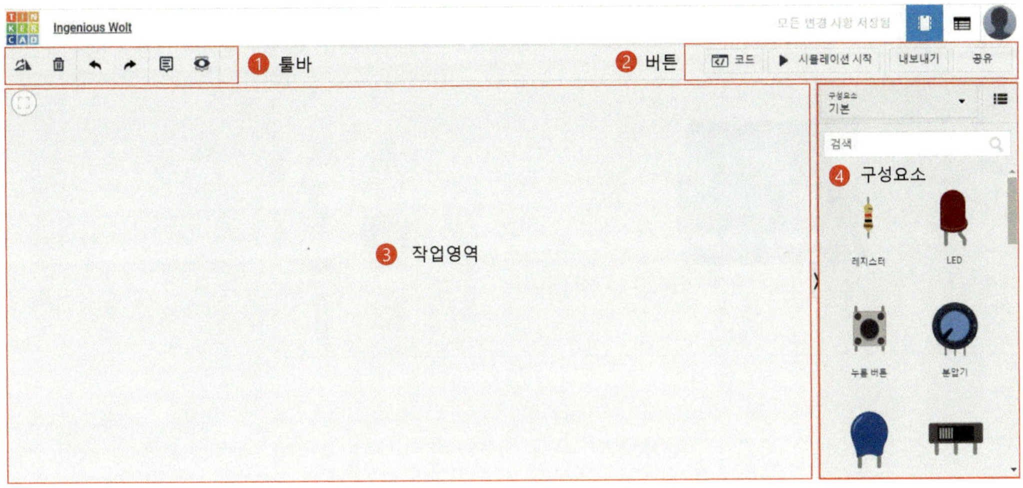

❶ 툴바 : 배치한 구성요소를 제어할 수 있다.

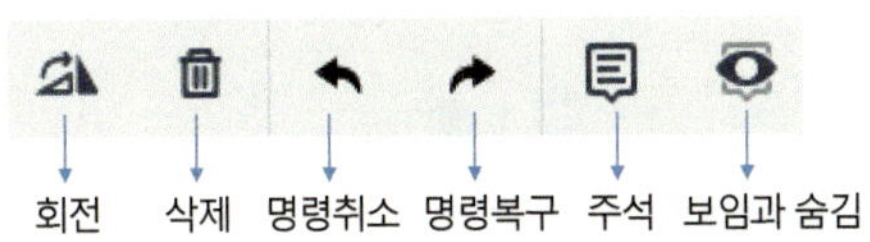

❷ 버튼 모음 : 서킷의 여러 기능을 사용할 수 있다.

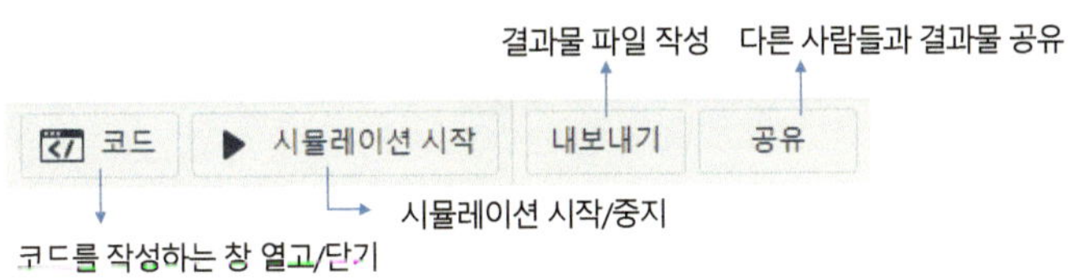

❸ 작업영역 : 구성요소를 배치하여 회로를 작성한다.

❹ 구성요소 : 아두이노 보드를 비롯해 저항, LED, 모터 등과 같은 구성요소가 있다.

(2) 서킷으로 아두이노 회로 작성해 보기

작업영역에 아두이노 구성요소 배치하기

오른쪽 구성요소에서 “Arduino Uno R3”를 검색한 다음, 마우스로 드래그하여 작업영역으로 가지고 온다.

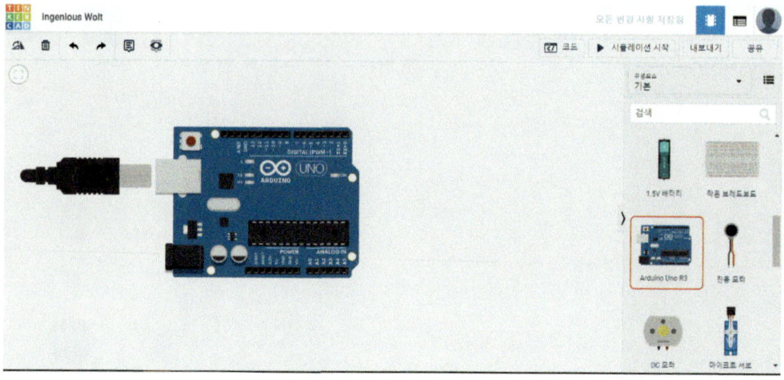

작업영역에 아두이노 구성요소 제어하기

작업영역에 배치한 아두이노 보드를 선택한 후, [툴바]-[회전]을 클릭하여 아두이노 보드를 세로로 회전시킨다.

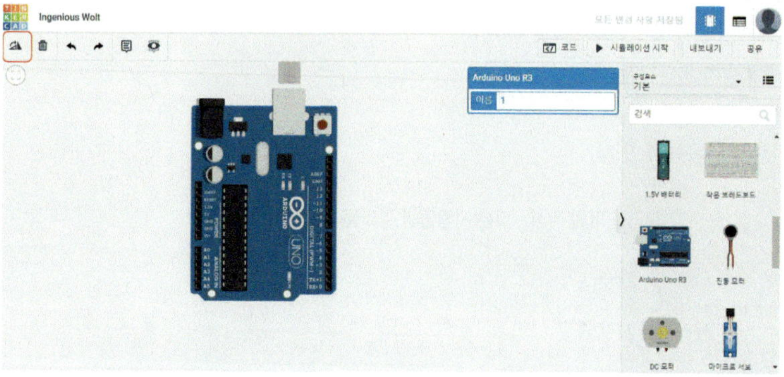

스케치 작성하기

01. 아두이노를 동작시키기 위한 코드를 작성한다. 화면 상단에서 [코드]를 선택한 후, "문자"를 클릭한다. 블록 편집기를 닫고 문자 편집기를 실행하기 위한 창이 뜨면 [계속] 버튼을 클릭하여 문자 편집기를 연다.

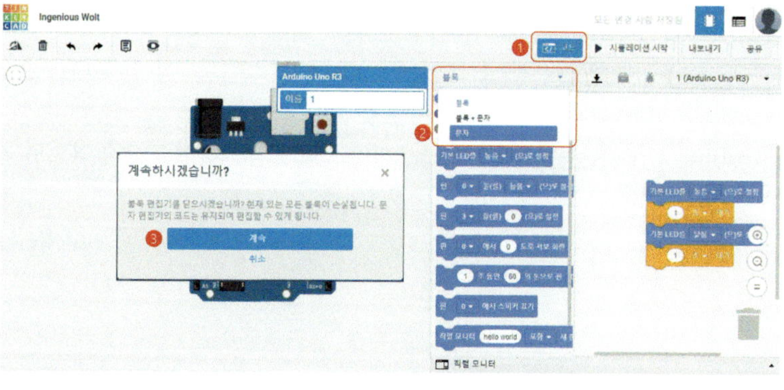

02. 아두이노 보드의 내장 LED를 깜박이기 위한 코드를 문자 편집기에 작성한다.

```
void setup() {
   pinMode(LED_BUILTIN, OUTPUT);
}
void loop() {
  digitalWrite(LED_BUILTIN, HIGH);
  delay(1000);
  digitalWrite(LED_BUILTIN, LOW);
  delay(1000);
}
```

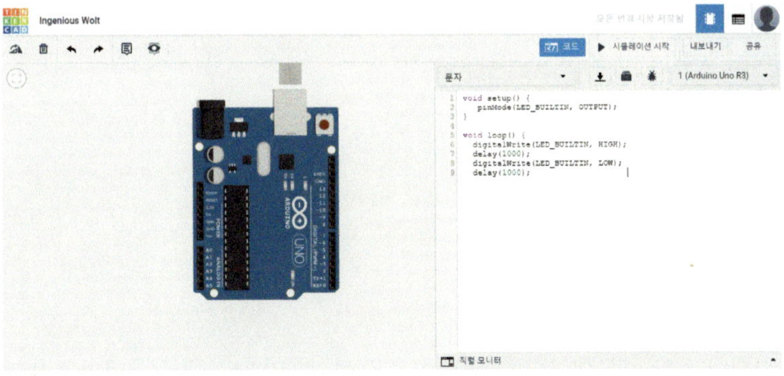

아두이노 시뮬레이션 하기

화면 우측 상단의 [▶시뮬레이션 시작] 버튼을 클릭하면 시뮬레이터가 시작된다. 아두이노 보드의 내장 LED가 깜박거리는 것을 확인할 수 있다.

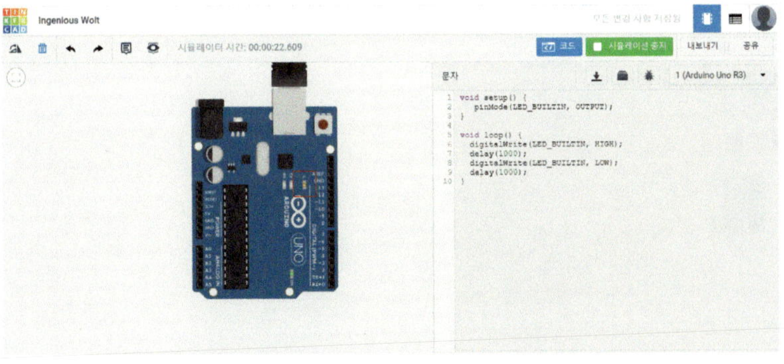

저장하고 메인 화면으로 이동하기

서킷에서 작업한 내용은 자동 저장된다. 화면 좌측 상단을 클릭하여 작성한 내용에 저장할 이름을 입력한다. 그리고 난 다음, 화면 좌측 상단의 팅커캐드 로고를 클릭하면 메인 화면으로 이동되며 저장한 작업 목록을 확인할 수 있다.

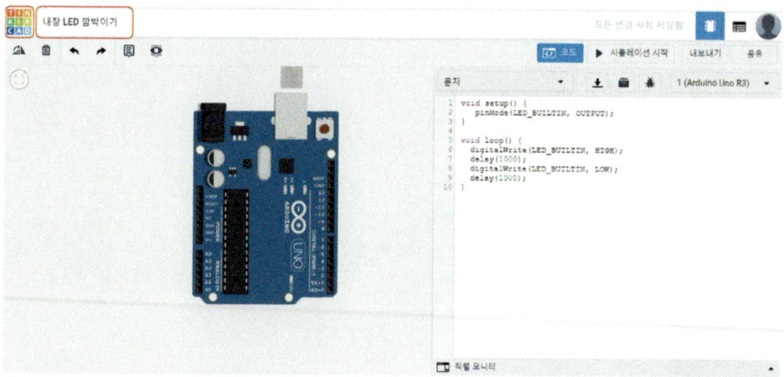

서킷 메인 설정 메뉴 확인하기

저장된 작업 목록이 표시되며 해당 목록의 설정(⚙) 아이콘을 클릭하면 특성에서 파일명을 변경하고, 복제, 이동, 삭제가 가능하다.

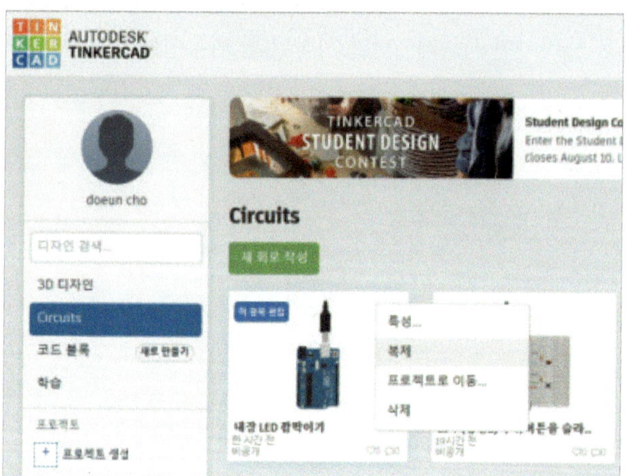

파이썬으로 코딩하기

아두이노의 기본 제어 코드인 스케치 언어 외에도 파이썬을 이용하여 제어 코드를 작성할 수 있다. 그러기 위해서는 파이썬 라이브러리를 추가 설치하여야 한다. 다음은 파이썬을 사용하기 위한 라이브러리를 설치하고, 파이썬 코드를 작성하여 아두이노의 내장 LED를 깜박이는 동작을 수행해 본다.

파이썬 라이브러리 설치하기

01. 먼저 명령 프롬프트를 실행한다.

02. pip 명령어를 이용하여 arduino-python3을 다운로드 및 설치한다(※ arduino-python 설치 시 자동으로 pyserial 라이브러리도 설치된다).

```
pip install arduino-python3
```

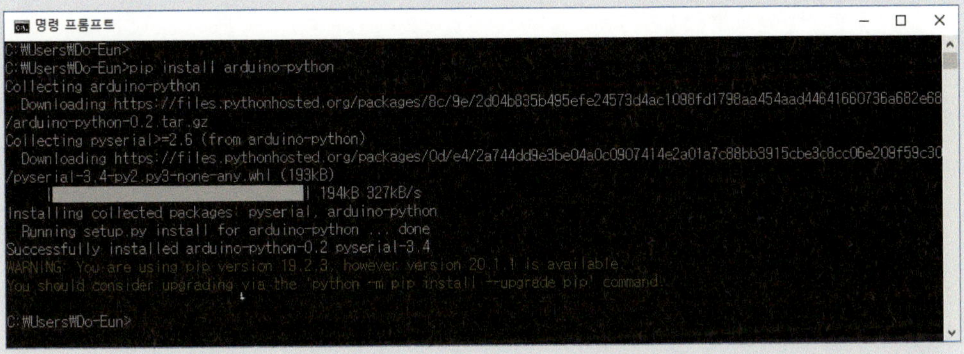

Python API 설치하기

파이썬 코드를 이용하여 아두이노를 제어할 수 있는 API를 설치한다.

01. Python-Arduino-Command-API 개발자 페이지(https://github.com/thearn/Python-Arduino-Command-API)에 접속하여 ZIP 압축된 라이브러리 파일을 다운로드 받는다.

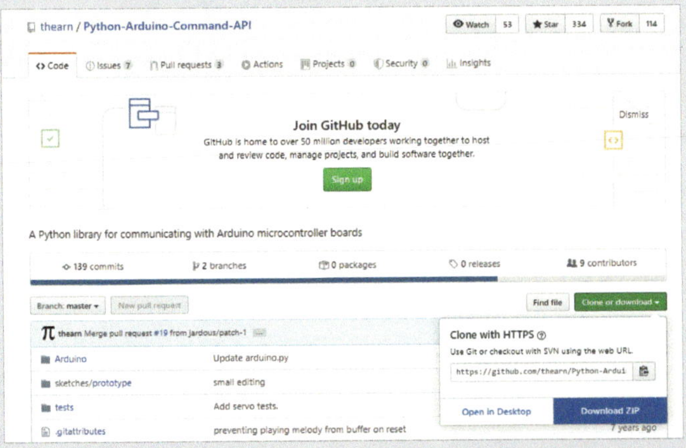

02. 다운로드 받은 압축 파일을 해제한다.

03. 컴퓨터와 아두이노 보드를 연결한 후, 아두이노 프로그램을 실행한다.

04. 다운로드 받은 파일 중 prototype.ino 파일을 불러온다(파일 경로 : Python-Arduino-Command-API-master\sketches\prototype).

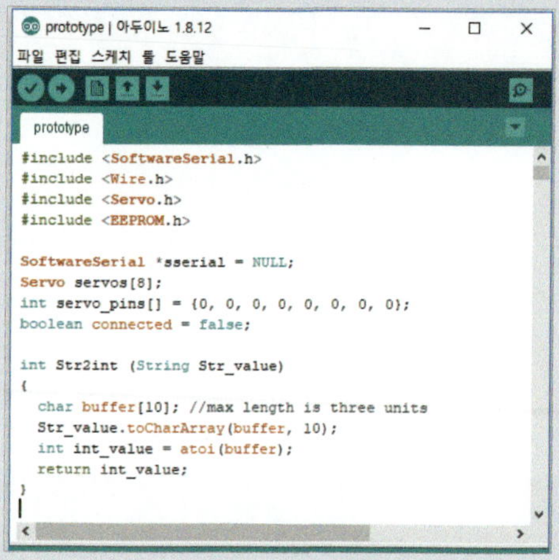

05. 불러온 파일을 아두이노 보드에 업로드 한다. 보드에 업로드하기 전에 아두이노 프로그램에서 툴 〉 보드와 포트 설정을 현재 연결한 보드와 포트로 설정한다.

파이썬으로 blink 코드 작성하기

01. 파이썬(IDLE Python GUI)을 실행하고, [File] 메뉴에서 [New File]을 클릭하여 새 창을 연다.

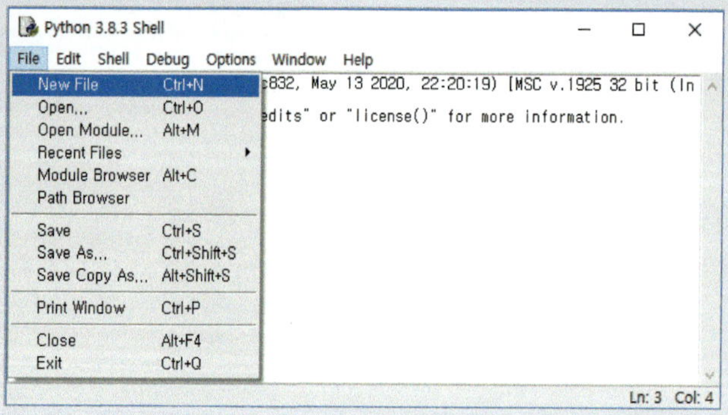

02. 다음 코드를 작성한다.

응용 11-1 파이썬으로 LED 깜박이기 소스코드: exe11-1.py

```
01 from Arduino import Ardunio
02 import time
03
04 board = Arduino('9600')
05 board.pinMode(13, "OUTPUT")
06
07 while True:
08     board.digitalWrite(13, "LOW")
09     time.sleep(1)
10     board.digitalWrite(13, "HIGH")
11     time.sleep(1)
```

12. 파이썬 코드를 저장한 뒤, [Run] – [Run Module]을 클릭하여 실행한다.

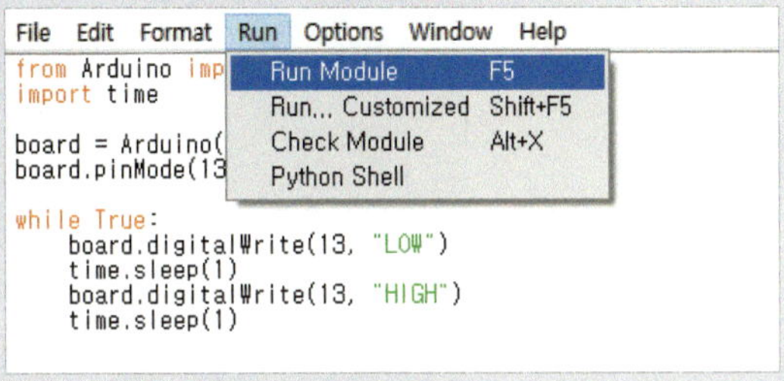

아두이노 보드가 연결된 상태에서 코드를 실행하면 내장 LED가 1초 간격으로 깜박인다.

코드의 1~2번 줄은 파이썬 라이브러리를 불러오는 명령이다. 4번 줄에서는 아두이노 보드의 통신 속도를 9600으로 설정한 뒤, 사용할 디지털 13번을 출력 모드로 설정한다.

7번 줄부터는 무한 반복하면서, 8번 줄에서는 보드의 디지털 13번 핀에 LOW 값을 출력하여 LED를 끈다. 9번 줄에서는 1초 동안 기다리며, 10번 줄에서는 다시 디지털 13번 핀에 HIGH 값을 출력하여 LED를 켠다. 11번 줄에서는 1초 동안 기다린다.

12

LED 깜박이기

[학습 목표]

01 LED의 동작 원리를 이해한다.

02 저항을 계산하는 방법을 알고, 각 전자 부품에 적합한 저항을 선택할 수 있다.

03 LED와 저항을 이용하여 동작을 제어하는 회로를 구성할 수 있다.

아두이노 보드는 컴퓨터와 서로 데이터를 주고받을 수 있는 통신 기능이 있다. 이 장에서는 빛을 내는 LED 부품을 살펴보고, 아두이노 보드에 LED를 연결하여 켜졌다가 꺼지게 하는 동작을 해본다.

12.1 이 장에서 만들 프로그램 미리보기

[프로그램 1] 1초 간격으로 LED 깜박이기

아두이노 보드에 LED를 연결하여 1초 간격으로 켜졌다가 꺼지도록 동작시킨다.

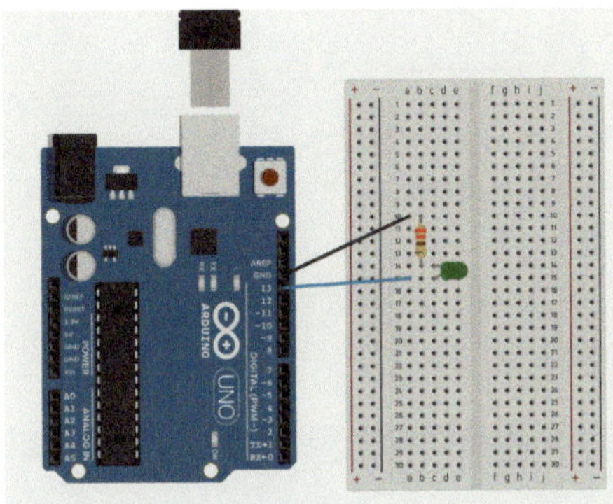

▲ LED가 꺼진 모습

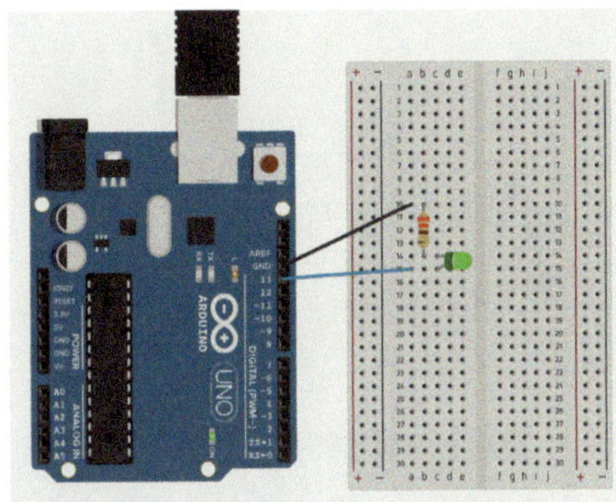

▲ LED가 켜진 모습

[프로그램 2] LED 신호등 만들기

아두이노 보드에 연결된 3개의 LED를 연결하여 빨간색, 노란색, 초록색 순으로 LED가 켜졌다가 꺼지는 신호등을 만들어 본다.

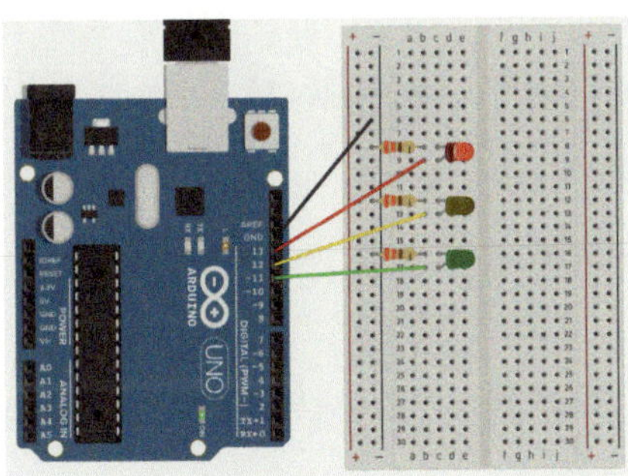

▲ 빨간색 LED가 켜진 모습

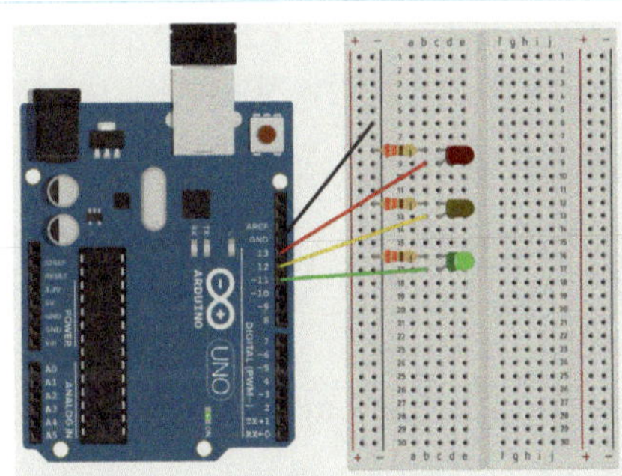

▲ 초록색 LED가 켜진 모습

12.2 LED 살펴보기

LED는 발광다이오드(Light-Emitting Diode)의 약어로, 순방향으로 전압을 가했을 때 빛을 내는 전자 부품이다. 대부분의 LED는 다리 핀이 2개이다. 긴 핀이 +극(애노드: Anode)이고, 짧은 핀이 -극(캐소드: Cathode)이다. +극과 -극에 전원을 반대로 연결하면 고장날 수 있으므로 주의해야 한다. LED에서 휘어진 형태의 핀이 +극이고, 직선 형태의 핀이 -극이다.

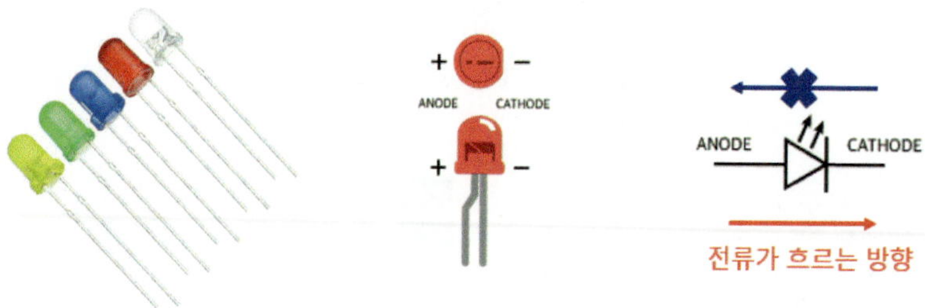

그림 12-1 다양한 LED와 LED 동작 원리

12.3 저항 살펴보기

저항은 도체에서 전류의 흐름을 방해하는 정도를 나타내는 물리량이다. 즉, 전기가 잘 통하지 않도록 하는 역할을 한다.

아두이노 보드에 각종 전자 부품을 사용할 때는 저항을 함께 사용한다. 각 부품이 버틸 수 있는 전류보다 많은 전류가 연결되면 부품이 고장 날 수 있기 때문에 적당한 저항을 함께 사용하여 전류의 크기를 조절해야 한다.

아두이노 보드에서 사용하는 전압의 값은 5V이다. 그리고 5mm LED의 데이터시트를 보면 전류가 15mA이고 강하전압이 2V 정도이다. 그렇다면 아두이노 보드에서 전류가 15mA 흐르도록 하려면 어떤 값의 저항을 사용해야 할까?

```
전압 = 전류 × 저항
```

옴의 법칙을 이용해서 저항의 값을 구할 수 있다. 아두이노 보드의 5V 전압에서 LED의 강하전압이 2V이므로 전압은 5에서 2를 뺀 3이 된다. 그리고 LED가 필요한 전류는 15mA이다.

```
3 = 0.015 × 저항
```

따라서 저항의 값은 200이 되므로 200Ω의 저항을 사용하면 된다. 가급적 보다 안전하게 사용하기 위해서는 약간 큰 값을 사용하면 좋으므로 LED를 사용할 때는 220Ω을 사용하는 것이 좋다.

저항 읽기

색상 (color)	첫번째 숫자 (1st Digit)	두번째 숫자 (2nd Digit)	10의 n제곱 (Multiplier)	오차 (Tolerance)
검정	0	0	x 1	
갈색	1	1	x 10	±1%
빨강	2	2	x 100	±2%
주황	3	3	x 1K	
노랑	4	4	x 10K	
초록	5	5	x 100K	
파랑	6	6	x 1M	
보라	7	7	x 10M	
회색	8	8		
흰색	9	9		
금색			x 0.1	±5%
은색			x 0.01	±10%

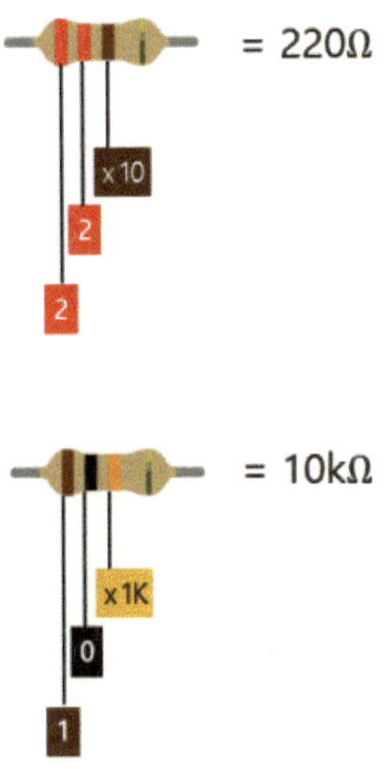

12.4 실습예제

프로그램 1 _ 1초 간격으로 LED 깜박이기

아두이노 보드에 LED 1개를 연결하고, 1초 간격으로 켜졌다가 꺼지게 하는 예제를 만들어 본다.

준비물

아두이노 보드×1, 브레드보드×1, USB 케이블×1, LED×1, 저항(220Ω)×1, 수수 점퍼선×2

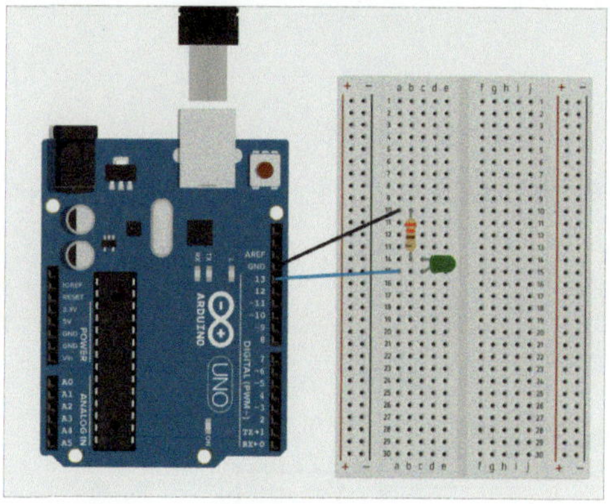

완성된 회로도

회로 구성하기

01. 브레드보드에 LED 1개를 연결한다.

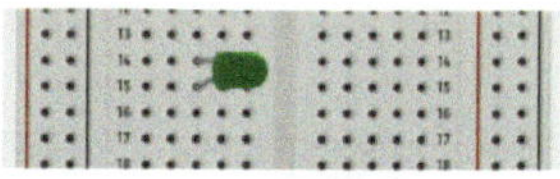

02. LED의 -핀과 같은 줄에 저항(220Ω) 1개를 연결한다.

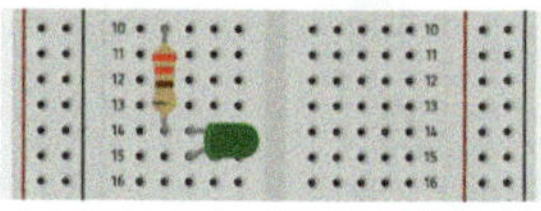

03. 저항의 한쪽 핀과 아두이노 보드의 GND를 점퍼선으로 연결한다.

04. LED의 +핀과 아두이노 보드의 디지털 13번 핀을 또 하나의 점퍼선으로 연결한다.

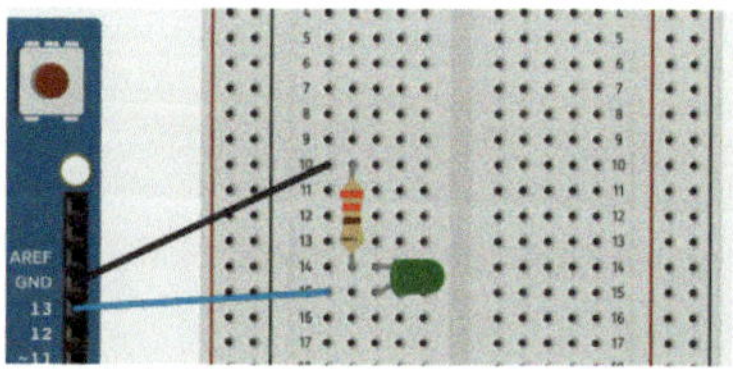

스케치 작성하기

01. 컴퓨터에 보드를 연결하고 아두이노 소프트웨어에서 보드와 포트를 선택한다.

02. 스케치를 작성한다.

예제 12-1 LED 1개를 1초 동안 깜박이기 소스코드: code12-1.ino

```
void setup()
{
 pinMode(13, OUTPUT);      // 디지털 13번 핀을 출력 모드로 설정
}

void loop()
{
  digitalWrite(13, HIGH); // 디지털 13번 핀에 전기를 입력(HIGH)
  delay(1000);            // 1초 동안 기다리기
  digitalWrite(13, LOW);  // 디지털 13번 핀에 전기를 끊기(LOW)
  delay(1000);
}
```

03. 체크(V) 버튼을 눌러 스케치에 오타가 없는지 확인한다.

04. 업로드 버튼을 눌러 컴파일된 파일을 아두이노 보드에 업로드 한다.

05. LED가 1초 간격으로 깜박이는 것을 확인한다.

시리얼 통신 명령어 알아보기

pinMode(핀 번호, 용도)

디지털 핀을 사용할 때는 setup 함수에서 디지털 핀을 입력 용도로 사용할 것인지 출력 용도로 사용할 것인지 설정해야 한다. pinMode 함수는 디지털 핀 용도를 설정하는 함수이다.

(예) pinMode(13, INPUT) : 디지털 13번 핀을 입력 용도로 설정

(예) pinMode(13, OUTPUT) : 디지털 13번 핀을 출력 용도로 설정

digitalWrite(핀 번호, 값)

digitalWrite() 명령어는 해당 디지털 핀에 HIGH(전기 공급) 또는 LOW(전기 공급 중단)의 값을 줄 수 있는 명령어이다. 핀 번호에는 전자 부품과 연결된 디지털 핀 번호를 입력하고, 값에는 HIGH 또는 LOW값을 입력한다.

digitalRead(핀 번호)

digitalRead() 명령어는 해당 핀에 입력된 값을 읽어 오는 명령어이다. 해당 핀 번호에 연결된 전자 부품으로부터 받은 값을 HIGH 또는 LOW값으로 가져온다.

프로그램 2 _ LED 신호등 만들기

아두이노 보드에 연결된 3개의 LED를 연결하여 빨간색, 노란색, 초록색 순으로 LED가 켜졌다가 꺼지는 신호등을 만들어 본다.

준비물

아두이노 보드×1, 브레드보드×1, USB 케이블×1, LED×3, 저항(220Ω)×3, 수수 점퍼선×4

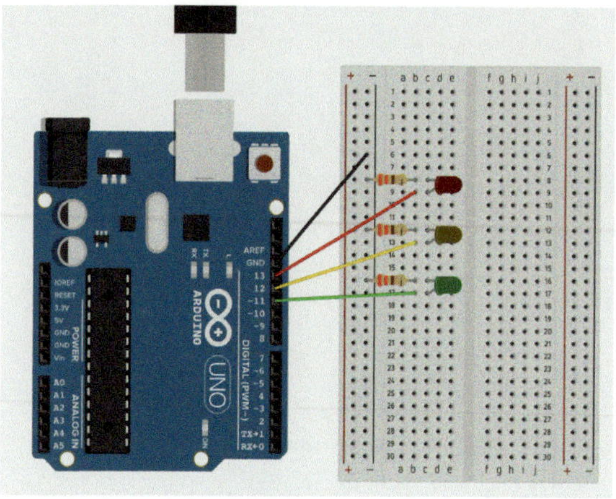

완성된 회로도

회로 구성하기

01. 브레드보드에 빨간색, 노란색, 초록색 LED 3개를 연결한다.

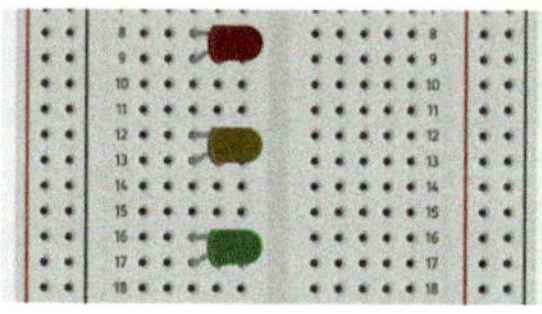

02. 아두이노 보드의 GND를 브레드보드 전원 영역의 -선에 검은색 점퍼선으로 연결한다.

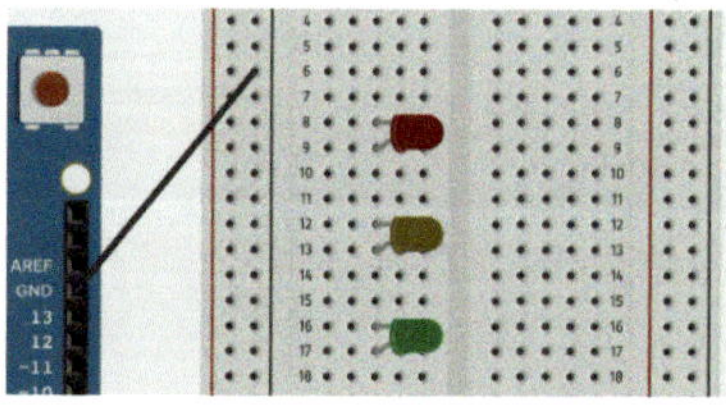

03. 3개의 저항(220Ω)을 각 LED의 -핀과 브레드보드 전원 영역의 -선에 연결한다.

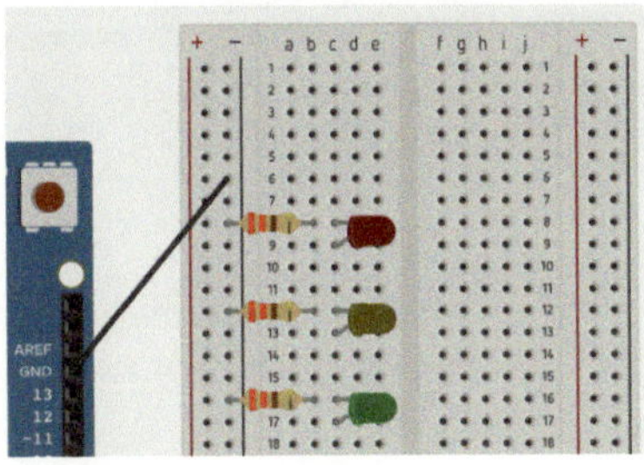

04. 아두이노 보드의 디지털 13번 핀을 빨간색 LED, 12번 핀을 노란색 LED, 11번 핀을 초록색 LED의 +핀에 각각 점퍼선으로 연결한다.

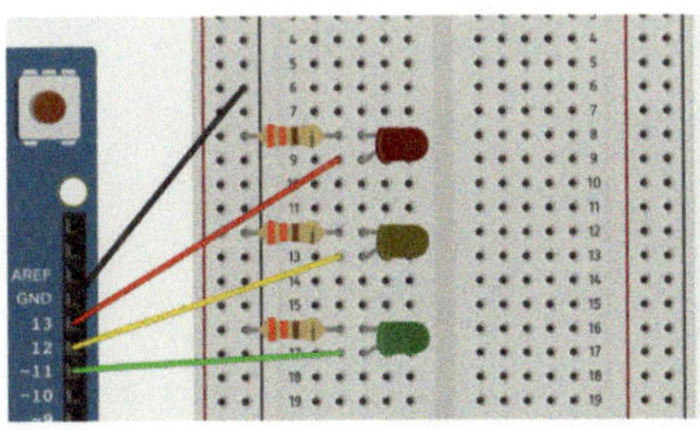

스케치 작성하기

01. 컴퓨터에 보드를 연결하고 아두이노 소프트웨어에서 보드와 포트를 선택한다.

02. 스케치를 작성한다.

예제 12-2 LED 신호등 만들기 소스코드: code12-2.ino

```
void setup()
{
  pinMode(11, OUTPUT);     // 디지털 11번~13번 핀을 출력 모드로 설정
  pinMode(12, OUTPUT);
  pinMode(13, OUTPUT);
}

void loop()
{
  digitalWrite(13, HIGH); // 디지털 13번 핀을 HIGH로 설정(빨간색 LED켜기)
  delay(2000);
  digitalWrite(13, LOW);  // 빨간색 LED 끄기
  delay(1000);
  digitalWrite(12, HIGH); // 디지털 12번 핀을 HIGH로 설정(노란색 LED켜기)
  delay(2000);
  digitalWrite(12, LOW);  // 노란색 LED 끄기
```

```
    delay(1000);
    digitalWrite(11, HIGH); // 디지털 11번 핀을 HIGH로 설정(초록색 LED켜기)
    delay(2000);
    digitalWrite(11, LOW);  // 초록색 LED 끄기
    delay(1000);
}
```

03. 체크(V) 버튼을 눌러 스케치에 오타가 없는지 확인한다.

04. 업로드 버튼을 눌러 컴파일 된 파일을 아두이노 보드에 업로드 한다.

05. 3개의 LED가 순서대로 깜박이는 것을 확인한다.

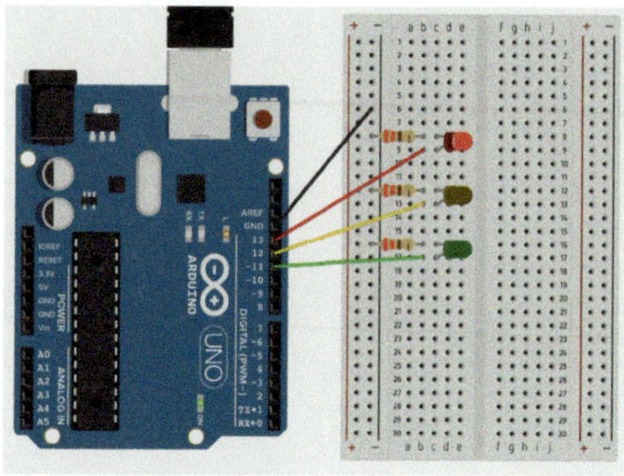

▲ 빨간색 LED가 켜진 모습

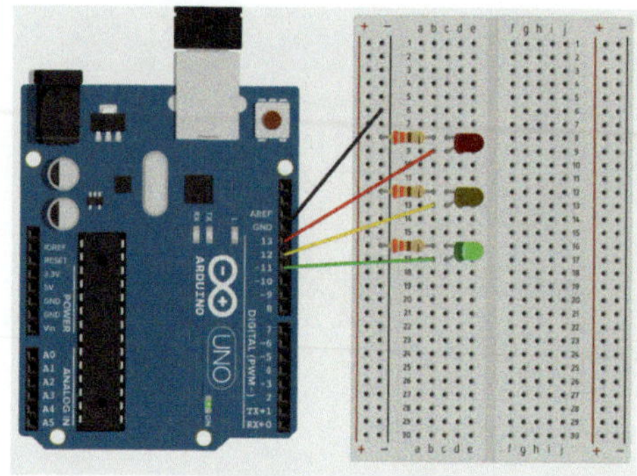

▲ 초록색 LED가 켜진 모습

12.5 응용예제

프로그램 1 _ LED 밝기 조절하기

LED가 점점 밝아졌다가 다시 점점 어두워지면서 점멸을 반복하도록 LED 밝기를 조절한다. 아두이노 보드에 LED 1개를 연결하고, 아날로그 출력을 이용해 밝기가 달라지는 예제를 만들어 본다.

준비물

아두이노 보드×1, 브레드보드×1, USB 케이블×1, LED×1, 저항(220Ω)×1, 수수 점퍼선×2

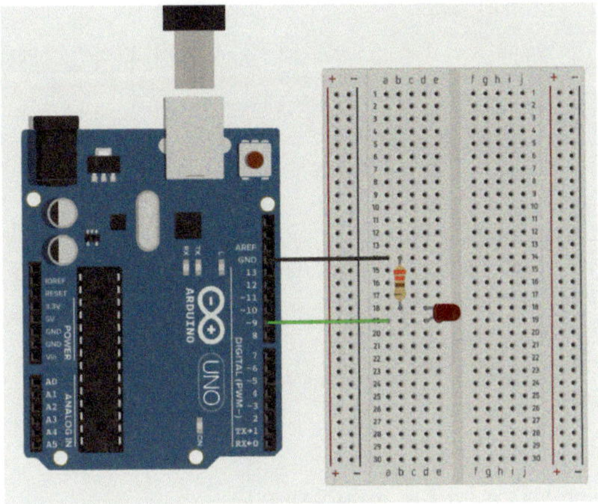

완성된 회로도

회로 구성하기

01. 브레드보드에 LED 1개를 연결하고, LED의 -핀과 같은 줄에 저항(220Ω) 1개를 연결한다.

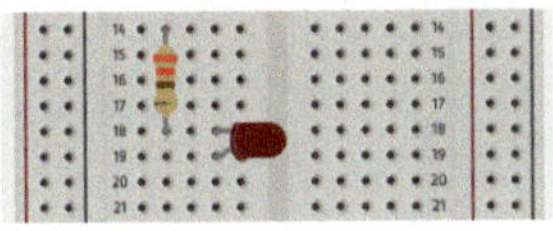

02. 저항의 한쪽 핀과 아두이노 보드의 GND를 점퍼선으로 연결하고, LED의 +핀과 아두이노 보드의 디지털 9번 핀을 점퍼선으로 연결한다.

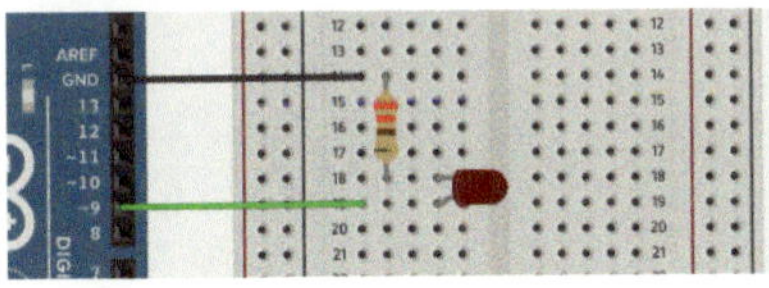

스케치 작성하기

01. 컴퓨터에 보드를 연결하고 아두이노 소프트웨어에서 보드와 포트를 선택한다.

02. 스케치를 작성한다.

예제 12-3 LED 밝기 조절하기 — 소스코드: code12-3.ino

```
void setup()
{
}

void loop()
{
```

```
  for(int i = 0; i < 256; i++) {    // i가 0부터 255까지 증가하는 반복문
    analogWrite(9, i);              // 아날로그 출력 핀의 전압을 설정하는 부분
    delay(10);                      // 0.01초 기다리기
  }

  for(int i = 255; i > -1; i--) {   // i가 255부터 0까지 감소하는 반복문
    analogWrite(9, i);              // 아날로그 출력 핀의 전압을 설정하는 부분
    delay(10);                      // 0.01초 기다리기
  }
}
```

03. 체크(V) 버튼을 눌러 스케치에 오타가 없는지 확인한다.

04. 업로드 버튼을 눌러 컴파일된 파일을 아두이노 보드에 업로드 한다.

05. LED가 점점 밝아져서 켜졌다가 다시 점점 어두워지면서 꺼지는 것을 반복한다.

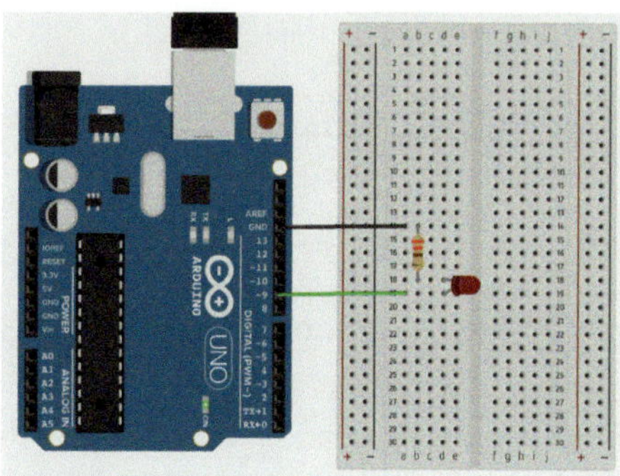

▲ LED가 꺼진 모습

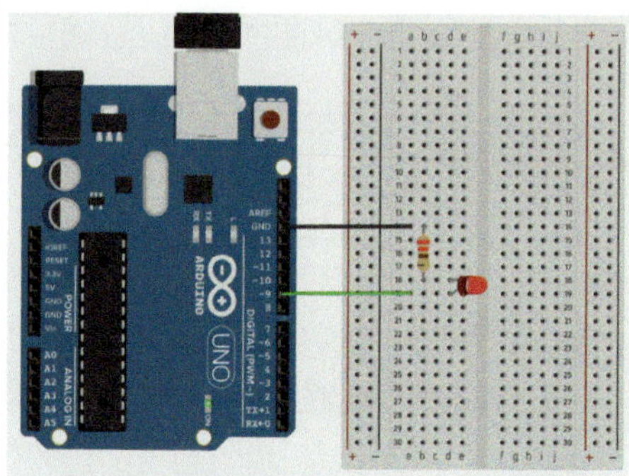

▲ LED가 점점 밝아지는 모습

주의

아날로그를 제어할 때는 디지털과 달리 setup()에 설정할 필요는 없다. 그러나 setup()가 비었다고 삭제하면 안 된다.

시리얼 통신 명령어 알아보기

analogWrite(핀 번호, 전압)

analogWrite() 명령어는 아두이노 보드의 아날로그 출력 핀의 전압을 설정하는 함수이다. 전압을 0V에서 5V 사이에 원하는 값으로 설정할 수 있다. 단, 꼭 틸트(~)표시가 있는 핀을 사용해야 한다.

(예) analogWrite(9, 0) : 9번 핀에 0V 전압을 설정

(예) analogWrite(9, 255) : 9번 핀에 5V 전압을 설정

프로그램 2 _ 8개 LED 켜고 끄기

아두이노 보드에 8개의 LED를 연결하고, LED가 모두 켜졌다가 꺼지는 동작을 하는 예제를 만들어 본다.

준비물

아두이노 보드×1, 브레드보드×1, USB 케이블×1, LED×8, 저항(220Ω)×8, 점퍼선×10

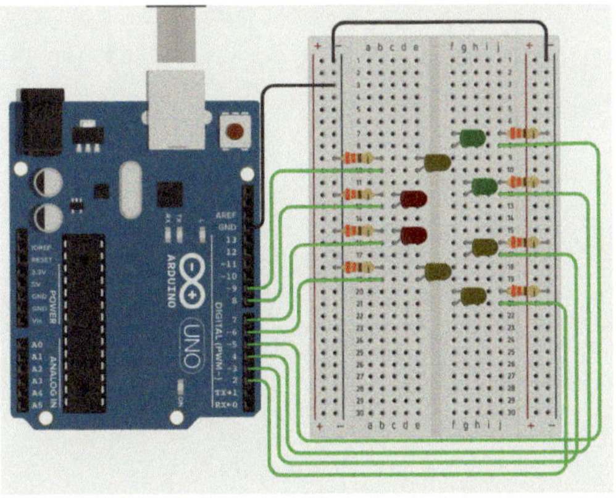

완성된 회로도

회로 구성하기

01. 브레드보드에 LED 8개를 연결한다. 각 LED의 음극(−) 핀에 저항(220Ω)을 연결한다.

02. 아두이노 보드의 디지털 핀 2번 ~ 9번을 LED의 양극(+) 핀에 연결한다.

03. 아두이노 보드의 GND 핀을 브레드보드 전원 영역의 −선에 연결한다.

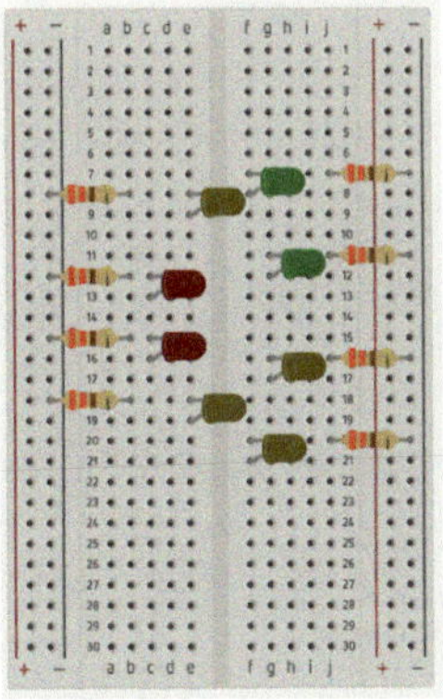

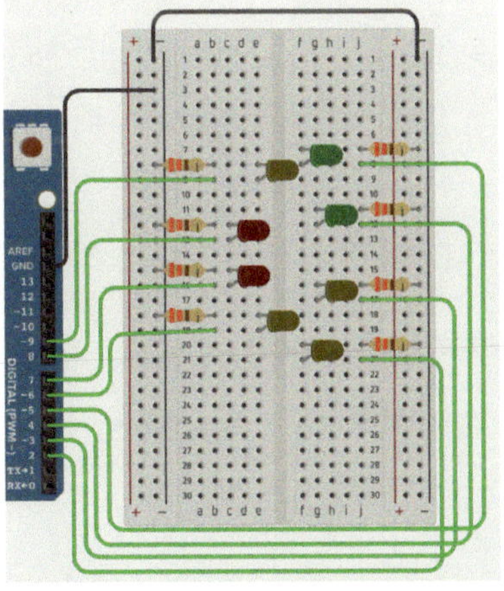

스케치 작성하기

01. 컴퓨터에 보드를 연결하고 아두이노 소프트웨어에서 보드와 포트를 선택한다.

02. 스케치를 작성한다.

예제 12-4 8개 LED 모두 켜고 끄기 소스코드: code12-4.ino

```
const unsigned int ledPin[8] = {2, 3, 4, 5, 6, 7, 8, 9};  // 배열로 LED 핀번호 설정

void setup()
{
  for(int i = 0; i <= 7; i++)       // 반복문을 사용하여 LED 핀모드를 출력으로 설정
    pinMode(ledPin[i], OUTPUT);
}

void loop()
{
  for(int i = 0; i <= 7; i++)       // 반복문을 사용하여 LED 모두 켜기(HIGH)
    digitalWrite(ledPin[i], HIGH);

  delay(1000);                      // 1초 기다리기

  for(int i = 0; i <= 7; i++)
    digitalWrite(ledPin[i], LOW);   // 반복문을 사용하여 LED 모두 끄기(LOW)

  delay(1000);

}
```

03. 체크(V) 버튼을 눌러 스케치에 오타가 없는지 확인한다.

04. 업로드 버튼을 눌러 컴파일된 파일을 아두이노 보드에 업로드 한다.

05. 8개의 LED가 모두 켜졌다가 꺼지는 것을 확인한다.

예제 12-4를 변경하여 8개의 LED가 차례대로 켜졌다가 꺼지는 동작을 반복하도록 코드를 작성한다.

예제 12-5 8개 LED 모두 켜고 끄기 소스코드: code12-5.ino

```
const unsigned int ledPin[8] = {2, 3, 4, 5, 6, 7, 8, 9};

void setup()
{
  for(int i = 0; i <= 7; i++)
```

```
    pinMode(ledPin[i], OUTPUT);
}

void loop()
{
  for(int i = 0; i <= 7; i++){

    // LED 모두 끄기
    for(int j = 0; j <= 7; j++){
      digitalWrite(ledPin[j], LOW);
    }
    // 한 개의 LED 켜기
    digitalWrite(ledPin[i], HIGH);

    delay(1000);
  }
}
```

▲ 3번 핀 LED가 켜진 모습

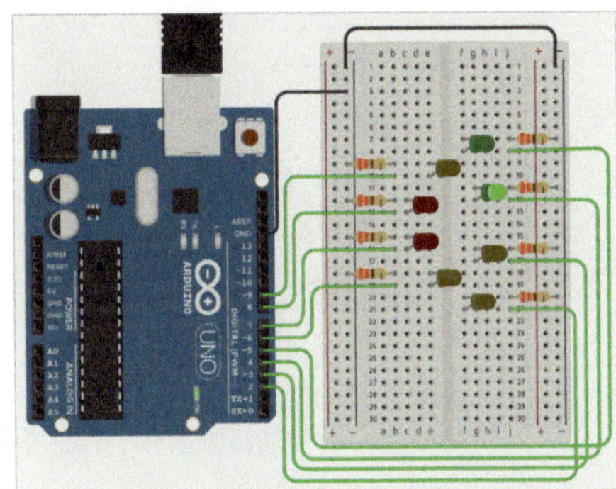

▲ 4번 핀 LED가 켜진 모습

파이썬으로 코딩하기

파이썬을 이용하여 LED 3개가 깜박이는 코드를 작성해 본다.

01. 컴퓨터에 보드를 연결한다.

02. 파이썬을 실행하여 코드를 작성한다.

응용 12-1 파이썬 코드로 LED 3개 깜박이기 소스코드: exe12-1.py

```python
#아두이노 연결을 위해 Arduino 라이브러리에서 Arduino를 가져오기
from Arduino import Arduino
import time

board = Arduino('9600') #보드의 통신 속도를 9600으로 설정
board.pinMode(11, "OUTPUT")
board.pinMode(12, "OUTPUT")
board.pinMode(13, "OUTPUT")

while True:
    board.digitalWrite(11, "HIGH")
    time.sleep(1)
    board.digitalWrite(11, "LOW")
    time.sleep(1)
    board.digitalWrite(12, "HIGH")
    time.sleep(1)
    board.digitalWrite(12, "LOW")
    time.sleep(1)
    board.digitalWrite(13, "HIGH")
    time.sleep(1)
    board.digitalWrite(13, "LOW")
    time.sleep(1)
```

03. 파이썬 코드를 저장한 후, 실행(Run Module) 한다.

04. 아두이노 보드가 연결된 상태에서 코드를 실행하면 LED 3개가 순서대로 깜박인다.

파이썬 코드 명령어 알아보기

`board = Arduino("9600", port = "port_number")`

아두이노 보드의 통신 속도를 9600으로, 포트 번호를 port_number로 설정한다. 포트 번호를 생략하면 자동으로 포트 번호를 찾는다.

`Arduino.pinMode(pin_number, io_mode)`

특정 핀의 입출력 모드를 설정한다.

`Arduino.digitalWrite(pin_number, state)`

특정 핀의 상태를 HIGH 또는 LOW로 설정한다.

13

푸시 버튼 활용하기

[학습 목표]

01 푸시 버튼의 원리를 이해한다.

02 푸시 버튼을 이용하여 LED를 제어하는 회로를 구성할 수 있다.

03 푸시 버튼을 이용하여 삼색 LED를 제어하는 회로를 구성할 수 있다.

이 장에서는 전기 회로를 연결하거나 끊을 수 있는 물리적인 장치인 푸시 버튼을 살펴보고, 푸시 버튼을 이용하여 LED를 제어하는 방법을 익힌다.

13.1 이 장에서 만들 프로그램 미리보기

[프로그램 1] 푸시 버튼으로 LED 켜고 끄기

푸시 버튼을 누르고 있으면 LED가 켜지고, 버튼을 누르지 않으면 LED가 꺼진다.

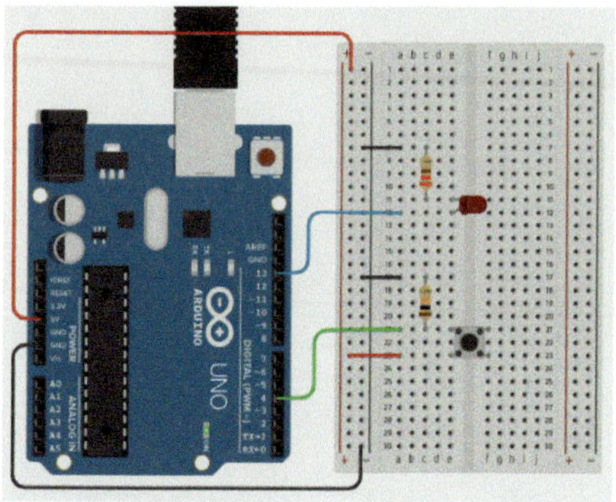

▲ 푸시 버튼을 누르지 않으면 LED가 꺼짐

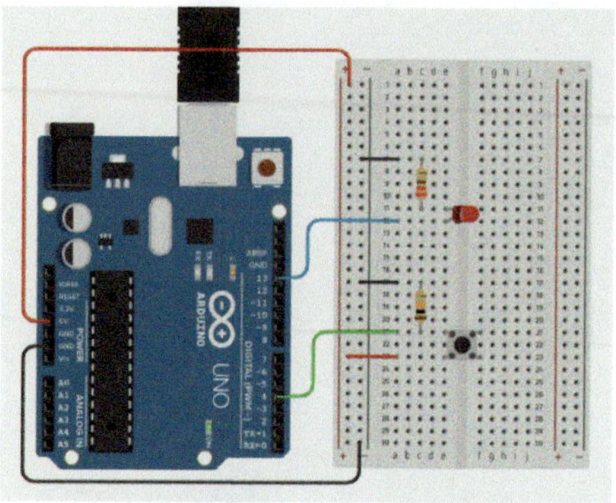

▲ 푸시 버튼을 누르면 LED가 켜짐

[프로그램 2] 3개의 버튼으로 삼색 LED 색 바꾸기

빨강, 파랑, 초록색을 제어하는 3개의 버튼을 이용해서 삼색 LED의 색을 바꾸도록 동작시킨다. 해당 색상의 버튼을 누르고 있으면 삼색 LED의 색상이 바뀌게 된다.

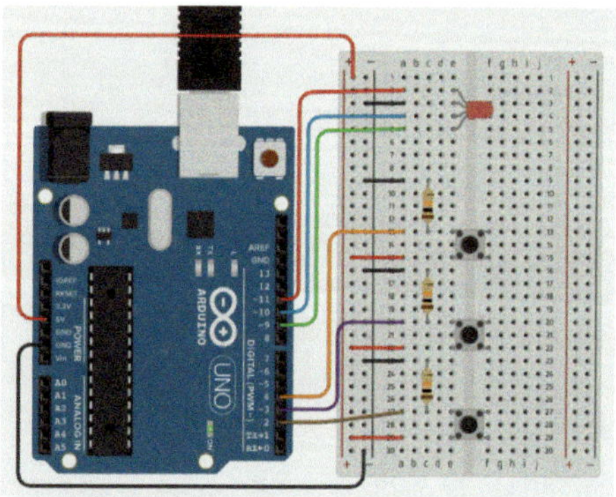

▲ 푸시 버튼을 눌러서 빨간색 LED가 켜짐

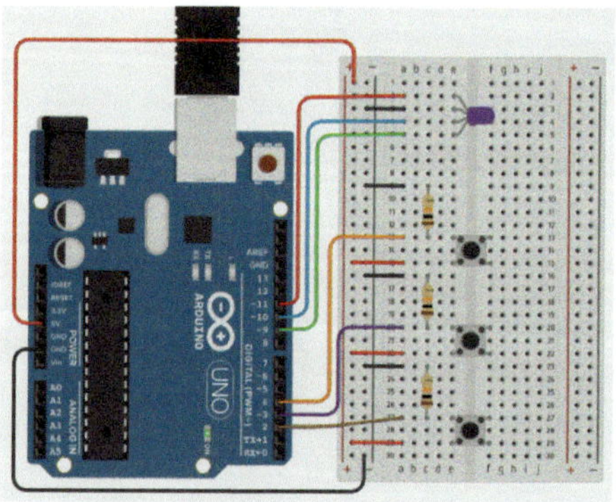

▲ 푸시 버튼을 눌러서 파란색 LED가 켜짐

13.2 푸시 버튼 살펴보기

푸시 버튼(Push button)은 전기 회로를 연결하거나 끊을 수 있는 물리적 장치이다. 푸시 버튼을 눌렀을 때 회로가 연결되고, 버튼을 누르지 않았을 때 회로가 끊어지게 된다. 이 구조를 이용하여 전기를 공급하거나 공급하지 않게 하는 스위치 기능을 한다.

푸시 버튼은 상단에 단추 모양의 버튼과 하단에 4개의 단자로 구성되어 있다. 상단 버튼은 스위치를 동작시키는 역할을 하며, 하단의 단자는 회로와 스위치를 연결하는 다리 역할을 한다. 단자는 대각선 방향으로 한 쌍이 연결되어 있다. 그림과 같이 좌측 상단 단자에 도선을 연결했다면, 우측 하단 단자에 다른 도선을 연결하는 방법이다. 이렇게 회로를 연결하고 버튼을 누르면, 전류는 좌상단 단자에서 우하단 단자로 흘러간다.

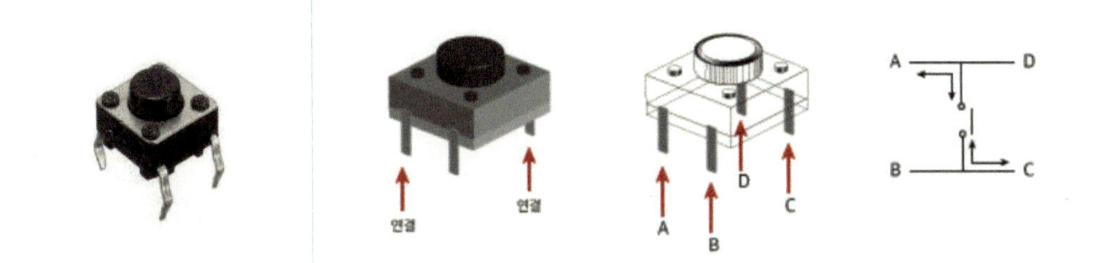

(a) 푸시 버튼 (b) 푸시 버튼 내부 구조

그림 13-1 푸시 버튼

13.3 푸시 버튼 상태 확인하기

푸시 버튼을 누르면 시리얼 모니터에 'push!'라는 문자열이 출력되도록 한다. 아두이노 보드는 푸시 버튼의 상태를 주기적으로 확인해서 버튼이 눌러졌을 때, 시리얼 모니터에 문자열을 출력하도록 한다. 회로도를 따라 회로를 구성하고, 아두이노 스케치를 작성하여 동작시켜 본다.

준비물

아두이노 보드×1, 브레드보드×1, USB 케이블×1, 푸시 버튼×1, 저항(10kΩ)×1, 수수 점퍼선×5

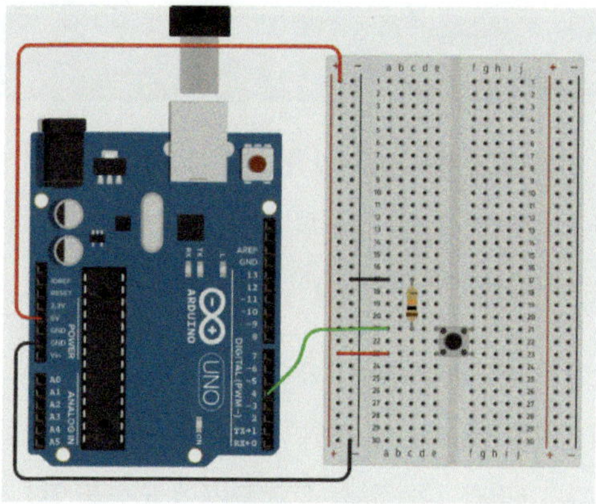

완성된 회로도

회로 구성하기

01. 아두이노 보드의 5V와 GND를 브레드보드 전원 영역에 각각 연결한다.

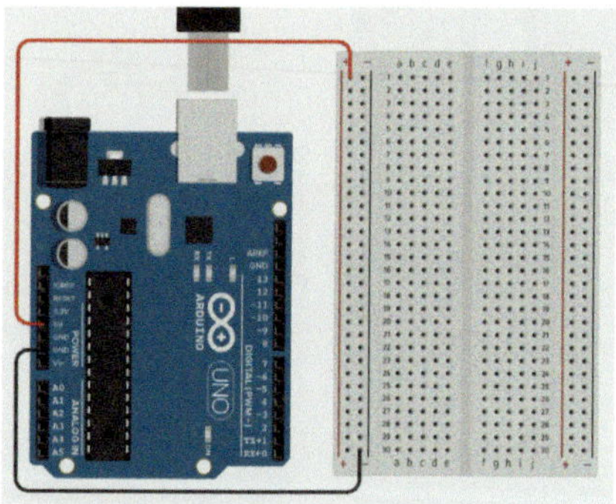

02. 브레드보드에 푸시 버튼을 연결하고, 푸시 버튼 좌측 상단에 저항(10kΩ)을 연결한다.

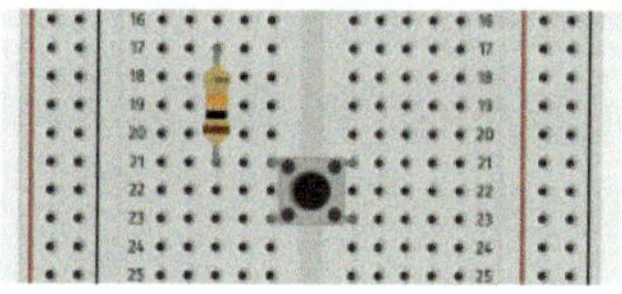

03. 저항을 브레드보드 전원 영역의 -선을 점프선으로 연결하고, 푸시 버튼 좌측 하단의 핀과 브레드보드 +선을 연결한다.

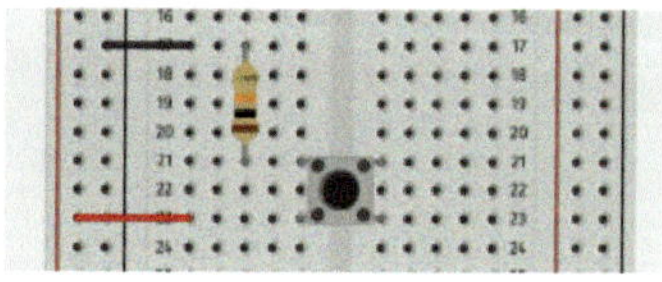

04. 푸시 버튼의 왼쪽 상단 핀과 아두이노 보드의 디지털 4번 핀과 연결한다.

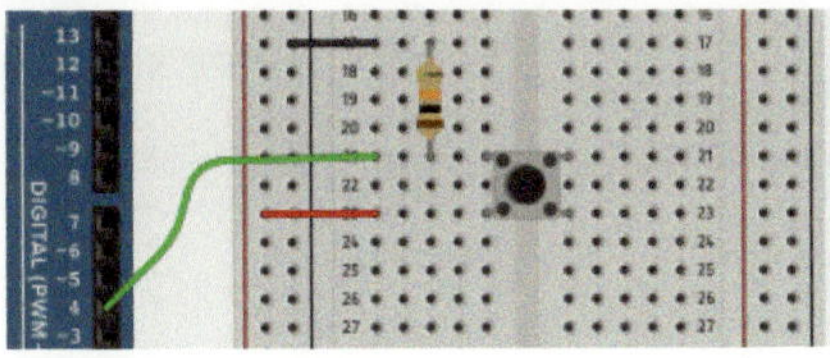

스케치 작성하기

01. 컴퓨터에 보드를 연결하고 아두이노 소프트웨어에서 보드와 포트를 선택한다.

02. 스케치를 작성한다.

예제 13-1 푸시 버튼으로 글자 출력하기 — 소스코드: code13-1.ino

```
int btnPin = 4;            // 푸시 버튼 연결 핀

void setup(){
  pinMode(btnPin, INPUT); // 푸시 버튼 연결 핀을 입력 모드로 설정
  Serial.begin(9600);     // 시리얼 모니터 초기화
}

void loop(){
        if(digitalRead(btnPin))     // 버튼이 눌러진 경우
                Serial.print("Push!");
        else                        // 버튼이 눌러지지 않은 경우
                Serial.print(". ");

  Serial.println();
  delay(10);
}
```

03. 체크(V) 버튼을 눌러 스케치에 오타가 없는지 확인한다.

04. 업로드 버튼을 눌러 컴파일 된 파일을 아두이노 보드에 업로드 한다.

05. 버튼을 눌렀을 때 시리얼 모니터에 "Push!" 문자열이 출력되는 것을 확인한다.

시리얼 통신 명령어 알아보기

digitalRead(핀 번호)

digitalRead() 명령어는 아두이노 보드의 디지털 핀의 상태를 읽어 온다. 디지털 핀에 전자 부품을 연결하여 동작시키면 HIGH 또는 LOW의 상태가 된다.

Serial.println(값)

시리얼 모니터에 값을 출력하고 입력 커서를 한 줄 내리는 명령어이다.

13.4 실습예제

프로그램 1 _ 푸시 버튼으로 LED 켜고 끄기

푸시 버튼을 누르면 LED가 켜지도록 만들어 본다. 다음과 같이 회로를 구성하고, 스케치를 작성하여 원하는 결과가 나오도록 동작시켜 본다.

준비물

아두이노 보드×1, 브레드보드×1, USB 케이블×1, 푸시 버튼×1, 저항(10kΩ)×1, 수수 점퍼선×7, LED×1, 저항(220Ω)×1

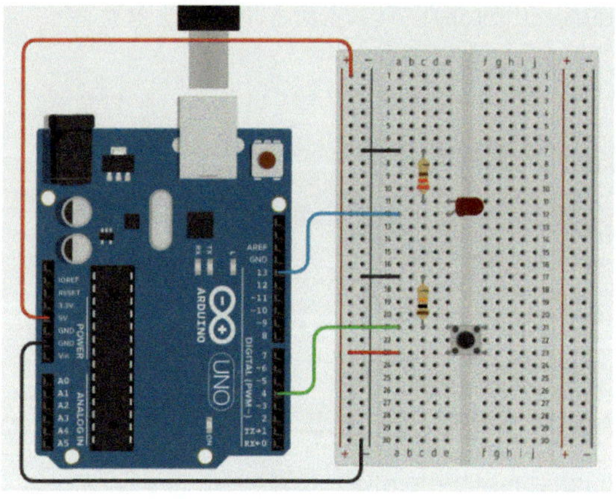

완성된 회로도

회로 구성하기

01. 아두이노 보드의 5V와 GND를 브레드보드 전원 영역에 각각 연결한다.

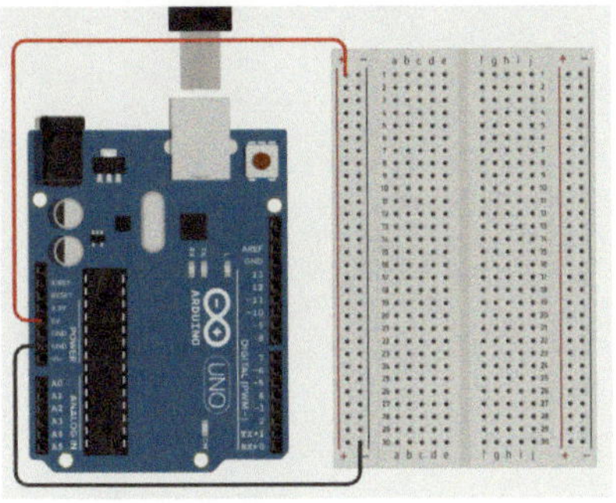

02. 브레드보드에 푸시 버튼과 저항(10kΩ)을 연결한다. 저항과 브레드보드 전원 영역의 -선을 점프선으로 연결하고, 푸시 버튼 좌측 하단의 핀과 브레드보드 +선을 연결한다. 푸시 버튼의 왼쪽 상단 핀은 아두이노 보드의 디지털 4번 핀과 연결한다.

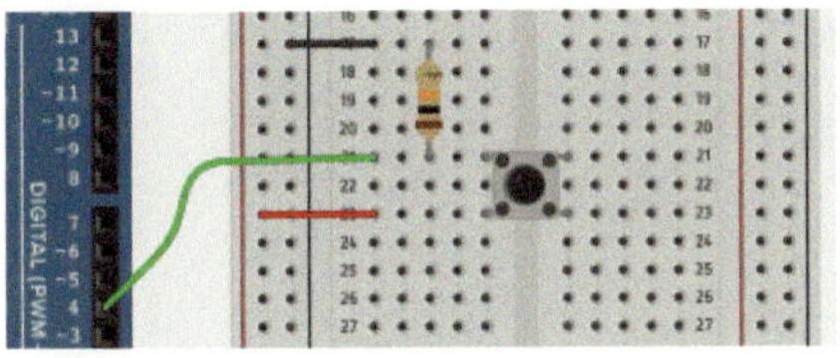

03. 브레드보드에 LED와 저항(220Ω)을 연결한다. 저항의 한쪽 핀을 브레드보드 전원 영역의 -선에 연결한다. LED의 +핀은 아두이노 보드의 디지털 13번 핀에 연결하고, LED의 -핀은 저항과 연결한다.

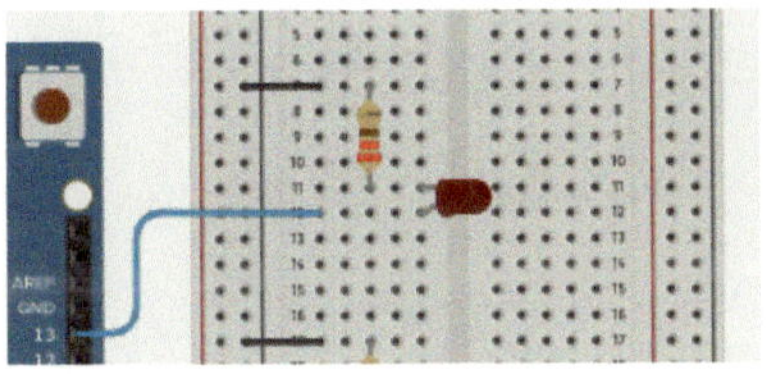

스케치 작성하기

01. 컴퓨터에 보드를 연결하고 아두이노 소프트웨어에서 보드와 포트를 선택한다.

02. 스케치를 작성한다.

예제 13-2 푸시 버튼으로 LED 켜고 끄기 소스코드: code13-2.ino

```
int btnPin = 4;   // 푸시 버튼을 디지털 4번 핀에 연결
int ledPin = 13;  // LED를 디지털 13번 핀에 연결

```

```
void setup(){
  pinMode(btnPin, INPUT);           // 버튼 연결 핀을 입력으로 설정
  pinMode(ledPin, OUTPUT);          // LED 연결 핀을 출력으로 설정

  Serial.begin(9600);               // 시리얼 모니터 초기화
}

void loop(){
  int value = digitalRead(btnPin); // 푸시 버튼 상태 읽기

  if(value == HIGH) {               // 푸시 버튼이 눌러진 경우
     Serial.print("Led On");        // 시리얼 모니터에 문자열 출력
     digitalWrite(ledPin, HIGH);    // LED를 켜기(HIGH)
  }

  else {                            // 푸시 버튼이 눌러지지 않은 경우
     Serial.print("Led Off");       // 시리얼 모니터에 문자열 출력
     digitalWrite(ledPin, LOW);     // LED를 끄기(LOW)
  }

  Serial.println();
}
```

03. 체크(V) 버튼을 눌러 스케치에 오타가 없는지 확인한다.

04. 업로드 버튼을 눌러 컴파일 된 파일을 아두이노 보드에 업로드 한다.

05. 버튼을 눌렀을 때 LED가 켜지고, 버튼을 누르지 않았을 때 LED가 꺼지는 것을 확인한다.

시리얼 통신 명령어 알아보기

digitalWrite(핀 번호, 값)

digitalWrite() 명령어는 해당 디지털 핀에 HIGH(전기 공급) 또는 LOW(전기 공급 중단)의 값을 줄 수 있는 명령어이다. 핀 번호에는 전자 부품과 연결된 디지털 핀 번호를 입력하고, 값에는 HIGH 또는 LOW값을 입력한다.

digitalRead(핀 번호)

digitalRead() 명령어는 해당 핀에 입력된 값을 읽어 오는 명령어이다. 해당 핀 번호에 연결된 전자 부품으로부터 받은 값을 HIGH 또는 LOW값으로 가져온다.

프로그램 2 _ 3개의 버튼으로 삼색 LED 색 바꾸기

3개의 버튼을 이용해서 삼색 LED의 색을 바꾸도록 동작시킨다. 각 버튼은 빨강, 파랑, 초록을 나타내고, 버튼을 누를 때마다 색이 변경되는 예제를 만들어 본다.

준비물

아두이노 보드×1, 브레드보드×1, USB 케이블×1, 삼색 LED×1, 버튼×3, 저항(10kΩ)×3, 저항(220Ω)x3, 점퍼선×15

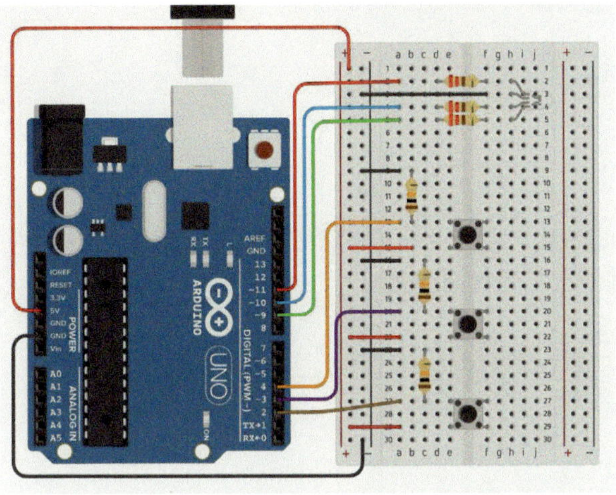

완성된 회로도

회로 구성하기

01. 아두이노 보드의 5V와 GND를 브레드보드 전원 영역에 각각 연결한다.

02. 삼색 LED를 브레드보드에 연결한다. 삼색 LED에서 마이너스 기호(–) 또는 GND로 표시된 핀을 브레드보드 전원 영역의 – 선에 연결한다. 삼색 LED에서 R, B, G 핀을 순서대로 아두이노 보드의 디지털 핀 11, 10, 9번에 연결한다.

03. 브레드보드에 밑 부분부터 순서대로 버튼 3개와 저항(10kΩ) 3개를 연결한다. 아래 버튼부터 순서대로 아두이노 보드의 디지털 핀 2, 3, 4번에 연결한다.

삼색 LED

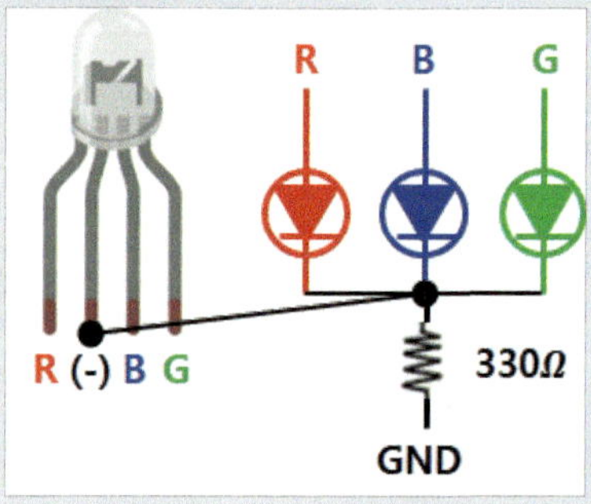

- 삼색 LED는 다양한 색상의 LED에서 빨간색, 초록색, 파란색 3개의 LED를 하나의 LED로 합친 LED이다.
- 4개의 핀으로 구성되어 있으며, 공통핀이 음극(–)인 경우에는 RBG, 공통핀이 양극(+)인 경우에는 RGB순으로 이루어져 있다.
- 256색상을 표현할 수 있다.

스케치 작성하기

01. 컴퓨터에 보드를 연결하고 아두이노 소프트웨어에서 보드와 포트를 선택한다.

02. 스케치를 작성한다.

예제 13-3 버튼 3개로 삼색 LED 색상 변경하기 소스코드: code13-3.ino

```
int r = 0, g = 0, b = 0;
int ledPinR = 11, ledPinB = 10, ledPinG = 9;
int btnPinR = 4, btnPinB = 3, btnPinG = 2;

void setup() {

  pinMode(btnPinR, INPUT);
  pinMode(btnPinB, INPUT);
  pinMode(btnPinG, INPUT);

}

void loop() {

  if(digitalRead(btnPinR) == HIGH) {
    ++r;
    if(r > 255) {
      r = 0;
    }
  }

  if(digitalRead(btnPinG) == HIGH) {
    ++g;
    if(g > 255) {
      g = 0;
    }
  }

  if(digitalRead(btnPinB) == HIGH) {
    ++b;
    if(b > 255) {
      b = 0;
    }
  }

  analogWrite(ledPinR, r);
```

```
  analogWrite(ledPinB, b);
  analogWrite(ledPinG, g);

  delay(10);
}
```

03. 체크(V) 버튼을 눌러 스케치에 오타가 없는지 확인한다.

04. 업로드 버튼을 눌러 컴파일 된 파일을 아두이노 보드에 업로드 한다.

05. 버튼을 하나씩 누르면서 삼색 LED의 색이 변경되는 것을 확인한다.

코드설명

```
빨강(r), 파랑(b), 초록(g)의 값을 저장하는 세 개의 정수형 변수 선언
3개의 LED에 아두이노 보드의 11, 10, 9번 핀을 할당
3개의 푸시 버튼에 디지털 핀 4, 3, 2번 핀을 할당

void setup() {

4번 핀에 연결된 푸시 버튼 btnPinR을 입력 모드로 설정
3번 핀에 연결된 푸시 버튼 btnPinB를 입력 모드로 설정
2번 핀에 연결된 푸시 버튼 btnPinG를 입력 모드로 설정

}

void loop() {

digitalRead 명령으로 btnPinR의 버튼 상태 값을 읽어서 HIGH 값인지 비교 {
    4번 핀이 눌려졌다면(HIGH) r값을 1씩 증가한다.
    만약 r값이 255값보다 크다면
    r값을 0으로 설정
    }
  }

  digitalRead 명령으로 btnPinB의 버튼 상태 값을 읽어서 HIGH 값인지 비교 {
    4번 핀이 눌려졌다면(HIGH) b값을 1씩 증가한다.
    만약 b값이 255값보다 크다면
    b값을 0으로 설정
    }
  }

  digitalRead 명령으로 btnPinG의 버튼 상태 값을 읽어서 HIGH 값인지 비교 {
    4번 핀이 눌려졌다면(HIGH) g값을 1씩 증가한다.
```

```
    만약 g값이 255값보다 크다면
    g값을 0으로 설정
    }
  }

  analogWrite 함수로 LedPinR 버튼에 r 값을 출력
  analogWrite 함수로 LedPinB 버튼에 b 값을 출력
  analogWrite 함수로 LedPinG 버튼에 g 값을 출력

  delay 함수로 0.01초 기다리기
}
```

analogWrite 함수를 사용할 때 최댓값이 255이기 때문에, 해당 값이 255보다 큰지 확인하여 크다면 값을 0으로 바꿔준다.

13.5 용용예제

프로그램 1 _ 슬라이드 스위치를 사용하여 LED 켜고 끄기

푸시 버튼은 누르는 동안 상태가 변경되었다가 떼면 원래의 상태로 되돌아온다. 그러나 슬라이드 스위치는 한번 상태를 변경하면 해당 상태가 계속 유지되는 특성을 가진다. 슬라이드 스위치를 사용하여 LED를 켜고 끄는 동작을 작성해 본다.

준비물

아두이노 보드×1, 브레드보드×1, USB 케이블×1, 슬라이드 스위치×1, 저항(10kΩ)×1, 수수 점퍼선×7, LED×1, 저항(220Ω)×1

완성된 회로도

회로 구성하기

01. 아두이노 보드의 5V와 GND를 브레드보드 전원 영역에 각각 연결한다. 브레드보드에 LED와 저항(220Ω)을 연결한다. 저항의 한쪽 핀을 브레드보드 전원 영역의 -선에 연결한다. LED의 +핀은 아두이노 보드의 디지털 13번 핀에 연결하고, LED의 -핀은 저항과 연결한다.

02. 브레드보드에 슬라이드 스위치와 저항(10kΩ)을 연결한다. 슬라이드 스위치의 위쪽 핀을 브레드보드 전원 영역의 -선에 연결하고, 슬라이드 스위치의 가운데 핀은 아두이노 보드의 디지털 4번 핀과 연결한다. 슬라이드 스위치의 아래쪽 핀을 저항과 연결하고, 저항의 다른 한쪽 핀은 브레드보드 전원 영역의 +선과 연결한다.

스케치 작성하기

01. 컴퓨터에 보드를 연결하고 아두이노 소프트웨어에서 보드와 포트를 선택한다.

02. 스케치를 작성한다.

예제 13-4 슬라이드 스위치로 LED 켜고 끄기 소스코드: code13-4.ino

```
int switchPin = 4;          // 슬라이드 스위치를 4번 핀에 연결
int ledPin = 13;            // LED를 13번 핀에 연결

void setup() {
  pinMode(switchPin, INPUT);        // 슬라이드 스위치 연결 핀을 입력으로 설정
  pinMode(ledPin, OUTPUT);          // LED 연결 핀을 출력으로 설정

  Serial.begin(9600);               // 시리얼 모니터 통신 속도를 9600으로 초기화
```

```
}

void loop() {

  int value = digitalRead(switchPin);        // 슬라이드 스위치에서 값을 읽음

  if(value == HIGH) {                   // 슬라이드 스위치가 On인 경우
     Serial.print("Led On");            // 시리얼 모니터에 "Led On"을 출력
     digitalWrite(ledPin, HIGH);        // LED를 켬(HIGH)
  }

  else {                                // 슬라이드 스위치가 Off인 경우
     Serial.print("Led Off");           // 시리얼 모니터에 "Led Off"을 출력
     digitalWrite(ledPin, LOW);         // LED를 끔(LOW)
  }

  Serial.println();
}
```

03. 체크(V) 버튼을 눌러 스케치에 오타가 없는지 확인한다.

04. 업로드 버튼을 눌러 컴파일 된 파일을 아두이노 보드에 업로드 한다.

05. 슬라이드 스위치를 위쪽으로 밀면 LED가 꺼지고, 아래쪽으로 밀면 LED가 켜지는 것을 확인한다.

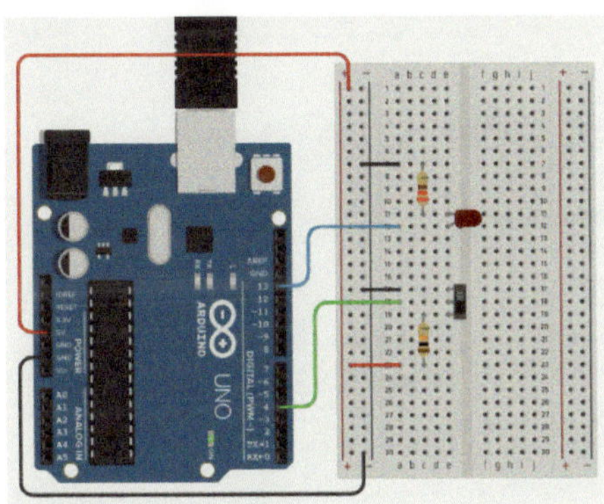

직렬 모니터

```
Led Off
Led Off
Led Off
Led Off
Led Off
Led Off
Led Off
Led Off
```

▲ 스위치를 껐을 때

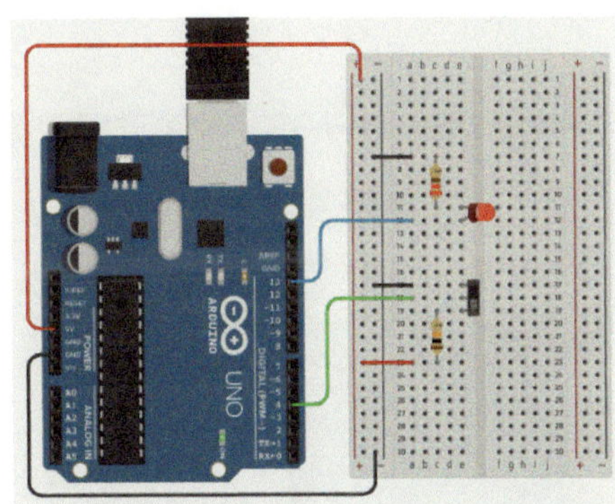

직렬 모니터

```
Led On
Led On
Led On
Led On
Led On
Led On
Led On
Led On
```

▲ 스위치를 켰을 때

프로그램 2 _ 푸시 버튼을 슬라이드 스위치처럼 사용하기

푸시 버튼을 슬라이드 스위치로 변경하지 않고 스케치 코드만 수정해서 푸시 버튼을 슬라이드 스위치처럼 동작하도록 LED를 켜지고 꺼지도록 작성해 본다.

준비물

아두이노 보드×1, 브레드보드×1, USB 케이블×1, 푸시 버튼×1, 저항(10kΩ)×1, 수수 점퍼선×7, LED×1, 저항(220Ω)×1

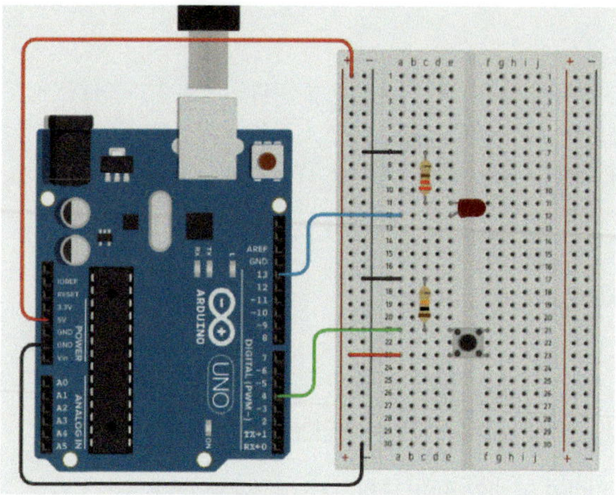

완성된 회로도

회로 구성하기

01. 아두이노 보드의 5V와 GND를 브레드보드 전원 영역에 각각 연결한다.

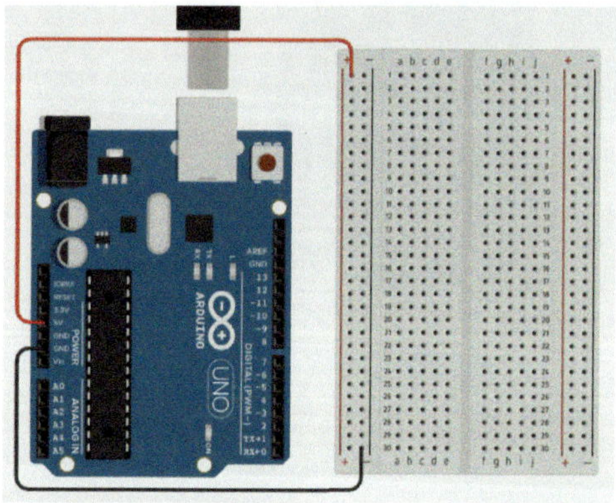

02. 브레드보드에 푸시 버튼과 저항(10kΩ)을 연결한다. 저항을 브레드보드 전원 영역의 -선을 점프선으로 연결하고, 푸시 버튼 좌측 하단의 핀과 브레드보드 +선을 연결한다. 푸시 버튼의 왼쪽 상단 핀과 아두이노 보드의 디지털 4번 핀과 연결한다.

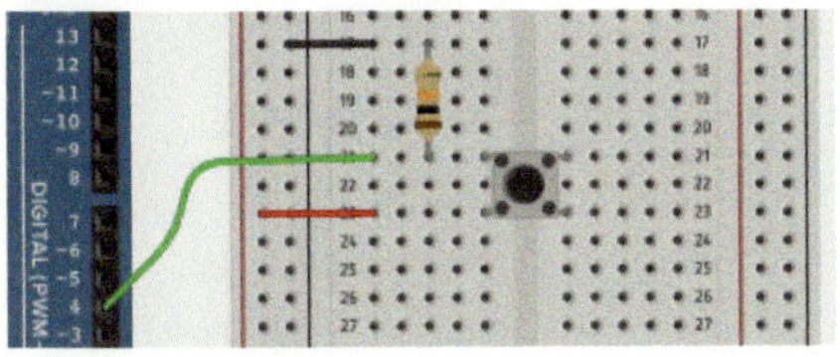

03. 브레드보드에 LED와 저항(220Ω)을 연결한다. 저항의 한쪽 핀을 브레드보드 전원 영역의 -선에 연결한다. LED의 +핀은 아두이노 보드의 디지털 13번 핀에 연결하고, LED의 -핀은 저항과 연결한다.

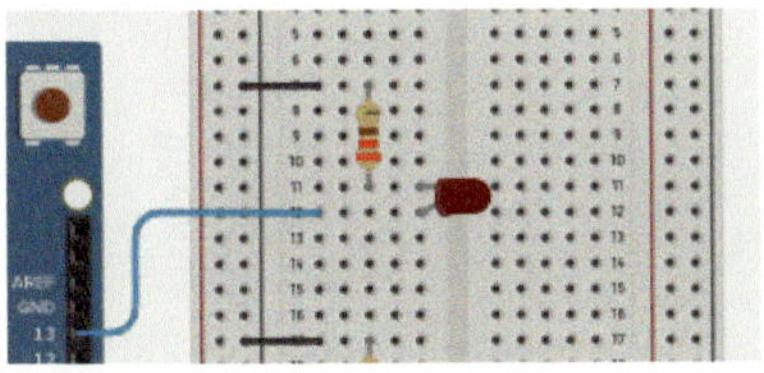

스케치 작성하기

01. 컴퓨터에 보드를 연결하고 아두이노 소프트웨어에서 보드와 포트를 선택한다.

02. 스케치를 작성한다.

예제 13-5 푸시 버튼을 슬라이드 스위치로 구현하기 소스코드: code13-5.ino

```
int btnPin = 4;   // 버튼을 4번 핀에 연결
int ledPin = 13;  // LED를 13번 핀에 연결
int state = 0;    // LED 상태 표시 변수를 0으로 설정

void setup(){
  pinMode(btnPin, INPUT);          // 버튼 연결 핀을 입력으로 설정
  pinMode(ledPin, OUTPUT);         // LED 연결 핀을 출력으로 설정

  Serial.begin(9600);              // 시리얼 모니터 통신 속도를 9600으로 초기화
}

void loop(){

  int value = digitalRead(btnPin); // 버튼 핀에서 값을 읽음

  if(value == HIGH) {              // 버튼이 눌러진 경우(HIGH)
```

```
    if(state == 0)          // 만일 상태 값이 0이라면 1로 설정
      state = 1;
  }

  else {
    if(state == 1) {        // 만일 상태 값이 1이라면 LED 핀에서 값을 읽음
      int ledstate = digitalRead(ledPin);

      if(ledstate == HIGH) {                 // LED 상태가 켜져 있는(HIGH) 상태라면
        Serial.println("Led Off");           // 시리얼 모니터에 "Led Off" 출력
        digitalWrite(ledPin, LOW);           // LED를 끔(LOW)
      }

      else {
        Serial.println("Led On");            // LED 상태가 꺼져있는 상태라면
        digitalWrite(ledPin, HIGH);          // LED를 켬(HIGH)
      }
     state = 0;             // 상태 값을 0으로 설정
    }
  }
   delay(100);              // 0.01초 기다리기
}
```

03. 체크(V) 버튼을 눌러 스케치에 오타가 없는지 확인한다.

04. 업로드 버튼을 눌러 컴파일 된 파일을 아두이노 보드에 업로드 한다.

05. 푸시 버튼를 눌러서 LED가 켜지고 꺼지는 것을 확인한다.

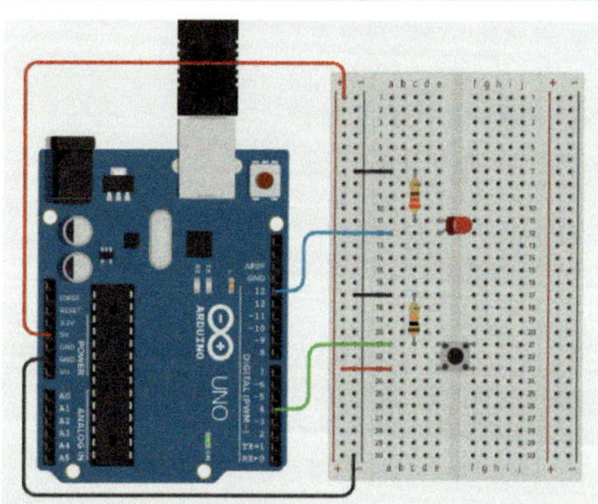

▲ 버튼을 눌러서 LED가 켜진 모습

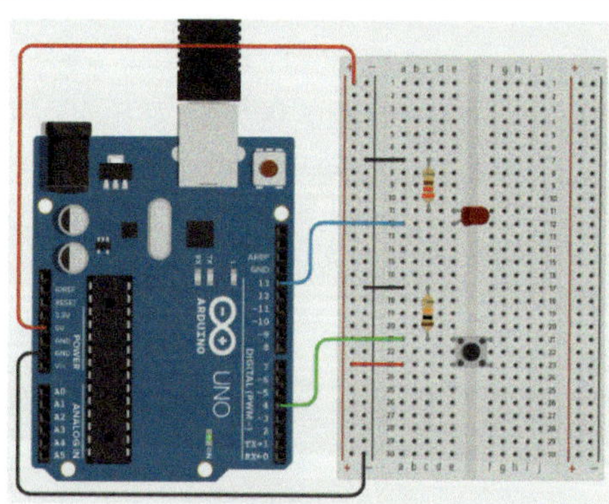

▲ 버튼을 눌러서 LED가 꺼진 모습

파이썬으로 코딩하기

푸시 버튼으로 LED를 제어하는 코드를 파이썬으로 작성해 본다. 푸시 버튼을 누르면 모니터 창에 "Push!!" 글자가 출력되도록 회로를 구성하고, 파이썬 코드를 작성한다.

응용 13-1 푸시 버튼으로 글자 출력하기 소스코드: exe13-1.py

```
from Arduino import Arduino
import time

buttonPin = 4

board = Arduino("9600", port="COM3")
board.pinMode(buttonPin, "INPUT")

while True:
    buttonState = board.digitalRead(buttonPin)
    if buttonState:
        print "Push!!"
    else:
        time.sleep(0.01)
```

아두이노에 LED 1개와 푸시 버튼 1개를 연결하는 회로를 구성하고, 푸시 버튼을 누르면 LED가 켜지고 누르지 않으면 LED가 꺼지도록 파이썬 코드를 작성한다.

응용 13-2 푸시 버튼으로 LED 켜고 끄기 소스코드: exe13-2.py

```
from Arduino import Arduino
import time

buttonPin = 11
ledPin = 13

board = Arduino("9600", port="COM3")
board.pinMode(buttonPin, "INPUT")
board.pinMode(ledPin, " OUTPUT")

while True:
    buttonState = board.digitalRead(buttonPin)
    if buttonState:
        board.digitalWrite(ledPin, HIGH)
        print "Push!!"
    else:
    board.digitalWrite(ledPin, LOW)
    time.sleep(0.01)
```

14

조도 센서 활용하기

[학습 목표]

01 조도 센서의 원리를 이해한다.

02 조도 센서를 활용하여 LED를 제어할 수 있다.

이 장에서는 빛의 양을 측정하는 전자 부품인 조도 센서에 대해 알아본다. 조도 센서가 측정한 값을 이용하여 자동으로 LED가 켜지거나 꺼지도록 하고, LED의 밝기를 조절하는 방법을 익힌다.

14.1 이 장에서 만들 프로그램 미리보기

[프로그램 1] 조도 센서로 자동 조명등 만들기

주위의 밝기를 측정하여 조도 센서 값에 따라 빨간색 LED와 초록색 LED가 번갈아 가며 켜졌다가 꺼지는 프로그램이다. 조도 센서의 값이 일정 값(800) 이하이면 빨간색 LED가 켜지고, 일정 값(800) 이상이면 초록색 LED가 켜진다.

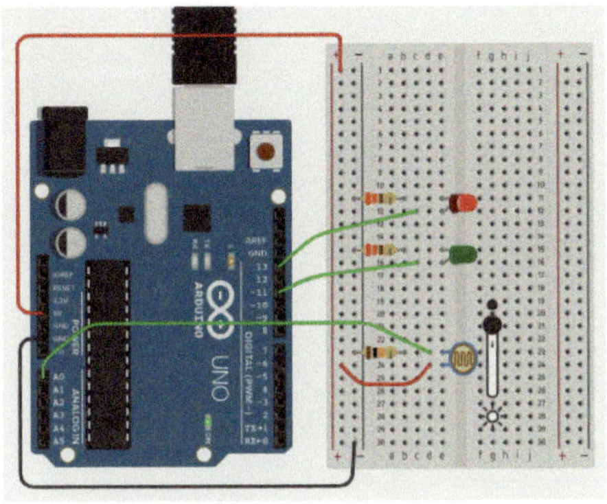

▲ 주위가 어두우면 빨간색 LED가 켜짐

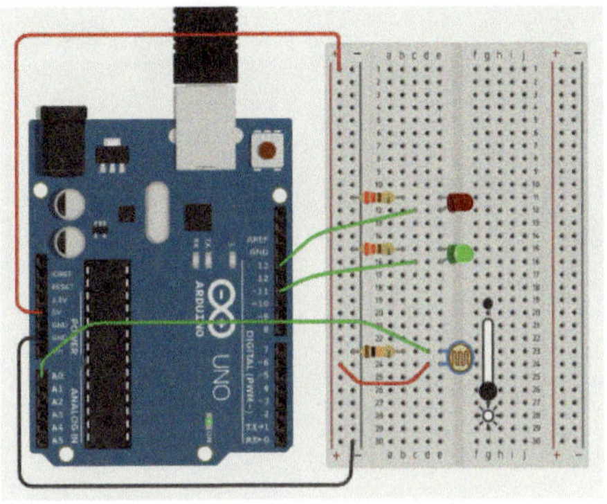

▲ 주위가 밝으면 초록색 LED가 켜짐

[프로그램 2] 조도 센서로 LED 밝기 자동 조절하기

주위의 밝기를 측정하여 조도 센서 값에 따라 LED가 밝아졌다가 어두워졌다 할 수 있도록 한다. 조도 센서가 측정한 값을 LED의 밝기 단계로 변환하여 출력한다.

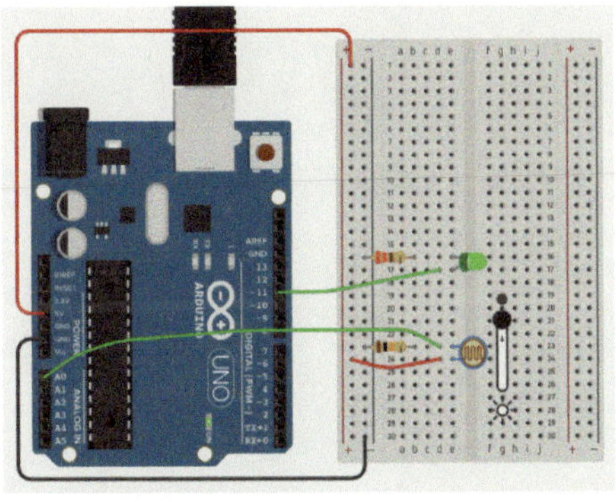

▲ 주위가 어두우면 LED가 밝아짐

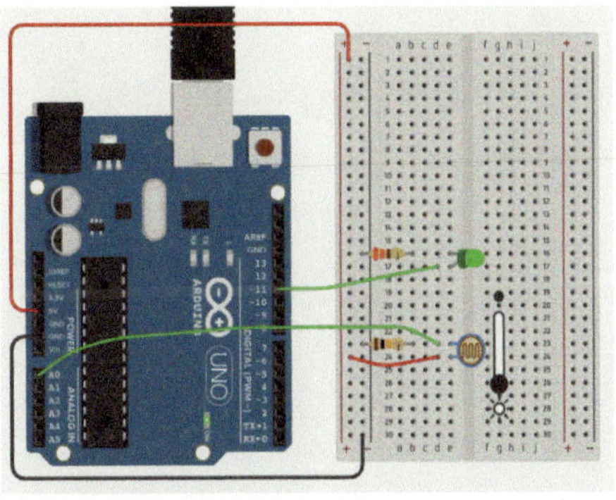

▲ 주위가 밝아지면 LED가 어두워짐

14.2 조도 센서 살펴보기

조도 센서(Photo Resistor)는 빛 센서, 광 센서, CDS 센서 등으로 불리는 센서로 주변의 빛의 양을 감지하는 센서이다. 조도 센서는 황화 카드뮴(CDS)이라는 화합물을 사용한다. 황화 카드뮴은 빛에 반응하는 물질로 주위가 밝을수록 저항이 작아지고, 주위가 어두울수록 저항이 커지는 특징을 가지고 있다. 즉, 조도 센서는 황화 카드뮴의 특성을 이용하여 주위 밝기 값을 측정할 수 있다. 예를 들어 조도 센서를 이용하면 자동차의 헤드라이트, 가로등, 스마트폰 화면 등을 주위 밝기 정도에 따라 자동으로 조절할 수 있다.

조도 센서도 일종의 저항으로 볼 수 있으며 감지하는 빛의 양이 매우 많을 경우, 저항의 크기가 매우 작아져서 보드에 과전류가 흐를 수 있으므로 저항을 함께 연결하여 사용한다.

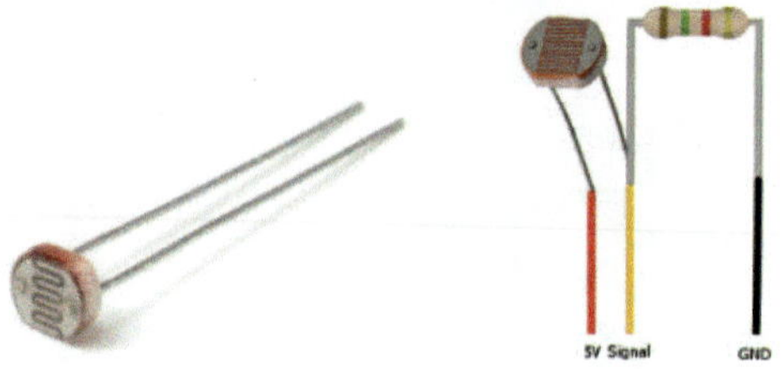

그림 14-1 조도 센서와 저항

14.3 주위 밝기를 측정하여 모니터로 출력하기

조도 센서를 이용하여 주위의 밝기를 측정해 본다. 측정한 값을 시리얼 모니터에 출력하는 예제를 만들어 본다.

준비물

아두이노 보드×1, 브레드보드×1, USB 케이블×1, 조도 센서×1, 저항(10kΩ)×1, 수수 점퍼선×4

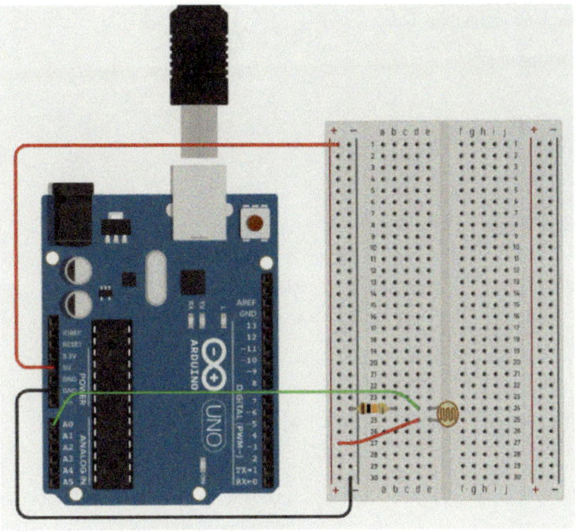

완성된 회로도

회로 구성하기

01. 아두이노 보드의 5V와 GND를 브레드보드 전원 영역에 각각 연결한다.

02. 브레드보드에 조도 센서를 연결한다.

03. 조도 센서의 한쪽 핀을 저항(10kΩ)을 이용하여 브레드보드 전원 영역의 -선에 연결한다.

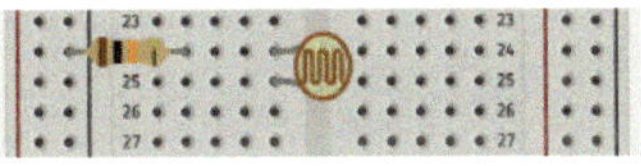

04. 아두이노 보드의 아날로그 A0번 핀을 조도 센서의 한쪽 핀과 연결하고, 조도 센서의 다른 한쪽 핀은 브레드보드 전원 영역의 +선에 연결한다.

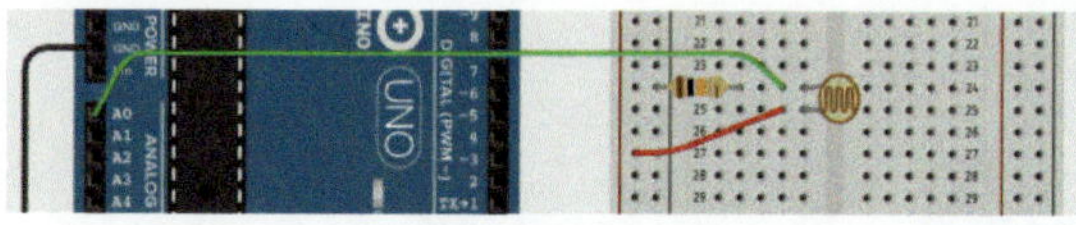

스케치 작성하기

01. 컴퓨터에 보드를 연결하고 아두이노 소프트웨어에서 보드와 포트를 선택한다.

02. 스케치를 작성한다.

예제 14-1 조도 센서의 값을 시리얼 모니터에 출력하기 — 소스코드: code14-1.ino

```
int cdsPin = 0; // 조도 센서의 값을 측정할 아날로그 A0번 핀을 cdsPin 변수에 저장

void setup()
{
  Serial.begin(9600);
}

void loop()
{
  int value = analogRead(cdsPin);   // 측정한 값을 읽어서 value 변수에 저장
  Serial.print("value : ");
  Serial.println(value);            // 측정한 값을 시리얼 모니터에 출력
  delay(200);
}
```

조도 센서가 측정한 값은 아날로그 값이므로 analogRead()로 읽어서 value 변수에 저장한다. 그리고 시리얼 모니터에 value 값을 출력한다.

03. 체크(V) 버튼을 눌러 스케치에 오타가 없는지 확인한다.

04. 업로드 버튼을 눌러 컴파일 된 파일을 아두이노 보드에 업로드 한다.

05. 시리얼 모니터를 열고, 조도 센서가 측정한 값이 출력되는 것을 확인한다.

시리얼 통신 명령어 알아보기

digitalWrite(핀 번호, 값)

analogRead() 명령어는 아두이노 보드의 아날로그 핀에 연결된 값을 읽어 온다. 아날로그 값은 0부터 1023까지 1024단계로 측정한다. 아날로그 핀 번호는 A0 또는 0으로 입력해도 동일하게 동작한다.

14.4 주위 밝기에 따라 LED 켜고 끄기

조도 센서를 이용하여 주위의 밝기를 측정하여 주위가 밝으면 LED가 꺼지고, 주위가 어두우면 LED가 켜지도록 동작시켜 본다.

준비물

아두이노 보드×1, 브레드보드×1, USB 케이블×1, 조도 센서×1, 저항(10kΩ)×1, 수수 점퍼선×5, LED×1, 저항(220Ω)×1

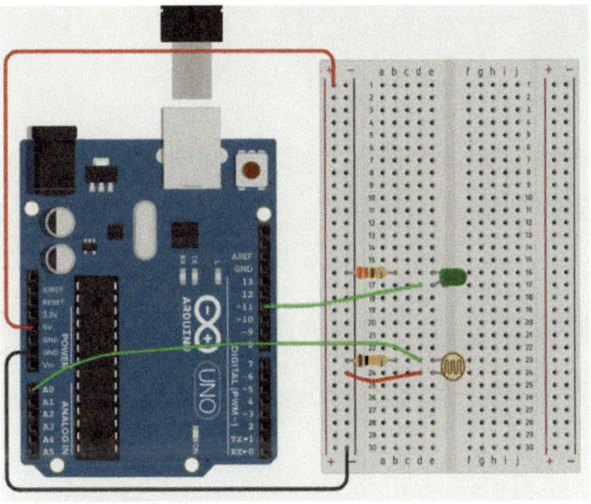

완성된 회로도

회로 구성하기

01. 아두이노 보드에서 5V와 GND를 브레드보드 전원 영역의 +와 –전원선에 연결한다.

02. 브레드보드에 조도 센서를 연결한다. 조도 센서의 한쪽 핀을 저항(10kΩ)을 이용하여 브레드보드 전원 영역의 –선에 연결한다. 그리고 점퍼선을 이용하여 아두이노 보드의 아날로그 0번 핀(A0)과 연결한다. 조도 센서의 다른 한쪽 핀은 점퍼선을 이용하여 브레드보드의 +선과 연결한다.

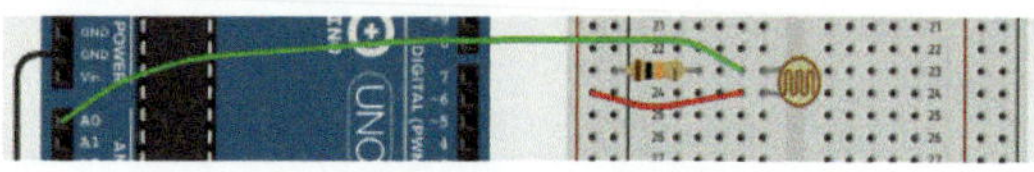

03. 브레드보드에 LED를 연결한다. LED의 +핀은 디지털 11번 핀과 연결하고, LED –핀은 저항(220Ω)을 이용하여 브레드보드 전원 영역의 –선과 연결한다.

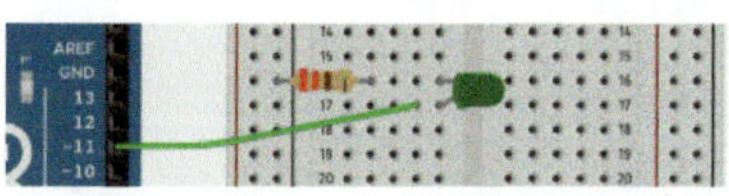

스케치 작성하기

01. 컴퓨터에 보드를 연결하고 아두이노 소프트웨어에서 보드와 포트를 선택한다.

02. 스케치를 작성한다.

예제 14-2 조도 센서 값으로 LED 켜고 끄기 소스코드: code14-2.ino

```
int cdsPin = 0;
int ledPin = 11;
int cdsValue = 0;
int ledValue = 0;

void setup() {
```

```
  Serial.begin(9600);
  Serial.println("Start");          // 시리얼 모니터에 문자열 출력하기
  pinMode(ledPin, OUTPUT);          // LED 11번 핀을 출력 모드로 설정
}

void loop()
{
  cdsValue = analogRead(cdsPin);    // 조도 센서로 주위 밝기 값 읽기
  if(cdsValue < 500) {              // 조도 센서 값이 500 이하이면
    digitalWrite(ledPin,HIGH);      // LED를 켜기(HIGH)
    Serial.print("cdsValue = ");
    Serial.println(cdsValue);       // 시리얼 모니터에 조도 센서 값 출력
    Serial.println("led ON");
  }
  else {  // 조도 센서 값이 500 이하가 아니라면
     digitalWrite(ledPin,LOW);      // LED를 끄기(LOW)
     Serial.print("cdsValue = ");
     Serial.println(cdsValue);
     Serial.println("led OFF");
  }
  delay(200);  // 0.2초 기다리기
}
```

03. 체크(V) 버튼을 눌러 스케치에 오타가 없는지 확인한다.

04. 업로드 버튼을 눌러 컴파일 된 파일을 아두이노 보드에 업로드 한다.

05. 시리얼 모니터를 열고, 조도 센서가 측정한 값이 출력되는 것을 확인한다.

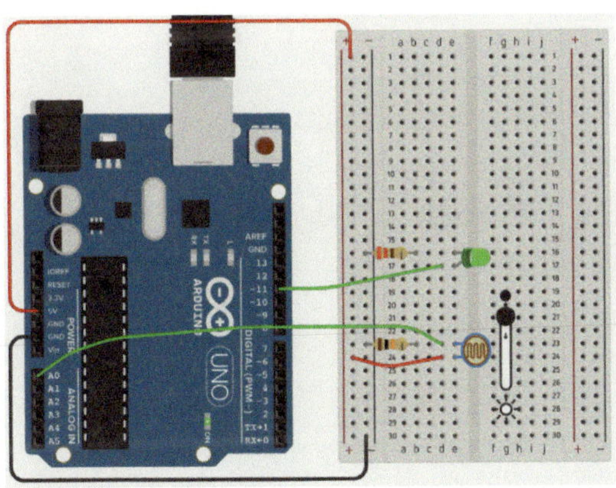

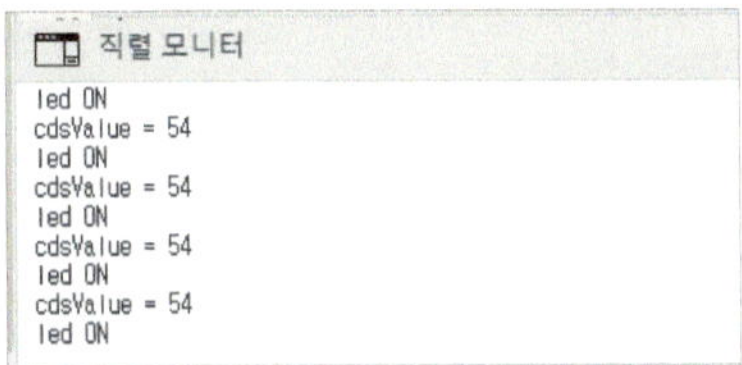

▲ led가 켜짐

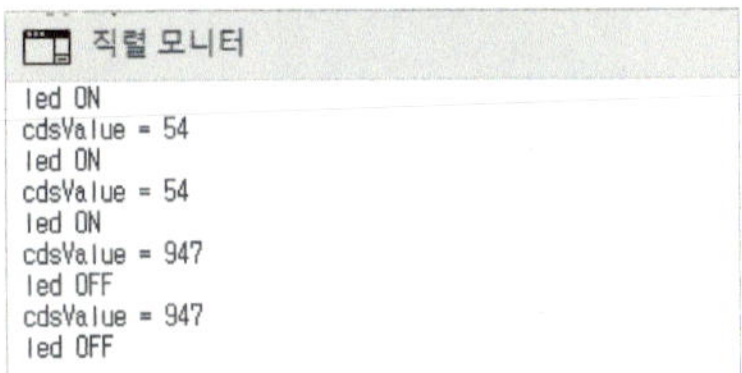

▲ led가 꺼짐

14.5 실습예제

프로그램 1 _ 조도 센서로 자동 조명등 만들기

조도 센서 값이 일정 값보다 작으면 빨간색 LED가 켜지고, 초록색 LED가 꺼지도록 한다. 또한 조도 센서 값이 일정 값보다 크면 빨간색 LED가 꺼지고, 초록색 LED가 켜지도록 한다.

준비물

아두이노 보드×1, 브레드보드×1, USB 케이블×1, 조도 센서×1, 저항(10kΩ)×1, 수수 점퍼선×6, LED×2, 저항(220Ω)×2

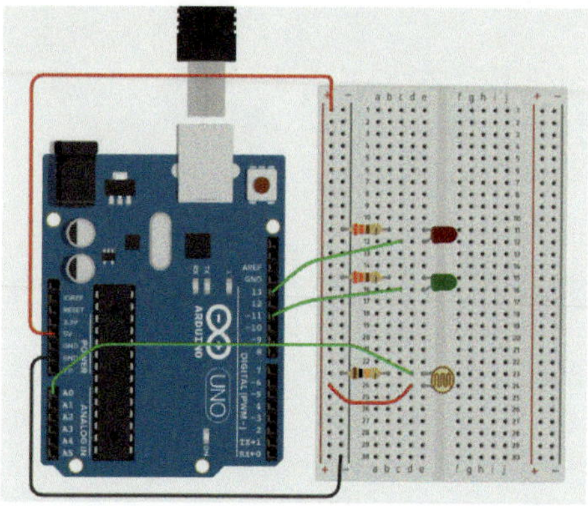

완성된 회로도

회로 구성하기

01. 아두이노 보드에서 5V와 GND를 브레드보드 전원 영역의 +와 −전원선에 연결한다.

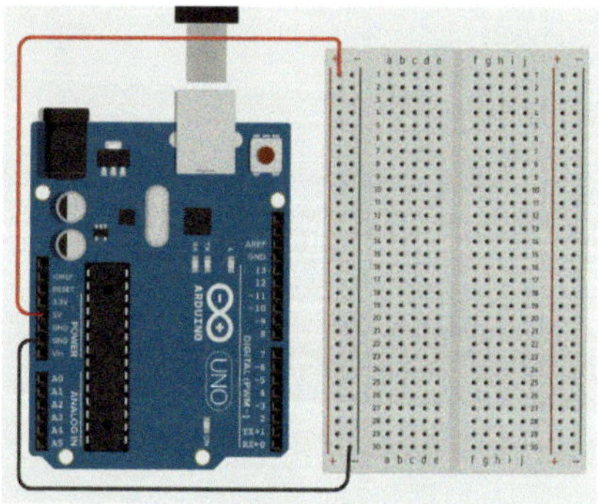

02. 브레드보드에 조도 센서를 연결한다. 조도 센서의 한쪽 핀을 저항(10kΩ)을 이용하여 브레드보드 전원 영역의 -선에 연결한다. 그리고 점퍼선을 이용하여 아두이노 보드의 아날로그 0번 핀(A0)과 연결한다. 조도 센서의 다른 한쪽 핀은 점퍼선을 이용하여 브레드보드 전원 영역의 +선과 연결한다.

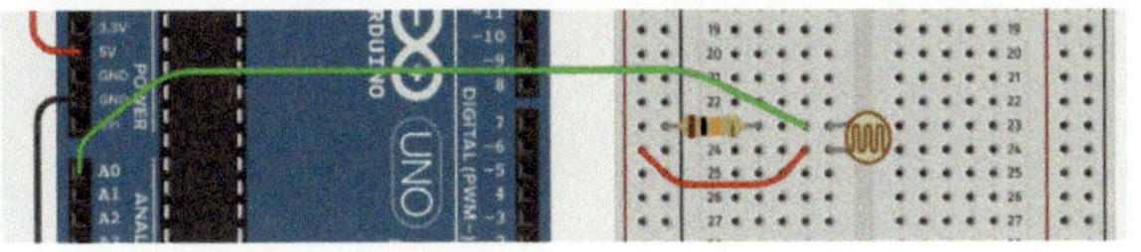

03. 아두이노 보드에 2개의 LED를 연결한다. 2개의 LED -핀을 각각 저항(220Ω)과 연결한 후, 빨간색 LED의 +핀은 아두이노 보드의 디지털 13번 핀, 초록색 LED의 +핀은 디지털 11번 핀에 점퍼선으로 연결한다.

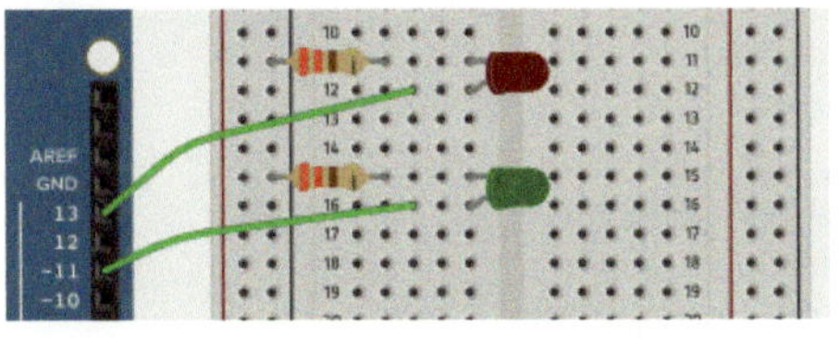

스케치 작성하기

01. 컴퓨터에 보드를 연결하고 아두이노 소프트웨어에서 보드와 포트를 선택한다.

02. 스케치를 작성한다.

예제 14-3 조도 센서 값으로 2개의 LED 켜고 끄기 소스코드: code14-3.ino

```
int redPin = 13;                    // 빨간색 LED 핀을 13번으로 설정
int greenPin =11;                   // 초록색 LED 핀을 11번으로 설정
int cdsPin = 0;                     // 조도 센서의 핀을 A0번으로 설정
int cdsValue = 0;                   // 조도 센서의 값을 0으로 초기화

void setup()
{
  pinMode(redPin, OUTPUT);          // 빨간색 LED를 출력 모드로 설정
  pinMode(greenPin, OUTPUT);        // 초록색 LED를 출력 모드로 설정

  Serial.begin(9600);               // 시리얼 모니터 통신 속도를 9600으로 설정
}

void loop()
{
  cdsValue = analogRead(cdsPin);    // 아날로그 A0번 핀에 연결된 값을 읽음
  Serial.print("value : ");
```

```
    Serial.println(cdsValue);          // 시리얼 모니터에 cdsValue 값을 출력

    if(cdsValue < 800) {               // 만약 cdsValue값이 800보다 작다면
      digitalWrite(redPin, HIGH);      // 빨간색 LED를 켜기
      digitalWrite(greenPin, LOW);     // 초록색 LED를 끄기
    }
    else {
      digitalWrite(redPin, LOW);       // 빨간색 LED를 끄기
      digitalWrite(greenPin, HIGH);    // 초록색 LED를 켜기
    }
}
```

03. 체크(V) 버튼을 눌러 스케치에 오타가 없는지 확인한다.

04. 업로드 버튼을 눌러 컴파일된 파일을 아두이노 보드에 업로드 한다.

05. 시리얼 모니터를 열고, 조도 센서가 측정한 값이 출력되는 것을 확인한다.

06. 조도 센서의 값이 800이하이면 빨간색 LED가 켜지고, 800이상이면 초록색 LED가 켜지는 것을 확인한다.

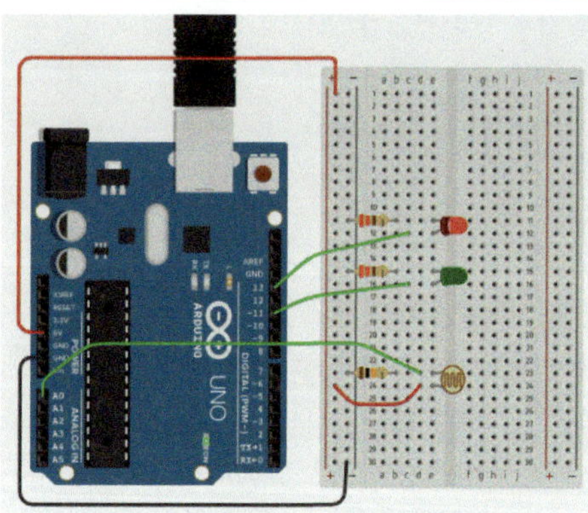

▲ 조도 센서 값이 800 이하일 때

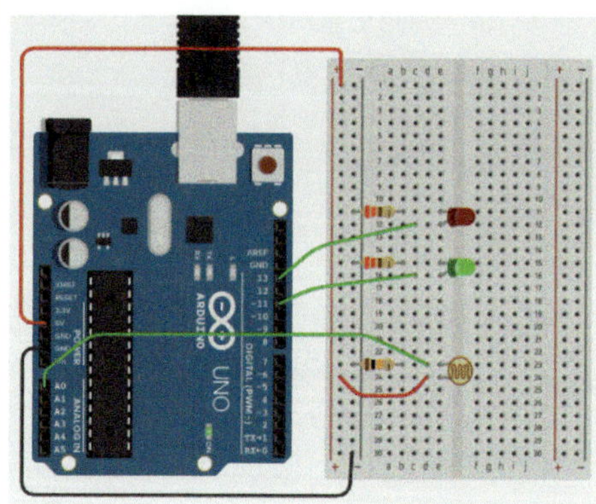

▲ 조도 센서 값이 800 이상일 때

프로그램 2 _ 조도 센서로 LED 밝기 자동 조절하기

조도 센서 값에 따라 LED의 밝기를 자동 조절한다. 조도 센서가 측정한 값을 LED의 밝기 단계로 변환하여 출력한다.

준비물

아두이노 보드×1, 브레드보드×1, USB 케이블×1, 조도 센서×1, 저항(10kΩ)×1, 수수 점퍼선×5, LED×1, 저항(220Ω)×1

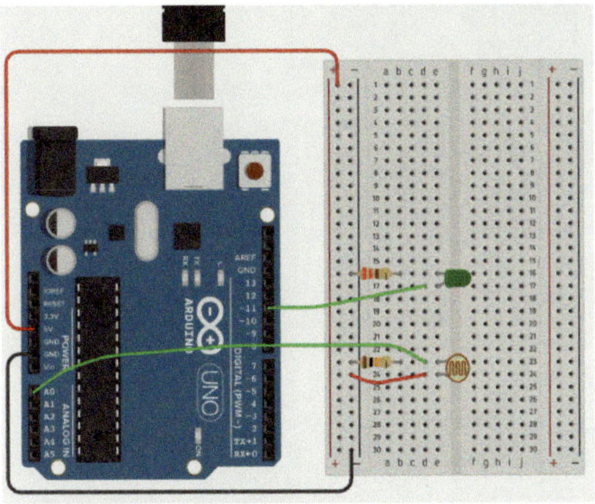

완성된 회로도

회로 구성하기

01. 아두이노 보드에서 5V와 GND를 브레드보드 전원 영역의 +와 -전원선에 연결한다.

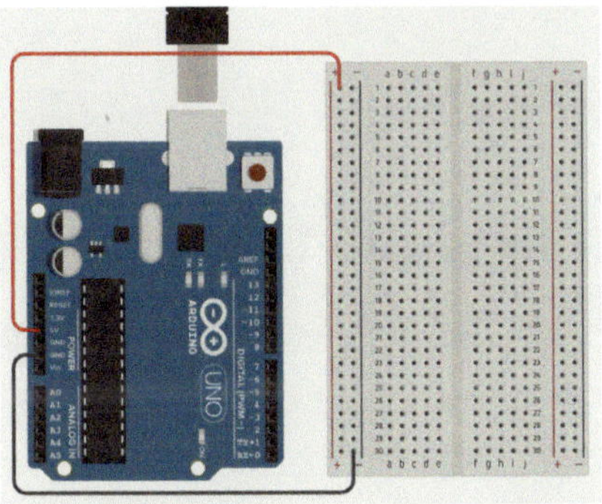

02. 브레드보드에 조도 센서를 연결한다. 조도 센서의 한쪽 핀을 저항(10kΩ)을 이용하여 브레드보드 전원 영역의 -선에 연결한다. 그리고 점퍼선을 이용하여 아두이노 보드의 아날로그 0번 핀(A0)과 연결한다. 조도 센서의 다른 한쪽 핀은 점퍼선을 이용하여 브레드보드의 +선과 연결한다.

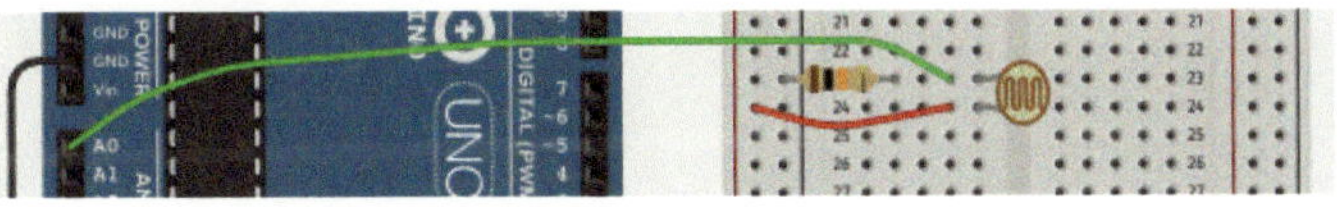

03. 브레드보드에 LED를 연결한다. LED의 +핀은 디지털 11번 핀과 연결하고, LED -핀은 저항(220Ω)을 이용하여 브레드보드의 -선과 연결한다.

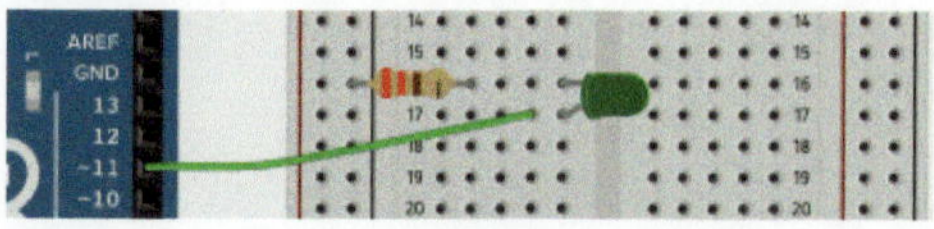

스케치 작성하기

01. 컴퓨터에 보드를 연결하고 아두이노 소프트웨어에서 보드와 포트를 선택한다.

02. 스케치를 작성한다.

예제 14-4 조도 센서 값으로 LED 밝기 제어하기 소스코드: code14-4.ino

```
int cdsPin = 0;
int ledPin = 11;
int cdsValue = 0;
int ledValue = 0;

void setup()
{
  pinMode(ledPin, OUTPUT);          // LED 11번 핀을 출력 모드로 설정
}

void loop()
{
  cdsValue = analogRead(cdsPin);    // 조도 센서 값을 A0핀에서 읽기
  ledValue = map(cdsValue, 0, 1023, 255, 0);
  analogWrite(ledPin, ledValue);
  delay(10);
}
```

03. 체크(V) 버튼을 눌러 스케치에 오타가 없는지 확인한다.

04. 업로드 버튼을 눌러 컴파일된 파일을 아두이노 보드에 업로드 한다.

05. 조도 센서의 값에 따라 LED의 밝기가 변하는 것을 확인한다.

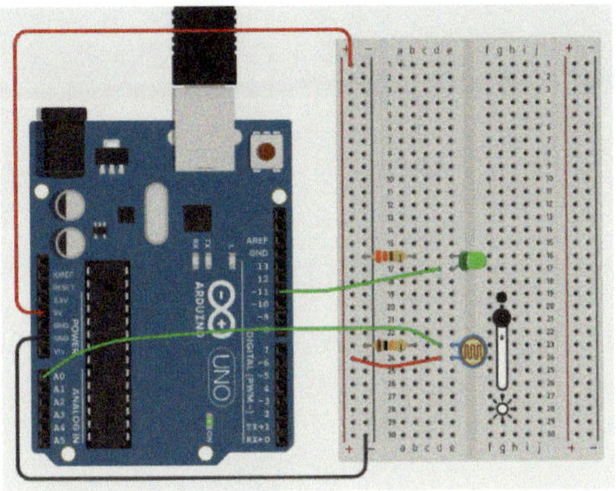

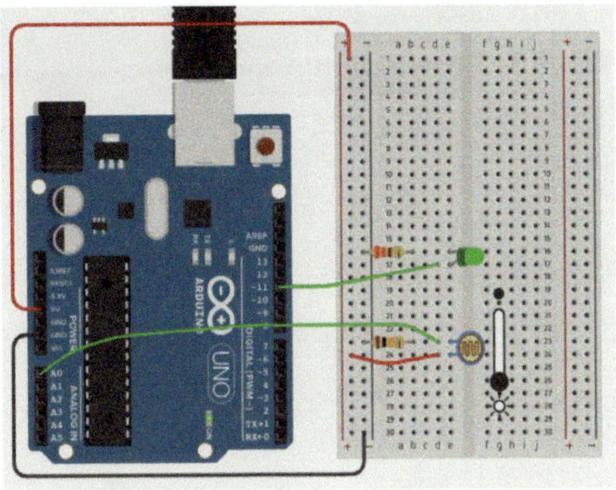

시리얼 통신 명령어 알아보기

`map(value, fromLow, fromHigh, toLow, toHigh)`

map()은 입력받은 값(value)을 다른 값으로 변환해 준다. 변환 시 입력 값의 최솟값(fromLow)과 최댓값(formHigh)을 변환할 값의 최솟값(toLow)과 최댓값(toHigh)에 맞춰 변환해 준다.

map 함수는 기존에 어떤 범위에 값을 다른 범위 기준으로 바꿀 때 사용하는 함수이다. 예를 들어 0~10 범위의 값을 0~20 범위의 값으로 변경을 할 수 있다.

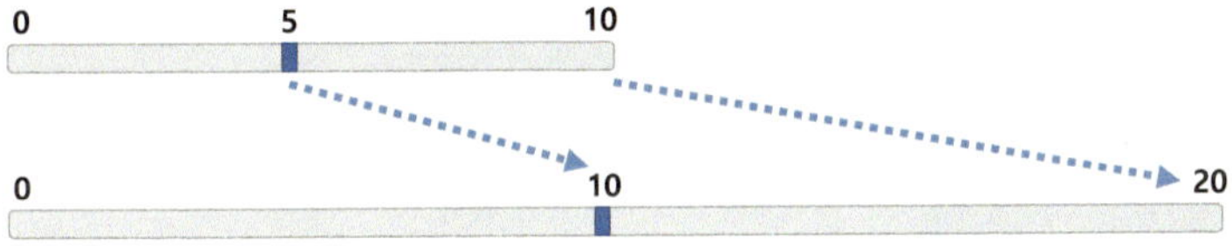

그림 14-2 다른 범위 기준으로 변경

analogRead 함수로 읽을 수 있는 값의 범위는 0~1023이다. 그리고 analogWrite 함수로 출력할 수 있는 값의 범위는 0~255이다. 주위의 밝기를 측정하는 조도 센서로 읽은 값은 analogRead 함수로 입력을 받는다. 만약 값이 0에 가깝다면 주위가 어둡다는 의미이고, 1023에 가깝다면 주위가 밝다는 의미이다.

반대로 조도 센서로 읽은 값은 analogWrite 함수를 이용해 LED의 밝기로 출력한다. LED의 밝기는 255에 가깝다면 LED가 점점 밝아지며 켜지고, 0에 가까울수록 밝기가 점점 어두워지며 꺼진다.

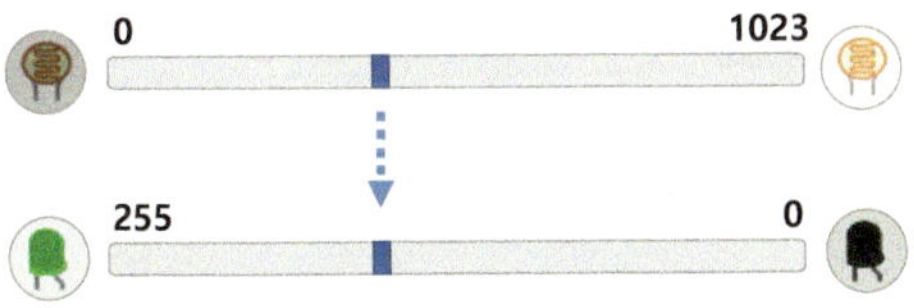

그림 14-3 주위의 밝기에 따른 LED 밝기 조절

14.6 응용예제

프로그램 1 _ 밝기 조절 기능이 있는 LED 조명 만들기

앞에서 작성했었던 예제 14-4는 주변의 밝기를 감지하여 주위가 어두우면 LED가 자동으로 점점 밝아지고, 주위가 밝으면 점점 어두워지는 조명이다. 이러한 조명에 밝기를 조절할 수 있는 기능을 추가하여 LED 조명을 다시 만들어 본다.

준비물

아두이노 보드×1, 브레드보드×1, USB 케이블×1, 조도 센서×1, 저항(10kΩ)×1, 수수 점퍼선×8, LED×1, 저항(220Ω)×1, 가변저항×1

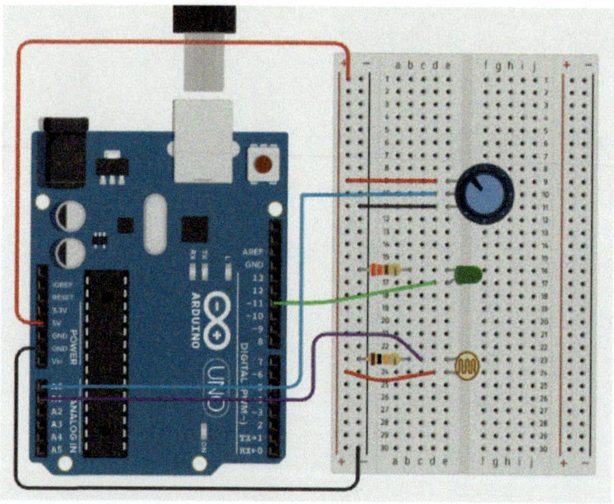

완성된 회로도

회로 구성하기

01. 아두이노 보드에서 5V와 GND를 브레드보드 전원 영역의 +와 －전원선에 연결한다.

02. 브레드보드에 조도 센서를 연결한다. 조도 센서의 한쪽 핀을 저항(10kΩ)을 이용하여 브레드보드 전원 영역의 -선에 연결한다. 그리고 점퍼선을 이용하여 아두이노 보드의 아날로그 1번 핀(A1)과 연결한다. 조도 센서의 다른 한쪽 핀은 점퍼선을 이용하여 브레드보드의 +선과 연결한다.

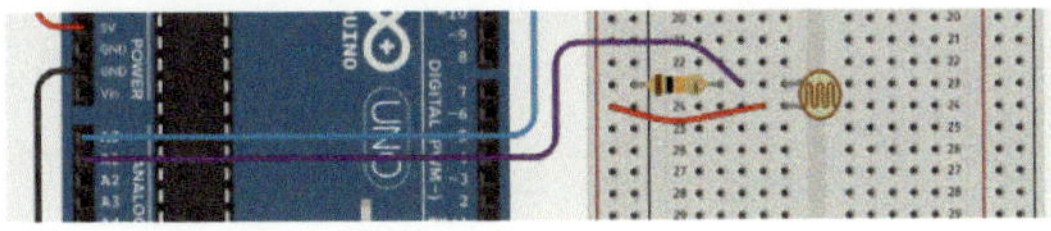

03. 브레드보드에 LED를 연결한다. LED의 +핀은 디지털 11번 핀과 연결하고, LED -핀은 저항(220Ω)을 이용하여 브레드보드 전원 영역의 -선과 연결한다.

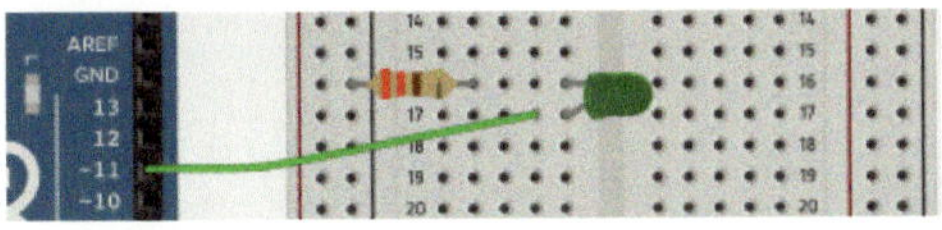

04. 브레드보드에 가변저항을 연결한다. 가변저항은 3개 핀으로 되어있으며, 왼쪽 핀은 브레드보드의 +선에 연결하고, 가변저항의 오른쪽 핀을 -선에 연결한다. 가변저항의 가운데 핀은 아두이노 보드의 아날로그 핀(A0)에 연결한다.

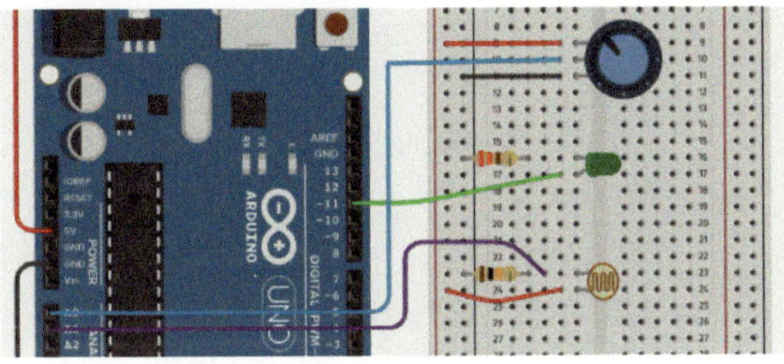

가변저항이란?

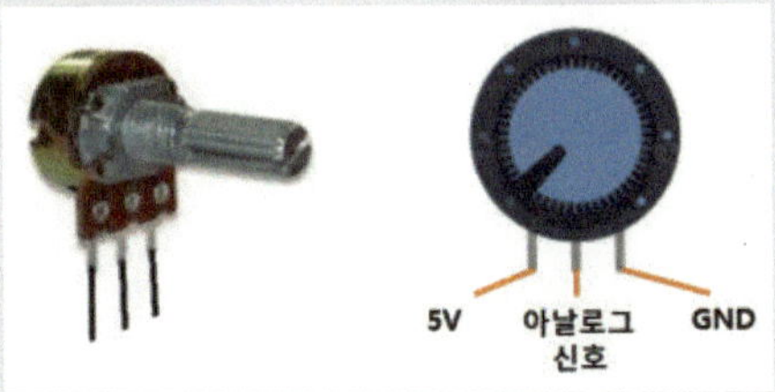

- 가변저항은 손잡이를 돌려 저항 값을 조절할 수 있는 센서로, 볼륨이나 불빛의 세기를 조절하는 용도로 사용할 수 있다.
- 가변저항 값의 범위는 0 ~ 1023이다.

스케치 작성하기

01. 컴퓨터에 보드를 연결하고 아두이노 소프트웨어에서 보드와 포트를 선택한다.

02. 스케치를 작성한다.

예제 14-5 가변저항으로 LED 밝기 조절하기 소스코드: code14-5.ino

```
int PotentiometerValue = A0;
int cdsPin = A1;
int ledPin = 11;
int cdsValue = 0;
int ledValue = 0;
int volt = 0;

void setup()
{
  pinMode(ledPin, OUTPUT);          // LED에 연결된 11번 핀을 출력 모드로 설정
}

void loop()
{
  cdsValue = analogRead(cdsPin);    // 조도 센서의 값을 읽음
  if(cdsValue < 500) {
    digitalWrite(ledPin,HIGH);      // 조도 센서 값이 500이하인 경우 LED On
    volt = analogRead(PotentiometerValue);  // 가변저항(A1) 핀에서 값 읽기
    ledValue = map(volt, 0, 1023, 0, 255);  // volt값을 0~255값으로 변경
    analogWrite(ledPin, ledValue);          // LED에 값을 출력하여 밝기 조절
    delay(200);
  }
  else {
    digitalWrite(ledPin,LOW);       // 조도 센서 값이 500 이상인 경우 LED Off
  }
}
```

03. 체크(V) 버튼을 눌러 스케치에 오타가 없는지 확인한다.

04. 업로드 버튼을 눌러 컴파일 된 파일을 아두이노 보드에 업로드 한다.

05. 조도 센서 값을 변경하여 LED가 켜졌다가 꺼지는 것을 확인하고, LED가 켜졌을 때 가변저항을 이용하여 LED의 밝기를 조절한다.

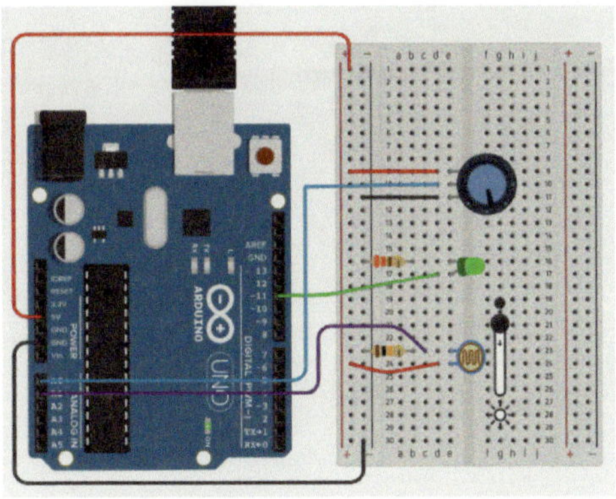

▲ 가변저항으로 LED 밝기를 어둡게 했을 때

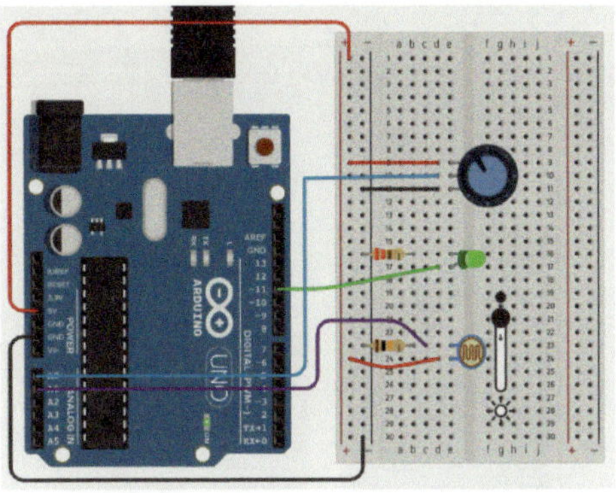

▲ 가변저항으로 LED 밝기를 밝게 했을 때

프로그램 2 _ 주변 밝기를 감지하여 서보모터 회전하기

주변이 밝기를 감지하여 서보 모터를 회전한다. 일상에서 자동으로 움직이는 커튼의 기능으로 사용될 수 있다. 아침에는 커튼이 자동으로 걷혀지고, 밤에는 커튼이 자동으로 쳐지는 기능으로 구현해 본다.

준비물

아두이노 보드×1, 브레드보드×1, USB 케이블×1, 서보모터×1, 수수 점퍼선×7, 조도 센서×1, 저항(10kΩ)×1

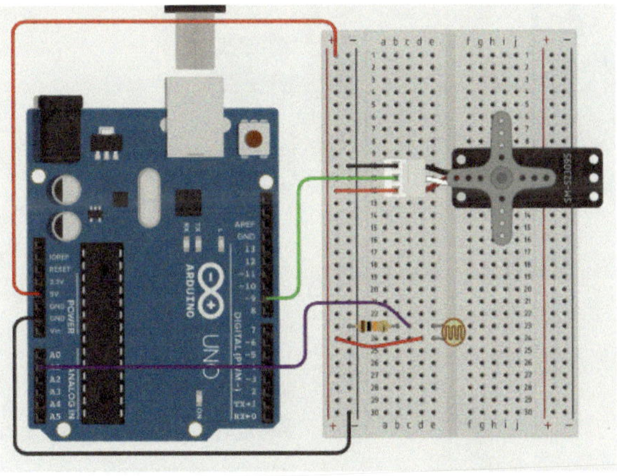

완성된 회로도

회로 구성하기

01. 아두이노 보드에서 5V와 GND를 브레드보드 전원 영역의 +와 -전원선에 연결한다.

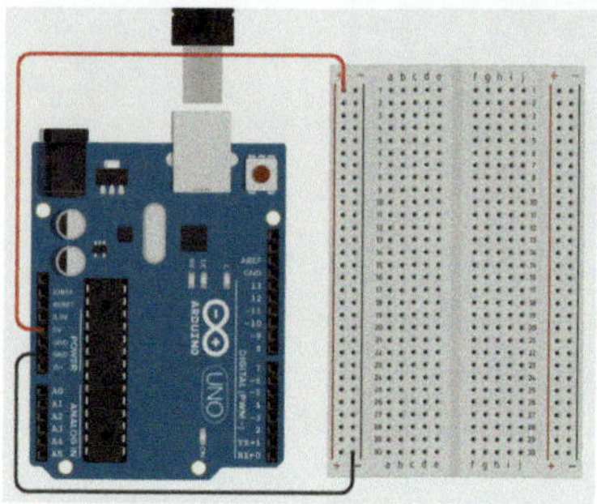

02. 브레드보드에 조도 센서를 연결한다. 조도 센서의 한쪽 핀을 저항(10kΩ)을 이용하여 브레드보드 전원 영역의 -선에 연결한다. 그리고 점퍼선을 이용하여 아두이노 보드의 아날로그 1번 핀(A1)과 연결한다. 조도 센서의 다른 한쪽 핀은 점퍼선을 이용하여 브레드보드의 +선과 연결한다.

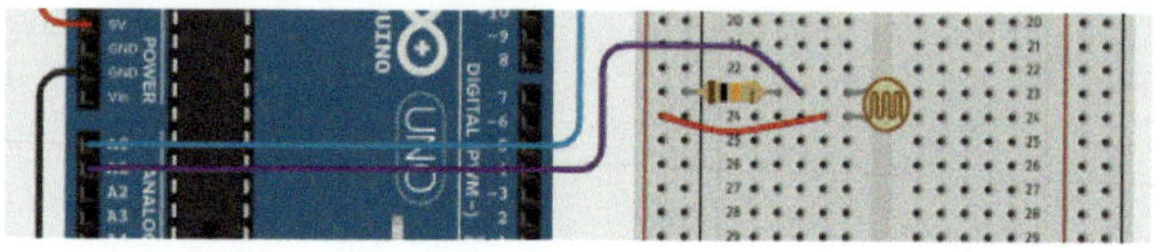

03. 브레드보드에 서보모터를 연결한다. 서보모터의 검정색 선은 브레드보드의 -선과 연결하고, 빨간색 선은 브레드보드의 +선과 연결한다. 가운데 흰색 선은 디지털 9번 핀에 연결한다.

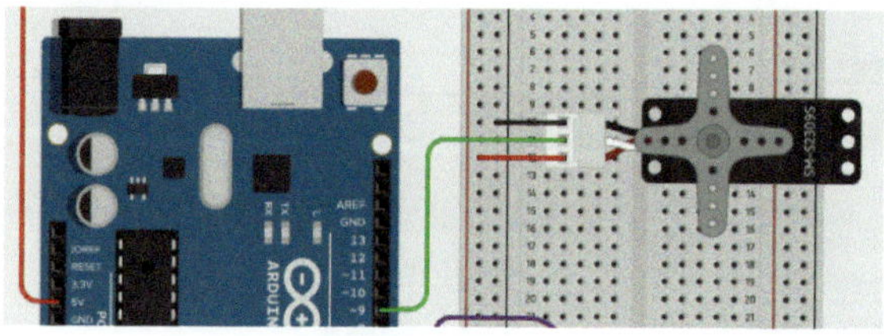

서보모터란?

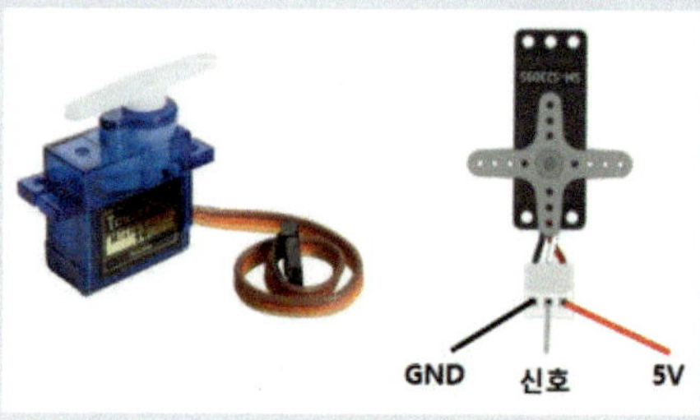

- 서보모터는 회전이 정해져 있기 때문에 원하는 회전 각도의 움직임이 필요할 때 사용할 수 있다. PWM을 이용하여 서보모터를 제어할 수 있다.
- Servo 라이브러리를 사용하면 좀 더 편하게 모터를 제어할 수 있다.
- 서보모터 각도의 범위는 최대 180도이다.

스케치 작성하기

01. 컴퓨터에 보드를 연결하고 아두이노 소프트웨어에서 보드와 포트를 선택한다.

02. 스케치를 작성한다.

예제 14-6 조도 센서 값으로 서보모터 회전하기 소스코드: code14-6.ino

```
#include <Servo.h>          // 서보모터 라이브러리 불러오기

Servo myServo;              // 서보모터 객체 선언

int cdsPin = A1;            // 조도 센서를 아날로그 A1핀에 연결
int servoMotorPin = 9;      // 서보모터를 9번 핀에 연결

int cdsValue = 0;
int angle = 0;

void setup() {
  myServo.attach(servoMotorPin);
  Serial.begin(9600);
}

void loop() {
  cdsValue = analogRead(cdsPin);   // 조도 센서의 값을 읽음
  Serial.print("cds value: ");     // 시리얼 모니터에 조도 센서의 값을 출력
  Serial.println(cdsValue);

  angle = map(cdsValue, 0, 1023, 0, 179); // 조도 센서의 값을 각도로 변환
  Serial.print("angle: ");         // 시리얼 모니터에 각도를 출력
  Serial.println(angle);

  myServo.write(angle); // 서보모터에 각도를 출력
  delay(100);
}
```

03. 체크(V) 버튼을 눌러 스케치에 오타가 없는지 확인한다.

04. 업로드 버튼을 눌러 컴파일 된 파일을 아두이노 보드에 업로드 한다.

05. 조도 센서의 값에 따라 서보모터가 회전하는 것을 확인한다.

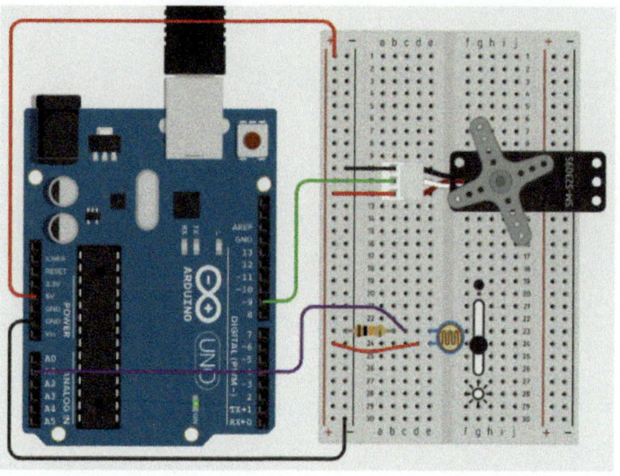

직렬 모니터

```
angle: 166
cds value: 951
angle: 166
cds value: 951
angle: 166
cds value: 951
angle: 166
cds value:
```

파이썬으로 코딩하기

파이썬으로 조도 센서의 값을 시리얼 모니터에 출력하도록 코딩해 본다.

응용 14-1 조도 센서의 값을 시리얼 모니터에 출력하기 　　　　소스코드: exe14-1.py

```
from Arduino import Arduino
import time

cdsPin = 0

board = Arduino("9600", port="COM3")

while True:
    cdsValue = board.analogRead(cdsPin)
    print "Value : "
    print cdsValue
time.sleep(0.01)
```

응용 14-2 조도 센서 값으로 2개의 LED 켜고 끄기 　　　　소스코드: exe14-2.py

```
from Arduino import Arduino
import time

redPin = 13
greenPin = 11
cdsPin = 0
cdsValue = 0;

board = Arduino("9600", port="COM3")
board.pinMode(redPin, "OUTPUT")
board.pinMode(greenPin, "OUTPUT")

while True:
    cdsValue = board.analogRead(cdsPin)
    print "Value : "
    print cdsValue

    if cdsValue < 800 :
      board.digitalWrite(redPin, "HIGH")
      board.digitalWrite(greenPin, "LOW")
    else :
      board.digitalWrite(redPin, "LOW")
      board.digitalWrite(greenPin, "HIGH")

time.sleep(0.01)
```

15

피에조 부저 활용하기

[학습 목표]

01 피에조 부저의 원리를 이해한다.

02 피에조 부저를 이용하여 멜로디를 연주하는 회로를 구성할 수 있다.

03 피에조 부저와 버튼을 응용한 회로를 구성할 수 있다.

이 장에서는 전기를 이용하여 소리를 내는 전자 부품인 피에조 부저를 활용하는 방법을 익힌다.

15.1 이 장에서 만들 프로그램 미리보기

[프로그램 1] "학교종" 멜로디 연주하기

아두이노가 켜졌을 때 "학교종" 멜로디가 자동으로 연주된다.

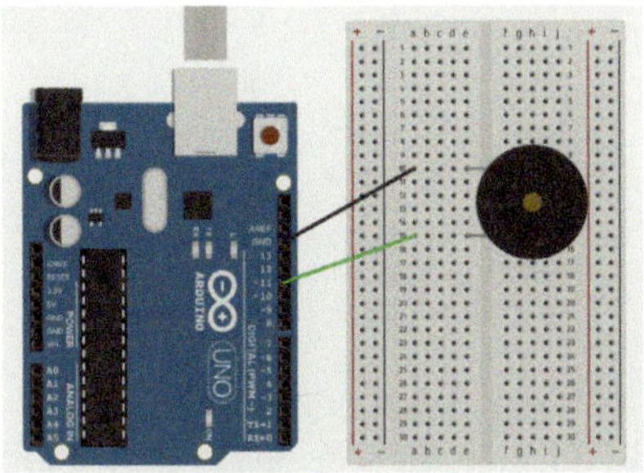

▲ 아두이노가 꺼졌을 때

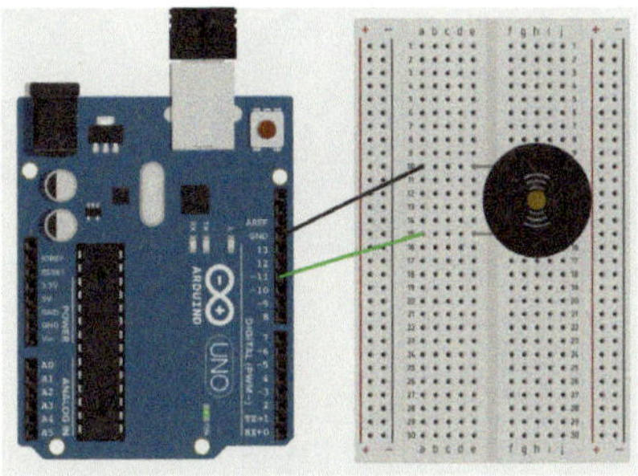

▲ 아두이노가 켜졌을 때 멜로디 연주 모습

[프로그램 2] 미니 디지털 피아노 만들기

피에조 부저와 푸시 버튼을 이용해 간단한 디지털 피아노를 만든다. 버튼을 눌러서 간단한 연주를 한다.

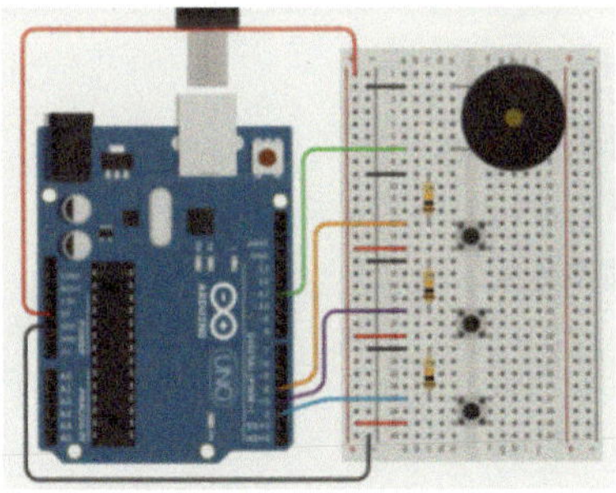

▲ 아두이노가 꺼졌을 때

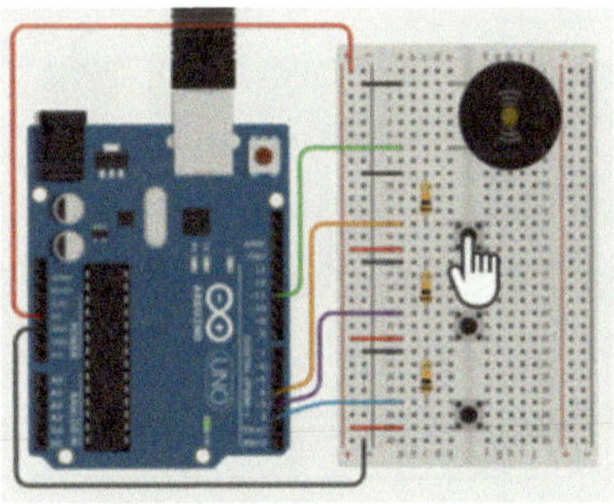

▲ 푸시 버튼을 눌렀을 때 소리 나는 모습

15.2 피에조 부저 살펴보기

피에조 부저는 피에조(압전) 효과를 이용하여 소리를 낼 수 있는 부품이다. 피에조 효과는 특정 물질에 전기적 신호를 주었을 때 수축하거나 확장하는 효과를 말한다. 여기에 얇은 판을 붙여주면 미세한 떨림으로 소리가 나게 된다.

피에조 부저의 윗부분을 보면 플러스(+)와 마이너스(−) 표시가 보인다. 이 플러스 기호가 있는 쪽 다리가 플러스를 의미한다. 또는 그림에서와 같이 빨간색 선이 플러스를 의미하기도 한다.

그림 15-1 피에조 부저

피에조 부저로 연주를 하기 위해서는 각 음에 대한 값을 알아야 한다. 이 값은 피에조 부저가 소리 내는 헤르츠(hertz) 값을 의미한다. 아래 그림은 옥타브별로 음계에 해당하는 헤르츠 값을 나타낸 것이다.

옥타브	C(도)	C#	D(레)	D#	E(미)	F(파)	F#	G(솔)	G#	A(라)	A#	B(시)
1	33	35	37	39	41	44	46	49	52	55	58	62
2	65	69	73	78	82	87	93	98	104	110	117	123
3	131	139	147	156	165	175	185	196	208	220	233	247
4	262	277	294	311	330	349	370	392	415	440	466	494

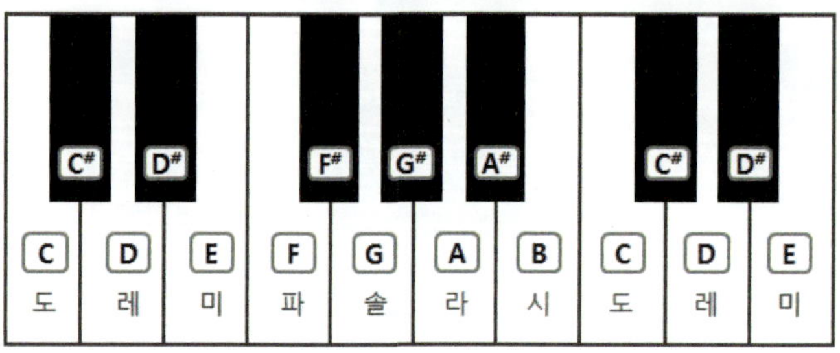

그림 15-2 옥타브별 음계를 나타내는 헤르츠 값

15.3 피에조 부저로 소리 내보기

아두이노에 피에조 부저를 연결하여 간단한 음계를 소리 내보도록 한다. 아두이노가 켜졌을 때 "도레미파솔라시도"를 연주하도록 만들어 본다. 다음과 같이 회로를 구성하고, 스케치를 작성하여 원하는 결과가 나오도록 동작시켜 본다.

준비물

아두이노 보드×1, 브레드보드×1, USB 케이블×1, 피에조 부저×1, 수수 점퍼선×2

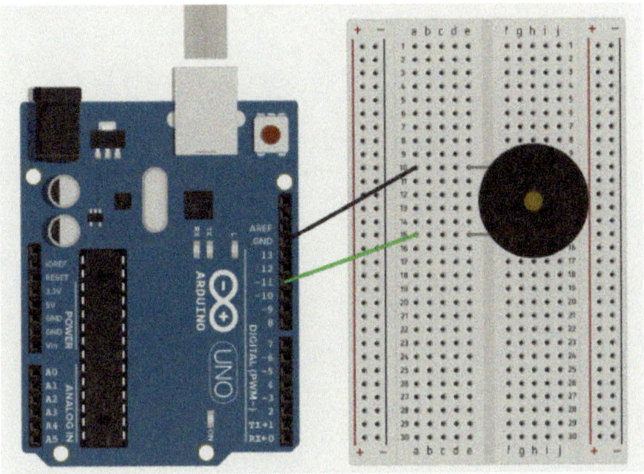

완성된 회로도

회로 구성하기

01. 브레드보드에 피에조 부저 1개를 연결한다.

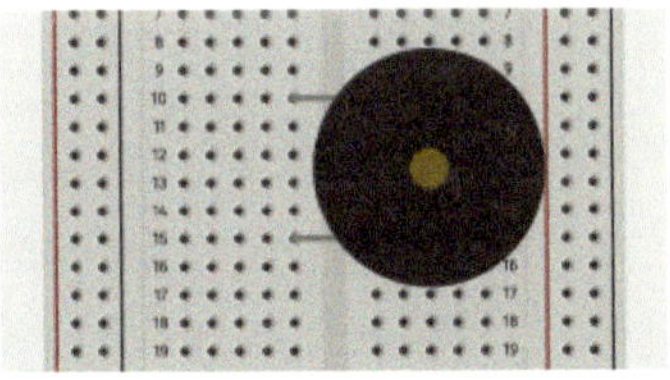

02. 피에조 부저의 +핀은 아두이노 보드의 디지털 11번 핀에 연결하고, 피에조 부저의 -핀은 아두이노 보드의 GND에 연결한다.

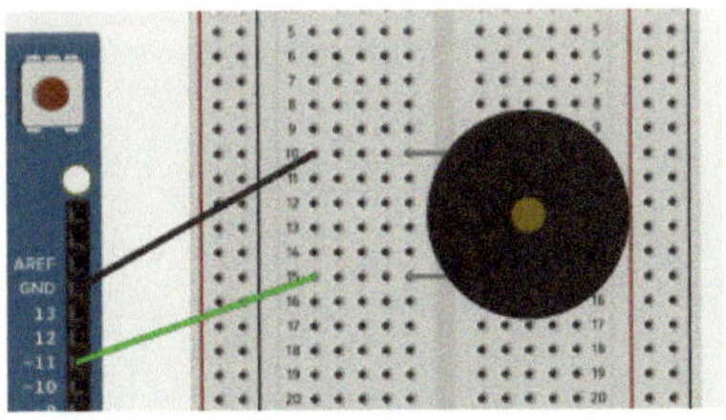

스케치 작성하기

01. 컴퓨터에 아두이노 보드를 연결한 뒤, 다음 코드를 작성한다.

02. 스케치를 작성한다.

예제 15-1 피에조 부저로 소리내기 소스코드: code15-1.ino

```
int buzzerPin = 11;               // 피에조 부저에 11번 핀을 할당

void setup() {
  pinMode(buzzerPin, OUTPUT);     // 11번 핀 모드는 출력 모드로 설정
}

void loop() {
  tone(buzzerPin, 262, 250);      // 피에조 부저에 도(262)를 0.25초 재생
  delay(500);                     // 0.5초 기다리기
  tone(buzzerPin, 294, 250);      // 피에조 부저에 레(294)를 0.25초 재생
  delay(500);
  tone(buzzerPin, 330, 250);      // 피에조 부저에 미(330)를 0.25초 재생
  delay(500);
  tone(buzzerPin, 349, 250);      // 피에조 부저에 파(349)를 0.25초 재생
  delay(500);
  tone(buzzerPin, 392, 250);      // 피에조 부저에 솔(392)을 0.25초 재생
  delay(500);
  tone(buzzerPin, 440, 250);      // 피에조 부저에 라(440)를 0.25초 재생
  delay(500);
  tone(buzzerPin, 494, 250);      // 피에조 부저에 시(494)를 0.25초 재생
  delay(500);
  tone(buzzerPin, 523, 250);      // 피에조 부저에 도(523)를 0.25초 재생
  delay(500);
}
```

03. 체크(V) 버튼을 눌러 스케치에 오타가 없는지 확인한다.

04. 업로드 버튼을 눌러 컴파일된 파일을 아두이노 보드에 업로드 한다.

05. "도레미파솔라시도"가 0.25초 간격으로 소리 나는 것을 확인한다.

시리얼 통신 명령어 알아보기

tone(핀 번호, 주파수, 지속시간)

tone() 명령어는 피에조 부저에서 소리를 내는 명령어이다. 핀 번호는 부저에 연결된 디지털 핀 번호를 입력한다. 주파수는 부저가 출력할 주파수 값을 입력한다. 지속시간은 해당 신호음을 지속하는 시간을 밀리초 값으로 입력한다.

noTone(핀 번호)

noTone() 명령어는 피에조 부저에서 소리를 멈추는 명령어이다.

앞의 예제 15-1에서 반복되는 구조를 반복문과 배열을 이용하여 좀 더 간단하게 작성할 수 있다.

코드 개선하기

예제 15-2 for문을 이용하여 피에조 부저로 소리내기 　　소스코드: code15-2.ino

```
int melody[] = {262, 294, 330, 349, 392, 440, 494, 523};
int buzzerPin = 11;

void setup() {
    for (int i = 0; i<8; i++) {
        tone(buzzerPin, melody[i], 250);
        delay(500);
        noTone(buzzerPin);
    }
}

void loop() {
}
```

melody[] 배열에 연주할 주파수 음을 저장하고, 반복되는 tone() 명령어에 for 반복문을 이용하여 melody[] 배열에 저장된 음계를 지정한다.

"도레미파솔라시도" 음을 한 번만 연주하려면 loop() 함수가 아닌 setup() 함수에 구현하면 된다.

15.4 실습예제

프로그램 1 _ "학교종" 멜로디 연주하기

아두이노가 켜졌을 때 "학교종" 멜로디를 연주하도록 동작시켜 본다. 다음과 같이 회로를 구성하고, 스케치를 작성하여 원하는 결과가 나오도록 동작시켜 본다.

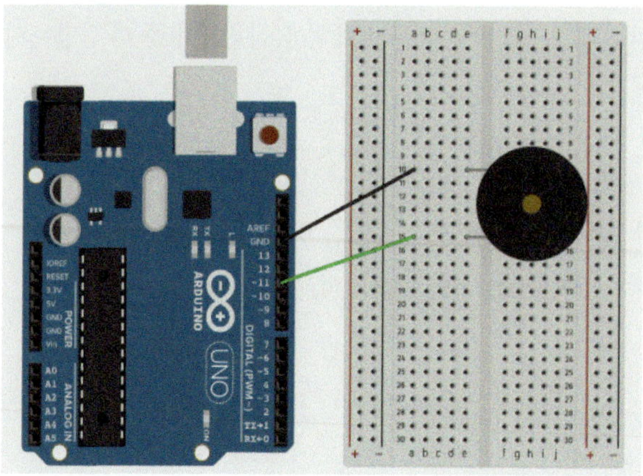

완성된 회로도

회로 구성하기

01. 브레드보드에 피에조 부저 1개를 연결한다.

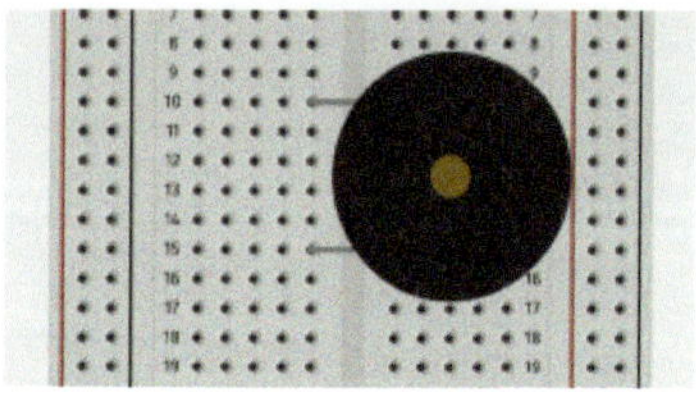

02. 피에조 부저의 +핀은 아두이노 보드의 디지털 11번 핀에 연결하고, 피에조 부저의 -핀은 아두이노 보드의 GND에 연결한다.

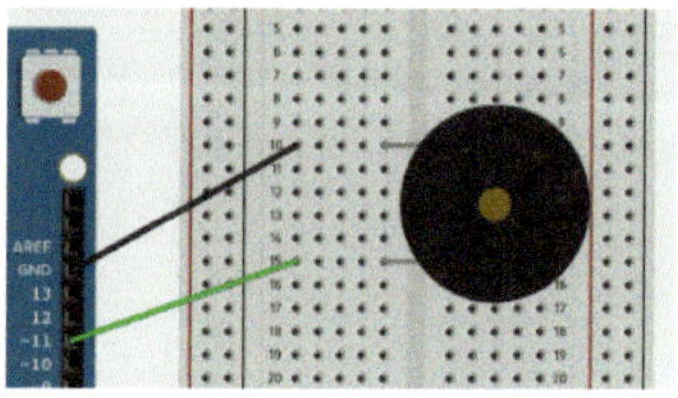

스케치 작성하기

01. 컴퓨터에 아두이노 보드를 연결한 뒤, 다음 코드를 작성한다.

02. 스케치를 작성한다.

예제 15-3 학교종 멜로디 연주하기 소스코드: code15-3.ino

```
#define C4  262          // 도
#define D4  294          // 레
#define E4  330          // 미
#define F4  349          // 파
#define G4  392          // 솔
#define A4  440          // 라
#define B4  494          // 시
#define C5  523          // 도

int buzzerPin = 11;       // 피에조 부저 연결 핀

int melody[] = {          // 학교종 멜로디. 0은 쉼표
  G4, G4, A4, A4, G4, G4, E4, 0,
  G4, G4, E4, E4, D4, 0,
  G4, G4, A4, A4, G4, G4, E4, 0,
  G4, E4, D4, E4, C4, 0
};
int Duration = 300;       // 재생 시간

void setup() {
}

void loop() {
  for (int i = 0; i < sizeof(melody) / sizeof(int); i++) {
       tone(buzzerPin, melody[i], Duration);  // 멜로디 재생
       delay(Duration);
  }
}
```

03. 체크(V) 버튼을 눌러 스케치에 오타가 없는지 확인한다.

04. 업로드 버튼을 눌러 컴파일 된 파일을 아두이노 보드에 업로드 한다.

05. "학교종" 멜로디가 연주되는 것을 확인한다.

프로그램 2 _ 디지털 피아노 만들기

피에조 부저와 푸시 버튼을 이용해 간단한 디지털 피아노를 만든다. 버튼을 누르면 해당 음계를 소리 내도록 회로를 구성하고 동작시킨다.

준비물
아두이노 보드×1, 브레드보드×1, USB 케이블×1, 피에조 부저×1, 푸시 버튼×3, 저항 10(kΩ)×3, 수수 점퍼선×13

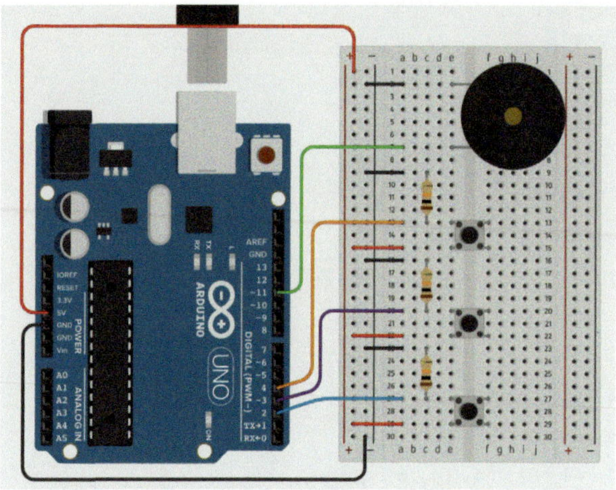

완성된 회로도

회로 구성하기

01. 아두이노 보드의 GND 핀을 브레드보드 −선에, 5V 전원 핀을 +선에 연결한다.

02. 브레드보드에 피에조 부저 1개를 연결한 다음, 피에조 부저의 +핀은 아두이노 보드의 디지털 11번 핀에 연결하고, 피에조 부저의 -핀은 브레드보드의 -선에 연결한다.

03. 브레드보드에 푸시 버튼 3개와 저항을 3개씩 연결한다. 각 저항의 한쪽 핀에 -선을 연결하고 푸시 버튼의 한쪽 핀에 +선을 연결한다.

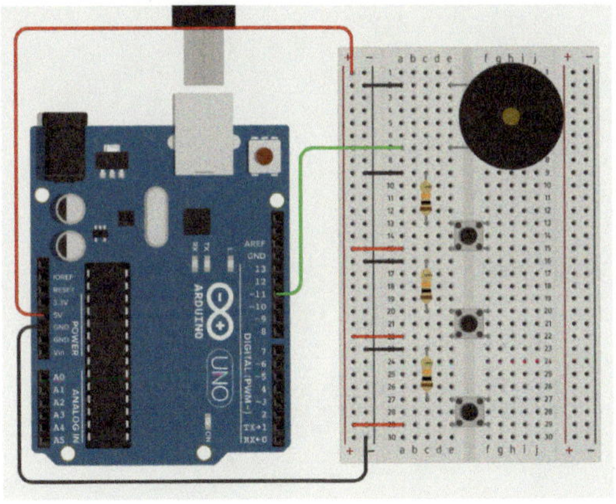

04. 각 푸시 버튼에 아두이노의 디지털 핀 2, 3, 4번을 연결한다.

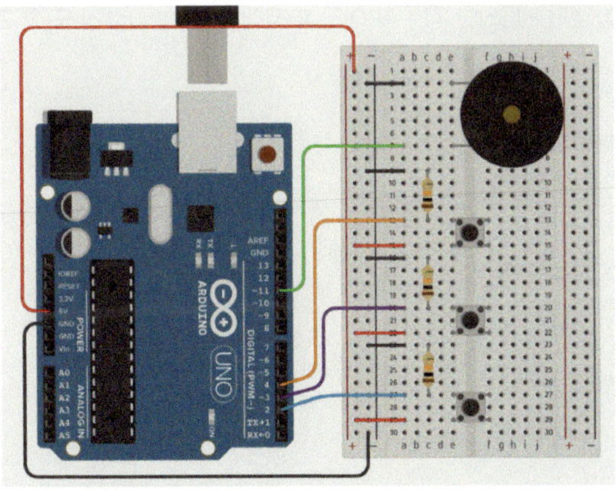

스케치 작성하기

01. 컴퓨터에 아두이노 보드를 연결한 뒤, 다음 코드를 작성한다.

02. 스케치를 작성한다.

예제 15-4 디지털 피아노 연주하기 소스코드: code15-4.ino

```
01 int pins[] = {2, 3, 4}; // 버튼 연결 핀
02 int notes[] = {262, 294, 330}; // 도, 레, 미
03 int buzerPin = 11; // 피에조 부저를 11번 핀에 연결
04
05 void setup()
06 {
07   for(int i = 0; i < 3; i++) {
08     pinMode(pins[i], INPUT); // 버튼 연결 핀을 입력 모드로 설정
09   }
10 }
11
12 void loop()
13 {
14   if(digitalRead(pins[0]) == HIGH) {
15     tone(buzerPin, notes[0], 100); delay(100);
16   }
17   else if(digitalRead(pins[1]) == HIGH) {
18     tone(buzerPin, notes[1], 100); delay(100);
19   }
20   else if(digitalRead(pins[2]) == HIGH) {
21     tone(buzerPin, notes[2], 100); delay(100);
22   }
23   else noTone(buzerPin);
24 }
```

14번 행에서 pins[0]의 값인 버튼 2번 핀의 상태가 HIGH인 경우 피에조 부저에 notes[0] 값인 도(262) 음을 출력한다.

03. 체크(V) 버튼을 눌러 스케치에 오타가 없는지 확인한다.

04. 업로드 버튼을 눌러 컴파일 된 파일을 아두이노 보드에 업로드 한다.

05. 푸시 버튼을 눌러서 해당 버튼의 소리가 나는 것을 확인한다.

버튼을 더 추가하면 좀 더 많은 음계를 연주할 수 있다.

15.5 응용예제

프로그램 1 _ 빛의 밝기에 따라 소리가 달라지는 자명종

아침에 주위가 밝아오면 밝기를 측정하여 알람 소리가 달라지는 자명종을 만들어 본다. 조도 센서로 주위 밝기를 측정하여 주위의 밝기에 따른 피에조 부저의 소리를 내도록 회로를 구성하고 동작시켜 본다.

준비물

아두이노 보드×1, 브레드보드×1, USB 케이블×1, 피에조 부저×1, 조도 센서×1, 저항 10(kΩ)×1, 수수 점퍼선×7

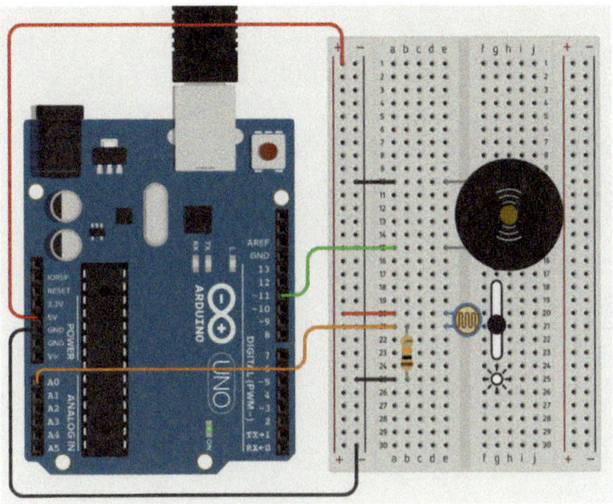

완성된 회로도

회로 구성하기

01. 아두이노 보드의 5V핀과 GND핀을 브레드보드의 +선과 -선에 연결한다. 그리고 브레드보드에 피에조 부저를 연결하여 피에조 부저의 -핀과 -선을 연결하고, +핀은 아두이노 보드의 11번 핀에 연결한다.

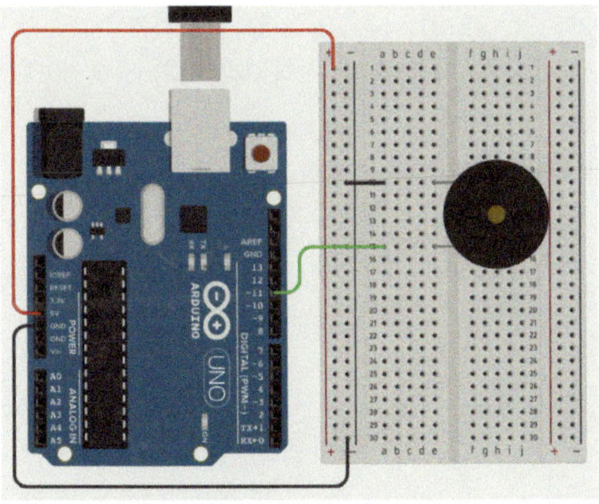

02. 브레드보드에 조도 센서와 저항을 연결한다. 저항의 한쪽 핀은 브레드보드의 -선에 연결하고, 조도 센서의 한쪽 핀을 +선에, 다른 한쪽 핀을 아두이노 보드의 A0핀에 연결한다.

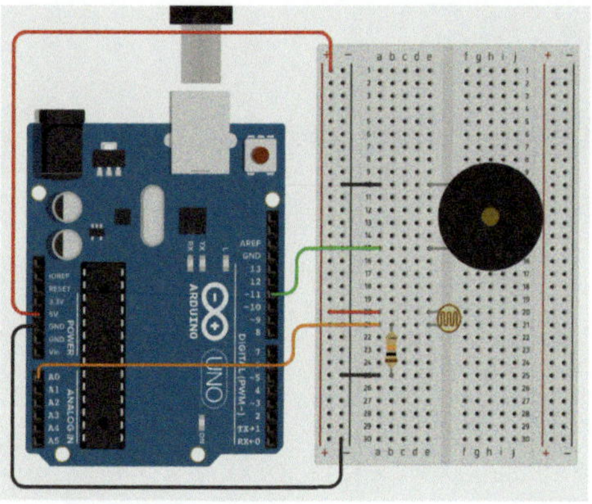

스케치 작성하기

01. 컴퓨터에 아두이노 보드를 연결한 뒤, 다음 코드를 작성한다.

02. 스케치를 작성한다.

예제 15-5 빛의 밝기에 따라 소리가 달라지는 자명종 — 소스코드: code15-5.ino

```
int buzzerPin = 11;
int cdsValue = A0;

void setup()
{
}

void loop()
{
   int light = analogRead(cdsValue);         // A0 핀에서 값 읽기
   if(light > 500) {                         // light값이 500이상이면
         int hertz = map(light, 0, 1023, 31, 4978); // light 값 변경하기
         tone(buzzerPin, hertz);             // 0.1초 동안 소리 재생하기
         delay(100);
         noTone(buzzerPin);                  // 부저 소리 끄기
         delay(200);                         // 0.2초 기다리기
   }
   else noTone(buzzerPin);
}
```

03. 체크(V) 버튼을 눌러 스케치에 오타가 없는지 확인한다.

04. 업로드 버튼을 눌러 컴파일 된 파일을 아두이노 보드에 업로드 한다.

05. 주위 밝기에 따라 피에조 부저의 음 높이가 바뀌는 것을 확인할 수 있다. 음 높이뿐만 아니라 피에조 부저의 재생 시간이 달라지도록 변화할 수도 있다.

10번 줄에서 analogRead 함수를 이용하여 조도 센서로 주위 밝기 값을 읽어서 light 변수에 할당하고 있다. 12번 줄에서 map 함수를 이용하여 light 값의 범위를 바꾼다. 여기에서 31 ~ 4978은 피에조 부저가 낼 수 있는 소리의 범위를 나타낸다. 범위가 변경된 값은 hertz 변수에 할당되어 13번 줄에서 0.1초 동안 소리를 재생한다.

프로그램 2 _ 가변저항으로 부저 소리와 LED 밝기 조절하기

가변저항을 사용하여 부저의 소리를 조절하고, 부저의 값이 500이상이면 LED에 불이 켜지도록 동작시킨다.

준비물

아두이노 보드×1, 브레드보드×1, USB 케이블×1, 피에조 부저×1, 조도 센서×1, 저항 (220Ω)×1, 수수 점퍼선×8

완성된 회로도

회로 구성하기

01. 아두이노 보드의 5V핀과 GND핀을 브레드보드의 +선과 -선에 연결한다. 그리고 브레드보드에 피에조 부저를 연결하여 피에조 부저의 -핀과 -선을 연결하고, +핀은 아두이노 보드의 11번 핀에 연결한다.

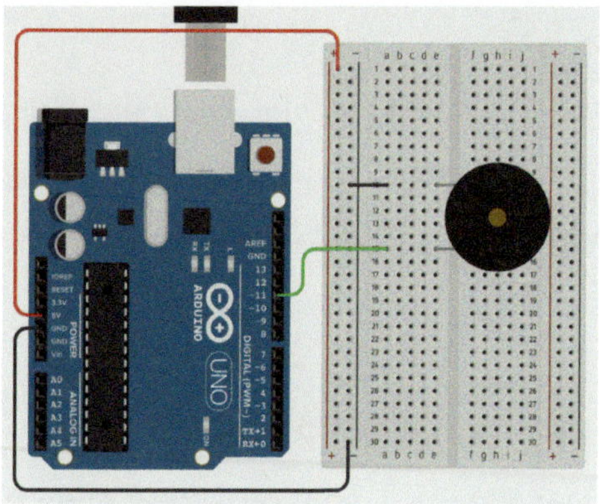

02. 브레드보드에 가변저항을 연결한다. 가변저항은 3개 핀으로 되어있으며, 왼쪽 핀은 브레드보드의 +선에 연결하고, 가변저항의 오른쪽 핀을 -선에 연결한다. 가변저항의 가운데 핀은 아두이노 보드의 A0핀에 연결한다.

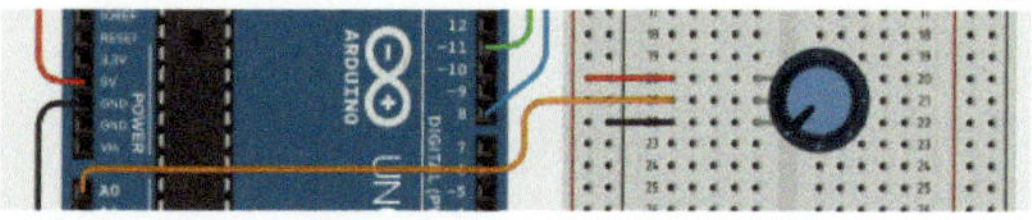

03. 브레드보드에 LED와 저항을 연결한다. LED의 -핀을 브레드보드의 -선에 연결하고, LED의 +핀을 아두이노의 8번 핀에 연결한다.

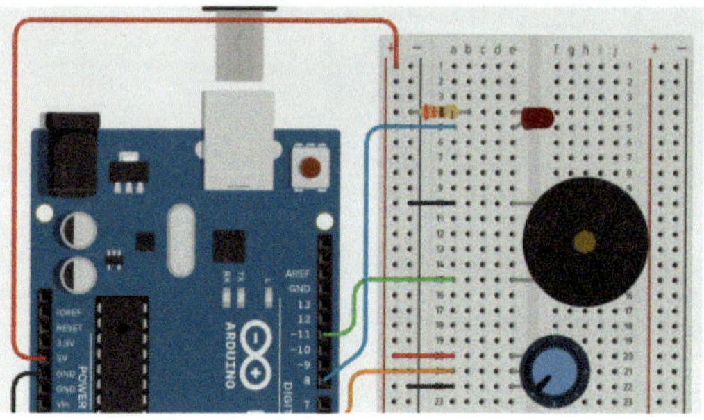

스케치 작성하기

01. 컴퓨터에 아두이노 보드를 연결한 뒤, 다음 코드를 작성한다.

02. 스케치를 작성한다.

예제 15-6 가변저항으로 부저 소리와 LED 밝기 조절하기   소스코드: code15-6.ino

```
int buzzerPin = 11;
int ledPin = 8;
int PotentiometerValue = A0;

void setup()
{
  pinMode(ledPin, OUTPUT);         // led 8번 핀을 출력 모드로 설정
}

void loop()
{
   int volt = analogRead(PotentiometerValue);        // A0 핀에서 값 읽기
   int hertz = map(volt, 0, 1023, 31, 4978);         // volt 값 변경하기
   tone(buzzerPin, hertz);         // 0.1초 동안 소리 재생하기
   delay(10);                      // 0.01초 지속하기
   noTone(buzzerPin);              // 부저 소리 끄기
   delay(200);                     // 0.2초 멈추기
   if(hertz > 500) {
      digitalWrite(ledPin, HIGH);  // hertz 값이 500이상이면 LED 켜기
  }
  else{
      digitalWrite(ledPin, LOW);   // hertz 값이 500이하이면 LED 끄기
  }
}
```

03. 체크(V) 버튼을 눌러 스케치에 오타가 없는지 확인한다.

04. 업로드 버튼을 눌러 컴파일된 파일을 아두이노 보드에 업로드 한다.

05. 가변저항을 돌려서 저항값을 변경하면 피에조 부저의 음높이가 바뀌는 것을 확인할 수 있다. 음높이가 500 이상이 되면 LED의 불이 켜진다.

파이썬으로 코딩하기

파이썬으로 피에조 부저가 소리를 내도록 코딩해 본다.

응용 15-1 피에조 부저 소리내기 　　　　소스코드: exe15-1.py

```
from Arduino import Arduino
import time

buzzerPin = 11
board = Arduino("9600", port="COM3")
board.pinMode(buzzerPin, "OUTPUT")

while True :
    board.digitalWrite(buzzerPin, "HIGH")
    time.sleep(0.001911)
    board.digitalWrite(buzzerPin, "LOW")
    time.sleep(0.001911)
```

응용 15-2 도레미파솔라시도 연주하기 　　　　소스코드: exe15-2.py

```
from Arduino import Arduino
import time

melody = [262, 294, 330, 349, 392, 440, 494, 523]
buzzerPin = 11

board = Arduino("9600", port="COM3")
board.pinMode(buzzerPin, "OUTPUT")

while True :
    for i in range(0, len(melody)) :
     board.digitalWrite(buzzerPin, melody[i])
    time.sleep(0.001911)
    board.digitalWrite(buzzerPin, "LOW")
    time.sleep(0.001911)
```

기호

번호

A

B

C

D

E

F

파이썬과 피지컬 컴퓨팅

인　　쇄 | 2020년 08월 17일
발　　행 | 2020년 08월 24일

저　　자 | 목원대학교 스톡스대학 SW교양학부
발 행 인 | 채희만
출판기획 | 안성일
영　　업 | 한석범, 임민정, 유동규
관　　리 | 이승희
편　　집 | 한혜인, 최은지
발 행 처 | **INFINITYBOOKS**

주　　소 | 경기도 고양시 일산동구 하늘마을로 158
대방트리플라온 C동 209호

대표전화 | 02)302-8441
팩　　스 | 02)6085-0777

도서 문의 및 A/S 지원
홈페이지 | www.infinitybooks.co.kr
이 메 일 | helloworld@infinitybooks.co.kr

©2020, 조도은, 고유정, 구진희, 연용호, 최정희

I S B N | 979-11-85578-70-5
등록번호 | 제25100-2013-152호
판매정가 | 14,000원

본서의 무단복제를 금하며 파본은 교환하여 드립니다.